OEUVRES
DE MOLIÈRE.

TOME TROISIÈME.

IMPRIMERIE DE FIRMIN DIDOT,
IMPRIMEUR DU ROI, RUE JACOB, N° 24.

OEUVRES
DE MOLIÈRE,

Nouvelle Édition,

OU L'ON A RÉTABLI LE TEXTE ORIGINAL,

AVEC LES VARIANTES,

AUGMENTÉE

D'UN DISCOURS PRÉLIMINAIRE ET D'UNE VIE DE MOLIÈRE,

PAR M. AUGER,
DE L'ACADÉMIE FRANÇAISE.

TOME TROISIÈME.

PARIS,
CHEZ Mme V^e TH. DÉSOER, LIBRAIRE,
RUE DES POITEVINS, N° 12.

1825.

L'AMOUR MÉDECIN,

COMÉDIE-BALLET EN TROIS ACTES.

1665.

AU LECTEUR.

Ce n'est ici qu'un simple crayon, un petit impromptu dont le Roi a voulu se faire un divertissement. Il est le plus précipité de tous ceux que Sa Majesté m'ait commandés; et, lorsque je dirai qu'il a été proposé, fait, appris et représenté en cinq jours, je ne dirai que ce qui est vrai. Il n'est pas nécessaire de vous avertir qu'il y a beaucoup de choses qui dépendent de l'action. On sait bien que les comédies ne sont faites que pour être jouées, et je ne conseille de lire celle-ci qu'aux personnes qui ont des yeux pour découvrir, dans la lecture, tout le jeu du théâtre. Ce que je vous dirai, c'est qu'il seroit à souhaiter que ces sortes d'ouvrages pussent toujours se montrer à vous avec les ornemens qui les accompagnent chez le Roi. Vous les verriez dans un état beaucoup plus supportable; et les airs, et les symphonies de l'incomparable M. Lulli, mêlés à la beauté des voix et à l'adresse des danseurs, leur donnent, sans doute, des graces dont ils ont toutes les peines du monde à se passer.

ACTEURS.

ACTEURS DU PROLOGUE.

LA COMÉDIE.
LA MUSIQUE.
LE BALLET.

ACTEURS DE LA COMÉDIE.

SGANARELLE, père de Lucinde.
LUCINDE, fille de Sganarelle.
CLITANDRE, amant de Lucinde.
AMINTE, voisine de Sganarelle.
LUCRÈCE, nièce de Sganarelle.
LISETTE, suivante de Lucinde.
M. GUILLAUME, marchand de tapisseries.
M. JOSSE, orfèvre.
M. TOMÈS, ⎫
M. DESFONANDRÈS, ⎟
M. MACROTON, ⎬ médecins.
M. BAHIS, ⎟
M. FILERIN, ⎭
UN NOTAIRE.
CHAMPAGNE, valet de Sganarelle.

ACTEURS DU BALLET.

PREMIÈRE ENTRÉE.

CHAMPAGNE, valet de Sganarelle, dansant.
QUATRE MÉDECINS, dansans.

DEUXIÈME ENTRÉE.

UN OPÉRATEUR, chantant.
TRIVELINS et SCARAMOUCHES, dansans, de la suite de l'Opérateur.

TROISIÈME ENTRÉE.

LA COMÉDIE.
LA MUSIQUE.
LE BALLET.
JEUX, RIS, PLAISIRS, dansans.

La scène est à Paris.

PROLOGUE.

LA COMÉDIE, LA MUSIQUE, LE BALLET.

LA COMÉDIE.

Quittons, quittons notre vaine querelle,
Ne nous disputons point nos talens tour-à-tour;
Et d'une gloire plus belle,
Piquons-nous en ce jour.
Unissons-nous, tous trois, d'une ardeur sans seconde
Pour donner du plaisir au plus grand roi du monde.

TOUS TROIS ENSEMBLE.

Unissons-nous, tous trois, d'une ardeur sans seconde
Pour donner du plaisir au plus grand roi du monde.

LA COMÉDIE.

De ses travaux, plus grands qu'on ne peut croire,
Il se vient quelquefois délasser parmi nous.
Est-il de plus grande gloire?
Est-il bonheur plus doux? [1]

VARIANTE. (1) *Est-il de bonheur plus doux?*

PROLOGUE.

TOUS TROIS ENSEMBLE.

Unissons-nous, tous trois, d'une ardeur sans seconde
Pour donner du plaisir au plus grand roi du monde.

FIN DU PROLOGUE.

L'AMOUR MÉDECIN,

COMÉDIE-BALLET.

ACTE PREMIER.

SCÈNE PREMIÈRE.

SGANARELLE, AMINTE, LUCRÈCE, M. GUILLAUME, M. JOSSE.

SGANARELLE.

Ah! l'étrange chose que la vie! et que je puis bien dire avec ce grand philosophe de l'antiquité, que qui terre a, guerre a, et qu'un malheur ne vient jamais sans l'autre! Je n'avois qu'une seule femme, qui est morte. (1)

MONSIEUR GUILLAUME.

Et combien donc en voulez-vous avoir? (2)

SGANARELLE.

Elle est morte, monsieur mon ami (3). Cette perte m'est très-sensible, et je ne puis m'en ressouvenir sans pleurer. Je n'étois pas fort satisfait de sa conduite, et nous avions le plus souvent dispute ensemble; mais enfin, la mort rajuste toutes choses. Elle est morte; je la pleure. Si

---

VARIANTES. (1) *Je n'avois qu'une femme qui est morte.* — (2) *Et combien donc en vouliez-vous avoir?* — (3) *Elle est morte, monsieur Guillaume, mon ami.*

elle étoit en vie, nous nous querellerions. De tous les enfans que le ciel m'avoit donnés, il ne m'a laissé qu'une fille, et cette fille est toute ma peine. Car enfin, je la vois dans une mélancolie la plus sombre du monde, dans une tristesse épouvantable, dont il n'y a pas moyen de la retirer, et dont je ne saurois même apprendre la cause. Pour moi, j'en perds l'esprit, et j'aurois besoin d'un bon conseil sur cette matière. (*à Lucrèce.*) Vous êtes ma nièce; (*à Aminte.*) vous, ma voisine; (*à M. Guillaume et à M. Josse.*) et vous, mes compères et mes amis; je vous prie de me conseiller tous ce que je dois faire. [1]

MONSIEUR JOSSE.

Pour moi, je tiens que la braverie et l'ajustement [2] est la chose qui réjouit le plus les filles; et, si j'étois que de vous, je lui acheterois, dès aujourd'hui, une belle garniture de diamans, ou de rubis, ou d'émeraudes.

MONSIEUR GUILLAUME.

Et moi, si j'étois en votre place, j'acheterois une belle tenture de tapisserie de verdure, ou à personnages, que je ferois mettre à sa chambre [3], pour lui réjouir l'esprit et la vue.

AMINTE.

Pour moi, je ne ferois pas tant de façons; et je la marierois fort bien, et le plus tôt que je pourrois, avec cette personne qui vous la fit, dit-on, demander il y a quelque temps.

LUCRÈCE.

Et moi, je tiens que votre fille n'est point du tout

VARIANTES. (1) *De me conseiller tout ce que je dois faire.* — (2) *Je tiens que la braverie, que l'ajustement.* — (3) *Que je ferois mettre dans sa chambre.*

propre pour le mariage. Elle est d'une complexion trop délicate et trop peu saine, et c'est la vouloir envoyer bientôt en l'autre monde, que de l'exposer, comme elle est, à faire des enfans. Le monde n'est point du tout son fait; et je vous conseille de la mettre dans un couvent, où elle trouvera des divertissemens qui seront mieux de son humeur.

SGANARELLE.

Tous ces conseils sont admirables, assurément; mais je les tiens un peu intéressés [1], et trouve que vous me conseillez fort bien pour vous. Vous êtes orfèvre, monsieur Josse, et votre conseil sent son homme qui a envie de se défaire de sa marchandise. Vous vendez des tapisseries, monsieur Guillaume, et vous avez la mine d'avoir quelque tenture qui vous incommode. Celui que vous aimez, ma voisine, a, dit-on, quelque inclination pour ma fille; et vous ne seriez pas fâchée de la voir la femme d'un autre [2]. Et quant à vous, ma chère nièce, ce n'est pas mon dessein, comme on sait, de marier ma fille avec qui que ce soit, et j'ai mes raisons pour cela; mais le conseil que vous me donnez de la faire religieuse, est d'une femme qui pourroit bien souhaiter charitablement d'être mon héritière universelle. Ainsi, messieurs et mesdames, quoique tous vos conseils soient les meilleurs du monde, vous trouverez bon, s'il vous plaît, que je n'en suive aucun. (*seul.*) Voilà de mes donneurs de conseils à la mode.

VARIANTES. (1) *Mais je les trouve un peu intéressés.* — (2) *De la voir femme d'un autre.*

SCÈNE II.

LUCINDE, SGANARELLE.

SGANARELLE.

Ah! voilà ma fille qui prend l'air. Elle ne me voit pas. Elle soupire; elle lève les yeux au ciel. (*à Lucinde.*) Dieu vous gard [1]. Bonjour, ma mie. Hé bien! qu'est-ce? Comme vous en va? Hé quoi! toujours triste et mélancolique comme cela, et tu ne veux pas me dire ce que tu as? Allons donc, découvre-moi ton petit cœur. Là, ma pauvre mie, dis, dis, dis tes petites pensées à ton petit papa mignon. Courage, veux-tu que je te baise? Viens. (*à part.*) J'enrage de la voir de cette humeur-là. (*à Lucinde.*) Mais, dis-moi, me veux-tu faire mourir de déplaisir, et ne puis-je savoir d'où vient cette grande langueur? Découvre-m'en la cause, et je te promets que je ferai toutes choses pour toi. Oui, tu n'as qu'à me dire le sujet de ta tristesse; je t'assure ici, et te fais serment qu'il n'y a rien que je ne fasse pour te satisfaire; c'est tout dire. Est-ce que tu es jalouse de quelqu'une de tes compagnes que tu voies plus brave que toi, et seroit-il quelque étoffe nouvelle dont tu voulusses avoir un habit? Non. Est-ce que ta chambre ne te semble pas assez parée, et que tu souhaiterois quelque cabinet de la foire Saint-Laurent? Ce n'est pas cela. Aurois-tu envie d'apprendre quelque chose, et veux-tu que je te donne un maître pour te montrer à jouer du clavecin? Nenni. Aimerois-tu quelqu'un, et souhaiterois-tu d'être mariée? (*Lucinde fait signe que oui.*)

VARIANTE. (1) *Dieu vous garde.*

SCÈNE III.

SGANARELLE, LUCINDE, LISETTE.

LISETTE.

Hé bien! monsieur, vous venez d'entretenir votre fille. Avez-vous su la cause de sa mélancolie?

SGANARELLE.

Non. C'est une coquine qui me fait enrager.

LISETTE.

Monsieur, laissez-moi faire, je m'en vais la sonder un peu.

SGANARELLE.

Il n'est pas nécessaire; et, puisqu'elle veut être de cette humeur, je suis d'avis qu'on l'y laisse.

LISETTE.

Laissez-moi faire, vous dis-je. Peut-être qu'elle se découvrira plus librement à moi qu'à vous. Quoi! madame, vous ne nous direz point ce que vous avez, et vous voulez affliger ainsi tout le monde? Il me semble qu'on n'agit point comme vous faites; et que, si vous avez quelque répugnance à vous expliquer à un père, vous n'en devez avoir aucune à me découvrir votre cœur. Dites-moi, souhaitez-vous quelque chose de lui? Il nous a dit plus d'une fois qu'il n'épargneroit rien pour vous contenter. Est-ce qu'il ne vous donne pas toute la liberté que vous souhaiteriez? Et les promenades et les cadeaux ne tenteroient-ils point votre ame? Hé? Avez-vous reçu quelque déplaisir de quelqu'un? Hé? N'auriez-vous point quelque secrète inclination, avec qui vous souhaiteriez que votre père vous mariât? Ah! je vous entends. Voilà l'affaire. Que diable! pourquoi tant de façons? Monsieur, le mystère est découvert; et...

SGANARELLE.

Va, fille ingrate, je ne te veux plus parler, et je te laisse dans ton obstination.

LUCINDE.

Mon père, puisque vous voulez que je vous dise la chose...

SGANARELLE.

Oui, je perds toute l'amitié que j'avois pour toi.

LISETTE.

Monsieur, sa tristesse...

SGANARELLE.

C'est une coquine qui me veut faire mourir.

LUCINDE.

Mon père, je veux bien...

SGANARELLE.

Ce n'est pas la récompense[1] de t'avoir élevée comme j'ai fait.

LISETTE.

Mais, monsieur...

SGANARELLE.

Non, je suis contre elle dans une colère épouvantable.

LUCINDE.

Mais, mon père...

SGANARELLE.

Je n'ai plus aucune tendresse pour toi.

VARIANTE. (1) *Ce n'est pas là la récompense.*

LISETTE.

Mais...

SGANARELLE.

C'est une friponne.

LUCINDE.

Mais...

SGANARELLE.

Une ingrate.

LISETTE.

Mais...

SGANARELLE.

Une coquine, qui ne me veut pas dire ce qu'elle a.

LISETTE.

C'est un mari qu'elle veut.

SGANARELLE, *faisant semblant de ne pas entendre.*

Je l'abandonne.

LISETTE.

Un mari.

SGANARELLE.

Je la déteste.

LISETTE.

Un mari.

SGANARELLE.

Et la renonce pour ma fille.

LISETTE.

Un mari.

SGANARELLE.

Non, ne m'en parlez point.

LISETTE.

Un mari.

SGANARELLE.

Ne m'en parlez point.

LISETTE.

Un mari.

SGANARELLE.

Ne m'en parlez point.

LISETTE.

Un mari, un mari, un mari.

SCÈNE IV.

LUCINDE, LISETTE.

LISETTE.

On dit bien vrai qu'il n'y a point de pires sourds que ceux qui ne veulent point entendre.

LUCINDE.

Hé bien! Lisette, j'avois tort de cacher mon déplaisir, et je n'avois qu'à parler, pour avoir tout ce que je souhaitois de mon père! Tu le vois.

LISETTE.

Par ma foi, voilà un vilain homme; et je vous avoue que j'aurois un plaisir extrême à lui jouer quelque tour. Mais, d'où vient donc, madame, que jusqu'ici vous m'avez caché votre mal?

LUCINDE.

Hélas! de quoi m'auroit servi de te le découvrir plus tôt? et n'aurois-je pas autant gagné à le tenir caché toute ma vie? Crois-tu que je n'aie pas bien prévu tout ce que tu vois maintenant, que je ne susse pas à fond tous les sentimens de mon père, et que le refus qu'il a

ACTE I, SCÈNE IV.

fait porter à celui qui m'a demandée par un ami, n'ait pas étouffé dans mon ame toute sorte d'espoir?

LISETTE.

Quoi! c'est cet inconnu qui vous a fait demander, pour qui vous?...

LUCINDE.

Peut-être n'est-il pas honnête à une fille de s'expliquer si librement; mais enfin, je t'avoue que, s'il m'étoit permis de vouloir quelque chose, ce seroit lui que je voudrois. Nous n'avons eu ensemble aucune conversation, et sa bouche ne m'a point déclaré la passion qu'il a pour moi; mais, dans tous les lieux où il m'a pu voir, ses regards et ses actions m'ont toujours parlé si tendrement, et la demande qu'il a fait faire de moi, m'a paru d'un si honnête homme, que mon cœur n'a pu s'empêcher d'être sensible à ses ardeurs; et, cependant, tu vois où la dureté de mon père réduit toute cette tendresse.

LISETTE.

Allez, laissez-moi faire. Quelque sujet que j'aie de me plaindre de vous du secret que vous m'avez fait, je ne veux pas laisser de servir votre amour; et, pourvu que vous ayez assez de résolution...

LUCINDE.

Mais que veux-tu que je fasse contre l'autorité d'un père? Et, s'il est inexorable à mes vœux...

LISETTE.

Allez, allez, il ne faut pas se laisser mener comme un oison; et, pourvu que l'honneur n'y soit pas offensé, on peut se libérer un peu de la tyrannie d'un père. Que prétend-il que vous fassiez? N'êtes-vous pas en âge d'être mariée? et croit-il que vous soyez de marbre? Allez, encore un coup, je veux servir votre passion; je prends, dès à présent, sur moi, tout le soin de ses intérêts, et vous verrez que je sais des détours... Mais, je vois votre père. Rentrons, et me laissez agir.

SCÈNE V.

SGANARELLE, *seul*.

Il est bon quelquefois de ne point faire semblant d'entendre les choses qu'on n'entend que trop bien ; et j'ai fait sagement de parer la déclaration d'un desir que je ne suis pas résolu de contenter. A-t-on jamais rien vu de plus tyrannique que cette coutume où l'on veut assujétir les pères, rien de plus impertinent, et de plus ridicule, que d'amasser du bien avec de grands travaux, et d'élever une fille avec beaucoup de soin et de tendresse, pour se dépouiller de l'un et de l'autre entre les mains d'un homme qui ne nous touche de rien ? Non, non, je me moque de cet usage, et je veux garder mon bien et ma fille pour moi.

SCÈNE VI.

SGANARELLE, LISETTE.

LISETTE, *courant sur le théâtre, et feignant de ne pas voir Sganarelle.*

Ah ! malheur ! Ah ! disgrace ! Ah ! pauvre seigneur Sganarelle, où pourrai-je te rencontrer ?

SGANARELLE, *à part.*

Que dit-elle là ?

LISETTE, *courant toujours.*

Ah ! misérable père ! que feras-tu, quand tu sauras cette nouvelle ?

ACTE I, SCÈNE VI.

SGANARELLE, *à part.*

Que sera-ce?

LISETTE.

Ma pauvre maîtresse!

SGANARELLE, *à part.*

Je suis perdu.

LISETTE.

Ah!

SGANARELLE, *courant après Lisette.*

Lisette.

LISETTE.

Quelle infortune!

SGANARELLE.

Lisette.

LISETTE.

Quel accident!

SGANARELLE.

Lisette.

LISETTE.

Quelle fatalité!

SGANARELLE.

Lisette.

LISETTE, *s'arrêtant.*

Ah! monsieur.

SGANARELLE.

Qu'est-ce?

LISETTE.

Monsieur.

SGANARELLE.

Qu'y a-t-il?

LISETTE.

Votre fille...

SGANARELLE.

Ah! ah!

LISETTE.

Monsieur, ne pleurez donc point comme cela, car vous me feriez rire.

SGANARELLE.

Dis donc vîte.

LISETTE.

Votre fille, toute saisie des paroles que vous lui avez dites, et de la colère effroyable où elle vous a vu contre elle, est montée vîte dans sa chambre, et, pleine de désespoir, a ouvert la fenêtre qui regarde sur la rivière.

SGANARELLE.

Hé bien?

LISETTE.

Alors, levant les yeux au ciel : Non, a-t-elle dit, il m'est impossible de vivre avec le courroux de mon père, et, puisqu'il me renonce pour sa fille, je veux mourir.

SGANARELLE.

Elle s'est jetée?

LISETTE.

Non, monsieur. Elle a fermé tout doucement la fenêtre, et s'est allée mettre sur son lit [1]. Là, elle s'est prise à pleurer amèrement; et, tout d'un coup, son visage a pâli, ses yeux se sont tournés, le cœur lui a manqué, et elle m'est demeurée entre les bras. [2]

SGANARELLE.

Ah! ma fille! [Elle est morte?

VARIANTES. [1] *Sur le lit.* — [2] *Elle est demeurée entre mes bras.*

ACTE I, SCÈNE IX.

LISETTE.

Non, monsieur.]⁽¹⁾ A force de la tourmenter, je l'ai fait revenir; mais cela lui reprend de moment en moment, et je crois qu'elle ne passera pas la journée.

SGANARELLE.

Champagne! Champagne! Champagne!

SCÈNE VII.

SGANARELLE, CHAMPAGNE, LISETTE.

SGANARELLE.

Vîte, qu'on m'aille querir des médecins, et en quantité. On n'en peut trop avoir dans une pareille aventure. Ah! ma fille! Ma pauvre fille!

SCÈNE VIII.

PREMIER INTERMÈDE.

Champagne, valet de Sganarelle, frappe en dansant, aux portes de quatre médecins.

SCÈNE IX.

Les quatre médecins dansent, et entrent avec cérémonie chez Sganarelle.

VARIANTE. (1) Ce qui est renfermé entre des crochets, n'existe point dans l'édition originale, et s'est trouvé, pour la première fois, dans l'édition de 1682, que toutes les autres ont suivie. Il en est de même de plusieurs autres passages que j'ai indiqués de la même manière. Ne pouvant décider si ce sont des additions faites par Molière ou par ses éditeurs, je n'ai voulu ni les exclure du texte, ni les y admettre sans distinction.

FIN DU PREMIER ACTE.

ACTE II.

SCÈNE PREMIÈRE.
SGANARELLE, LISETTE.

LISETTE.

Que voulez-vous donc faire, monsieur, de quatre médecins ? N'est-ce pas assez d'un pour tuer une personne ?

SGANARELLE.

Taisez-vous. Quatre conseils valent mieux qu'un.

LISETTE.

Est-ce que votre fille ne peut pas bien mourir sans le secours de ces messieurs-là ?

SGANARELLE.

Est-ce que les médecins font mourir ?

LISETTE.

Sans doute ; et j'ai connu un homme qui prouvoit, par bonnes raisons, qu'il ne faut jamais dire, une telle personne est morte d'une fièvre et d'une fluxion sur la poitrine ; mais, elle est morte de quatre médecins et de deux apothicaires.

SGANARELLE.

Chut. N'offensez pas ces messieurs-là.

LISETTE.

Ma foi, monsieur, notre chat est réchappé depuis

peu d'un saut qu'il fit du haut de la maison dans la rue; et il fut trois jours sans manger, et sans pouvoir remuer ni pied ni patte; mais il est bien heureux de ce qu'il n'y a point de chats médecins, car ses affaires étoient faites, et ils n'auroient pas manqué de le purger et de le saigner.

SGANARELLE.

Voulez-vous vous taire? vous dis-je. Mais, voyez quelle impertinence! Les voici.

LISETTE.

Prenez garde, vous allez être bien édifié. Ils vous diront en latin que votre fille est malade.

SCÈNE II.

MM. TOMÈS, DESFONANDRÈS, MACROTON, BAHIS, SGANARELLE, LISETTE.

SGANARELLE.

Hé bien! messieurs?

MONSIEUR TOMÈS.

Nous avons vu suffisamment la malade, et sans doute qu'il y a beaucoup d'impuretés en elle.

SGANARELLE.

Ma fille est impure?

MONSIEUR TOMÈS.

Je veux dire qu'il y a beaucoup d'impuretés dans son corps, quantité d'humeurs corrompues.

SGANARELLE.

Ah! je vous entends.

MONSIEUR TOMÈS.

Mais... Nous allons consulter ensemble.

SGANARELLE.

Allons, faites donner des siéges.

LISETTE, *à M. Tomès.*

Ah! monsieur, vous en êtes!

SGANARELLE, *à Lisette.*

De quoi donc connoissez-vous monsieur?

LISETTE.

De l'avoir vu l'autre jour chez la bonne amie de madame votre nièce.

MONSIEUR TOMÈS.

Comment se porte son cocher?

LISETTE.

Fort bien. Il est mort.

MONSIEUR TOMÈS.

Mort?

LISETTE.

Oui.

MONSIEUR TOMÈS.

Cela ne se peut.

LISETTE.

Je ne sais pas si cela se peut; mais je sais bien que cela est.

MONSIEUR TOMÈS.

Il ne peut pas être mort, vous dis-je.

LISETTE.

Et moi, je vous dis qu'il est mort et enterré.

MONSIEUR TOMÈS.

Vous vous trompez.

LISETTE.

Je l'ai vu.

ACTE II, SCÈNE III.

MONSIEUR TOMÈS.

Cela est impossible. Hippocrate dit que ces sortes de maladies ne se terminent qu'au quatorze, ou au vingt-un ; et il n'y a que six jours qu'il est tombé malade.

LISETTE.

Hippocrate dira ce qu'il lui plaira ; mais le cocher est mort.

SGANARELLE.

Paix, discoureuse. Allons, sortons d'ici. Messieurs, je vous supplie de consulter de la bonne manière. Quoique ce ne soit pas la coutume de payer auparavant, toutefois, de peur que je l'oublie [1], et afin que ce soit une affaire faite, voici...

(Il leur donne de l'argent, et chacun, en le recevant, fait un geste différent.)

SCÈNE III.

MM. DESFONANDRÈS, TOMÈS, MACROTON, BAHIS.

(Ils s'asseyent et toussent.)

MONSIEUR DESFONANDRÈS.

Paris est étrangement grand, et il faut faire de longs trajets, quand la pratique donne un peu.

MONSIEUR TOMÈS.

Il faut avouer que j'ai une mule admirable pour cela, et qu'on a peine à croire le chemin que je lui fais faire tous les jours.

VARIANTE. (1) *De peur que je ne l'oublie.*

MONSIEUR DESFONANDRÈS.

J'ai un cheval merveilleux, et c'est un animal infatigable.

MONSIEUR TOMÈS.

Savez-vous le chemin que ma mule a fait aujourd'hui? J'ai été, premièrement, tout contre l'Arsenal; de l'Arsenal, au bout du faubourg Saint-Germain; du faubourg Saint-Germain, au fond du Marais; du fond du Marais, à la Porte-Saint-Honoré; de la Porte-Saint-Honoré, au faubourg Saint-Jacques; du faubourg Saint-Jacques, à la Porte de Richelieu; de la Porte de Richelieu, ici; et d'ici, je dois aller encore à la Place-Royale.

MONSIEUR DESFONANDRÈS.

Mon cheval a fait tout cela aujourd'hui; et, de plus, j'ai été à Ruel voir un malade.

MONSIEUR TOMÈS.

Mais, à propos, quel parti prenez-vous dans la querelle des deux médecins, Théophraste et Artémius? car c'est une affaire qui partage tout notre corps.

MONSIEUR DESFONANDRÈS.

Moi, je suis pour Artémius.

MONSIEUR TOMÈS.

Et moi aussi. Ce n'est pas que son avis, comme on a vu, n'ait tué le malade, et que celui de Théophraste ne fût beaucoup meilleur, assurément; mais enfin, il a tort dans les circonstances, et il ne devoit pas être d'un autre avis que son ancien. Qu'en dites-vous?

MONSIEUR DESFONANDRÈS.

Sans doute. Il faut toujours garder les formalités, quoi qu'il puisse arriver.

MONSIEUR TOMÈS.

Pour moi, j'y suis sévère en diable, à moins que ce

soit entre amis [1] ; et l'on nous assembla un jour, trois de nous autres, avec un médecin de dehors, pour une consultation où j'arrêtai toute l'affaire, et ne voulus point endurer qu'on opinât, si les choses n'alloient dans l'ordre. Les gens de la maison faisoient ce qu'ils pouvoient, et la maladie pressoit ; mais je n'en voulus point démordre, et la malade mourut bravement pendant cette contestation.

MONSIEUR DESFONANDRÈS.

C'est fort bien fait d'apprendre aux gens à vivre, et de leur montrer leur bec jaune. [2]

MONSIEUR TOMÈS.

Un homme mort n'est qu'un homme mort, et ne fait point de conséquence ; mais une formalité négligée porte un notable préjudice à tout le corps des médecins.

SCÈNE IV.

SGANARELLE, MM. TOMÈS, DESFONANDRÈS, MACROTON, BAHIS.

SGANARELLE.

Messieurs, l'oppression de ma fille augmente ; je vous prie de me dire vîte ce que vous avez résolu.

MONSIEUR TOMÈS, *à M. Desfonandrès.*

Allons, monsieur.

MONSIEUR DESFONANDRÈS.

Non, monsieur, parlez, s'il vous plaît.

MONSIEUR TOMÈS.

Vous vous moquez.

VARIANTES. (1) *A moins que ce ne soit entre amis.* — (2) *Leur béjaune.*

MONSIEUR DESFONANDRÈS.

Je ne parlerai pas le premier.

MONSIEUR TOMÈS.

Monsieur.

MONSIEUR DESFONANDRÈS.

Monsieur.

SGANARELLE.

Hé! de grace, messieurs, laissez toutes ces cérémonies, et songez que les choses pressent.

(Ils parlent tous quatre à la fois.)

MONSIEUR TOMÈS.

La maladie de votre fille...

MONSIEUR DESFONANDRÈS.

L'avis de tous ces messieurs tous ensemble...

MONSIEUR MACROTON.

A-près a-voir bi-en con-sul-té...

MONSIEUR BAHIS.

Pour raisonner...

SGANARELLE.

Hé! messieurs, parlez l'un après l'autre, de grace.

MONSIEUR TOMÈS.

Monsieur, nous avons raisonné sur la maladie de votre fille, et mon avis, à moi, est que cela procède d'une grande chaleur de sang; ainsi, je conclus à la saigner le plus tôt que vous pourrez.

MONSIEUR DESFONANDRÈS.

Et moi, je dis que sa maladie est une pourriture d'humeurs causée par une trop grande réplétion; ainsi, je conclus à lui donner de l'émétique.

ACTE II, SCÈNE IV.

MONSIEUR TOMÈS.

Je soutiens que l'émétique la tuera.

MONSIEUR DESFONANDRÈS.

Et moi, que la saignée la fera mourir.

MONSIEUR TOMÈS.

C'est bien à vous de faire l'habile homme!

MONSIEUR DESFONANDRÈS.

Oui, c'est à moi; et je vous prêterai le collet en tout genre d'érudition.

MONSIEUR TOMÈS.

Souvenez-vous de l'homme que vous fîtes crever ces jours passés.

MONSIEUR DESFONANDRÈS.

Souvenez-vous de la dame que vous avez envoyée en l'autre monde, il y a trois jours.

MONSIEUR TOMÈS, *à Sganarelle.*

Je vous ai dit mon avis.

MONSIEUR DESFONANDRÈS, *à Sganarelle.*

Je vous ai dit ma pensée.

MONSIEUR TOMÈS.

Si vous ne faites saigner tout à l'heure votre fille, c'est une personne morte. (*Il sort.*)

MONSIEUR DESFONANDRÈS.

Si vous la faites saigner, elle ne sera pas en vie dans un quart-d'heure. (*Il sort.*)

SCÈNE V.

SGANARELLE, MM. MACROTON, BAHIS.

SGANARELLE.

A qui croire des deux? et quelle résolution prendre sur des avis si opposés? Messieurs, je vous conjure de déterminer mon esprit, et de me dire, sans passion, ce que vous croyez le plus propre à soulager ma fille.

MONSIEUR MACROTON.

Mon-si-eur, dans ces ma-ti-è-res-là, il faut pro-cé-der a-vec-que cir-cons-pec-ti-on, et ne ri-en fai-re, com-me on dit, à la vo-lé-e; d'au-tant que les fau-tes qu'on y peut fai-re sont, se-lon no-tre maî-tre Hip-po-cra-te, d'u-ne dan-ge-reu-se con-sé-quen-ce.

MONSIEUR BAHIS, *bredouillant.*

Il est vrai, il faut bien prendre garde à ce qu'on fait; car ce ne sont pas ici des jeux d'enfant; et, quand on a failli, il n'est pas aisé de réparer le manquement, et de retablir ce qu'on a gâté : *experimentum periculosum.* C'est pourquoi il s'agit de raisonner auparavant comme il faut, de peser mûrement les choses, de regarder le tempérament des gens, d'examiner les causes de la maladie, et de voir les remèdes qu'on y doit apporter.

SGANARELLE, *à part.*

L'un va en tortue, et l'autre court la poste.

MONSIEUR MACROTON.

Or, mon-si-eur, pour ve-nir au fait, je trou-ve que vo-tre fil-le a u-ne ma-la-di-e chro-ni-que, et qu'el-le peut pé-ri-cli-ter, si on ne lui don-ne du se-cours, d'au-tant que les symp-tô-mes qu'el-le a sont in-di-ca-tifs d'u-ne va-peur fu-li-gi-neu-se et mor-di-can-te qui

ACTE II, SCÈNE V.

lui pi-co-te les mem-bra-nes du cer-veau. Or cet-te va-peur, que nous nom-mons en grec, *at-mos*, est cau-sé-e par des hu-meurs pu-tri-des, te-na-ces et con-glu-ti-neu-ses, qui sont con-te-nu-es dans le bas-ven-tre.

MONSIEUR BAHIS.

Et comme ces humeurs ont été là engendrées par une longue succession de temps, elles s'y sont recuites, et ont acquis cette malignité qui fume vers la région du cerveau.

MONSIEUR MACROTON.

Si bi-en donc que, pour ti-rer, dé-ta-cher, ar-ra-cher, ex-pul-ser, é-va-cu-er les-di-tes hu-meurs, il fau-dra u-ne pur-ga-ti-on vi-gou-reu-se. Mais, au pré-a-la-ble, je trou-ve à pro-pos, et il n'y a pas d'in-con-vé-ni-ent, d'u-ser de pe-tits re-mè-des a-no-dins, c'est-à-di-re, de pe-tits la-ve-mens ré-mol-li-ens et dé-ter-sifs, de ju-leps et de si-rops ra-fraî-chis-sans qu'on mê-le-ra dans sa pti-sa-ne.

MONSIEUR BAHIS.

Après, nous en viendrons à la purgation, et à la sai-gnée, que nous réitérerons, s'il en est besoin.

MONSIEUR MACROTON.

Ce n'est pas qu'a-vec tout ce-la vo-tre fil-le ne puis-se mou-rir; mais au moins vous au-rez fait quel-que cho-se, et vous au-rez la con-so-la-ti-on qu'el-le se-ra mor-te dans les for-mes.

MONSIEUR BAHIS.

Il vaut mieux mourir selon les règles, que de réchap-per contre les règles.

MONSIEUR MACROTON.

Nous vous di-sons sin-cè-re-ment no-tre pen-sé-e.

MONSIEUR BAHIS.

Et vous avons parlé comme nous parlerions à notre propre frère.

SGANARELLE, *à M. Macroton, en allongeant ses mots.*

Je vous rends très-hum-bles gra-ces. (*à M. Bahis, en bredouillant.*) Et vous suis infiniment obligé de la peine que vous avez prise.

SCÈNE VI.

SGANARELLE, *seul.*

Me voilà justement un peu plus incertain que je n'étois auparavant. Morbleu! il me vient une fantaisie. Il faut que j'aille acheter de l'orviétan, et que je lui en fasse prendre; l'orviétan est un remède dont beaucoup de gens se sont bien trouvés. Holà!

SCÈNE VII.

DEUXIÈME ENTRÉE.

SGANARELLE, UN OPÉRATEUR.

SGANARELLE.

Monsieur, je vous prie de me donner une boîte de votre orviétan, que je m'en vais vous payer.

L'OPÉRATEUR *chante.*

L'or de tous les climats qu'entoure l'Océan,
 Peut-il jamais payer ce secret d'importance?
 Mon remède guérit, par sa rare excellence,
 Plus de maux qu'on n'en peut nombrer dans tout un an;

ACTE II, SCÈNE VII.

  La gale,
  La rogne,
  La teigne,
  La fièvre,
  La peste,
  La goutte,
  Vérole,
  Descente,
  Rougeole.
 O grande puissance
 De l'orviétan !

SGANARELLE.

Monsieur, je crois que tout l'or du monde n'est pas capable de payer votre remède ; mais, pourtant, voici une pièce de trente sols que vous prendrez, s'il vous plaît.

L'OPÉRATEUR *chante*.

Admirez mes bontés, et le peu qu'on vous vend
Ce trésor merveilleux que ma main vous dispense.
Vous pouvez, avec lui, braver en assurance
Tous les maux que, sur nous, l'ire du ciel répand ;
  La gale,
  La rogne,
  La teigne,
  La fièvre,
  La peste,
  La goutte,
  Vérole,
  Descente,
  Rougeole.
 O grande puissance
 De l'orviétan !

SCÈNE VIII.

Plusieurs Trivelins et plusieurs Scaramouches, valets de l'Opérateur, se réjouissent en dansant.

FIN DU SECOND ACTE.

ACTE III.

SCÈNE PREMIÈRE.

MM. FILERIN, TOMÈS, DESFONANDRÈS.

MONSIEUR FILERIN.

N'avez-vous point de honte, messieurs, de montrer si peu de prudence, pour des gens de votre âge, et de vous être querellés comme de jeunes étourdis? Ne voyez-vous pas bien quel tort ces sortes de querelles nous font parmi le monde? et n'est-ce pas assez que les savans voient les contrariétés et les dissensions qui sont entre nos auteurs et nos anciens maîtres, sans découvrir encore au peuple, par nos débats et nos querelles, la forfanterie de notre art? Pour moi, je ne comprends rien du tout à cette méchante politique de quelques-uns de nos gens, et il faut confesser que toutes ces contestations nous ont décriés depuis peu d'une étrange manière; et que, si nous n'y prenons garde, nous allons nous ruiner nous-mêmes. Je n'en parle pas pour mon intérêt; car, dieu merci, j'ai déja établi mes petites affaires. Qu'il vente, qu'il pleuve, qu'il grêle; ceux qui sont morts, sont morts, et j'ai de quoi me passer des vivans; mais enfin, toutes ces disputes ne valent rien pour la médecine. Puisque le ciel nous fait la grace que, depuis tant de siècles, on demeure infatué de nous, ne désabusons point les hommes avec nos cabales extravagantes, et profitons de leurs sottises le plus doucement que nous pourrons. Nous ne sommes pas les seuls, comme vous savez, qui tâchons à nous prévaloir de la foiblesse humaine. C'est là que va l'étude de la plupart du monde, et chacun s'efforce de prendre les hommes par leur foible, pour en tirer quelque profit. Les flatteurs, par exemple, cherchent à profiter de l'amour que les hommes ont pour les louanges, en leur donnant tout le vain encens qu'ils souhaitent, et c'est un art où l'on fait, comme on voit, des fortunes considérables. Les alchimistes tâchent à profiter de la passion que l'on a pour les richesses, en promettant des montagnes d'or à ceux qui les écoutent; et les diseurs d'horoscopes, par leurs prédictions trompeuses, profitent de la vanité et de l'ambition des crédules esprits. Mais le plus grand foible des hommes, c'est l'amour qu'ils ont pour la vie; et nous en profitons, nous autres, par notre pompeux galimatias, et savons prendre nos avantages de cette vénération que la peur de mourir leur donne pour notre métier. Conservons-nous donc dans le degré d'estime où leur foiblesse nous a mis, et soyons de concert auprès des malades, pour nous attribuer les heureux succès de la maladie, et rejeter sur la nature toutes les bévues de notre art. N'allons point, dis-je, détruire sottement les heureuses préventions d'une erreur qui donne du pain à tant de personnes, [et, de l'argent de ceux que nous mettons en terre, nous fait élever de tous côtés de si beaux héritages.]

MONSIEUR TOMÈS.

Vous avez raison en tout ce que vous dites; mais ce sont chaleurs de sang, dont parfois on n'est pas le maître.

MONSIEUR FILERIN.

Allons donc, messieurs, mettez bas toute rancune, et faisons ici votre accommodement.

MONSIEUR DESFONANDRÈS.

J'y consens. Qu'il me passe mon émétique pour la malade dont il s'agit; et je lui passerai tout ce qu'il voudra pour le premier malade dont il sera question.

MONSIEUR FILERIN.

On ne peut pas mieux dire; et voilà se mettre à la raison.

MONSIEUR DESFONANDRÈS.

Cela est fait.

MONSIEUR FILERIN.

Touchez donc là. Adieu. Une autre fois montrez plus de prudence.

SCÈNE II.

M. TOMÈS, M. DESFONANDRÈS, LISETTE.

LISETTE.

Quoi! messieurs, vous voilà, et vous ne songez pas à réparer le tort qu'on vient de faire à la médecine!

MONSIEUR TOMÈS.

Comment? Qu'est-ce?

LISETTE.

Un insolent, qui a eu l'effronterie d'entreprendre sur votre métier, et qui, sans votre ordonnance [1], vient de tuer un homme d'un grand coup d'épée au travers du corps.

MONSIEUR TOMÈS.

Écoutez, vous faites la railleuse; mais vous passerez par nos mains quelque jour.

VARIANTE. (1) *Et, sans votre ordonnance.*

LISETTE.

Je vous permets de me tuer, lorsque j'aurai recours à vous.

SCÈNE III.

CLITANDRE, *en habit de médecin*, LISETTE.

LISETTE.

Hé bien! Lisette, [que dis-tu de mon équipage? Crois-tu qu'avec cet habit je puisse duper le bon homme?] Me trouves-tu bien ainsi?

LISETTE.

Le mieux du monde; et je vous attendois avec impatience. Enfin, le ciel m'a fait d'un naturel le plus humain du monde, et je ne puis voir deux amans soupirer l'un pour l'autre, qu'il ne me prenne une tendresse charitable, et un desir ardent de soulager les maux qu'ils souffrent. Je veux, à quelque prix que ce soit, tirer Lucinde de la tyrannie où elle est, et la mettre en votre pouvoir. Vous m'avez plu d'abord; je me connois en gens, et elle ne peut pas mieux choisir. L'amour risque des choses extraordinaires; et nous avons concerté ensemble une manière de stratagême qui pourra peut-être nous réussir. Toutes nos mesures sont déja prises : l'homme à qui nous avons affaire, n'est pas des plus fins de ce monde; et, si cette aventure nous manque, nous trouverons mille autres voies pour arriver à notre but. Attendez-moi là seulement, je reviens vous querir.

(*Clitandre se retire dans le fond du théâtre.*)

SCÈNE IV.

SGANARELLE, LISETTE.

LISETTE.
Monsieur, allégresse! allégresse!

SGANARELLE.
Qu'est-ce?

LISETTE.
Réjouissez-vous.

SGANARELLE.
De quoi?

LISETTE.
Réjouissez-vous, vous dis-je.

SGANARELLE.
Dis-moi donc ce que c'est, et puis je me réjouirai peut-être.

LISETTE.
Non. Je veux que vous vous réjouissiez auparavant, que vous chantiez, que vous dansiez.

SGANARELLE.
Sur quoi?

LISETTE.
Sur ma parole.

SGANARELLE.
Allons donc. (*Il chante et danse.*) La lera la la, la lera la. Que diable!

LISETTE.
Monsieur, votre fille est guérie.

SGANARELLE.

Ma fille est guérie !

LISETTE.

Oui. Je vous amène un médecin, mais un médecin d'importance, qui fait des cures merveilleuses, et qui se moque des autres médecins.

SGANARELLE.

Où est-il ?

LISETTE.

Je vais le faire entrer.

SGANARELLE, *seul.*

Il faut voir si celui-ci fera plus que les autres.

SCÈNE V.

CLITANDRE, *en habit de médecin,* SGANARELLE, LISETTE.

LISETTE, *amenant Clitandre.*

Le voici.

SGANARELLE.

Voilà un médecin qui a la barbe bien jeune.

LISETTE.

La science ne se mesure pas à la barbe (1), et ce n'est pas par le menton qu'il est habile.

SGANARELLE.

Monsieur, on m'a dit que vous aviez des remèdes admirables pour faire aller à la selle.

CLITANDRE.

Monsieur, mes remèdes sont différens de ceux des

VARIANTE. (1) *Ne se mesure pas par la barbe.*

ACTE III, SCÈNE VI.

autres. Ils ont l'émétique, les saignées, les médecines et les lavemens; mais moi, je guéris par des paroles, par des sons, par des lettres, par des talismans, et par des anneaux constellés.

LISETTE.

Que vous ai-je dit?

SGANARELLE.

Voilà un grand homme!

LISETTE.

Monsieur, comme votre fille est là toute habillée dans une chaise, je vais la faire passer ici.

SGANARELLE.

Oui. Fais.

CLITANDRE, *tâtant le pouls à Sganarelle.*

Votre fille est bien malade.

SGANARELLE.

Vous connoissez cela ici?

CLITANDRE.

Oui, par la sympathie qu'il y a entre le père et la fille.

SCÈNE VI.

SGANARELLE, LUCINDE, CLITANDRE, LISETTE.

LISETTE, *à Clitandre.*

Tenez, monsieur, voilà une chaise auprès d'elle. (*à Sganarelle.*) Allons, laissez-les là tous deux.

SGANARELLE.

Pourquoi? Je veux demeurer là.

LISETTE.

Vous moquez-vous? Il faut s'éloigner. Un médecin a cent choses à demander qu'il n'est pas honnête qu'un homme entende.

(*Sganarelle et Lisette s'éloignent.*)

CLITANDRE, *bas, à Lucinde.*

Ah! madame, que le ravissement où je me trouve est grand! et que je sais peu par où vous commencer mon discours! Tant que je ne vous ai parlé que des yeux, j'avois, ce me sembloit, cent choses à vous dire; et, maintenant que j'ai la liberté de vous parler de la façon que je souhaitois, je demeure interdit, et la grande joie où je suis, étouffe toutes mes paroles.

LUCINDE.

Je puis vous dire la même chose; et je sens, comme vous, des mouvemens de joie qui m'empêchent de pouvoir parler.

CLITANDRE.

Ah! madame, que je serois heureux, s'il étoit vrai que vous sentissiez tout ce que je sens, et qu'il me fût permis de juger de votre ame par la mienne! Mais, madame, puis-je au moins croire que ce soit à vous à qui je doive la pensée de cet heureux stratagême qui me fait jouir de votre présence?

LUCINDE.

Si vous ne m'en devez pas la pensée, vous m'êtes redevable au moins d'en avoir approuvé la proposition avec beaucoup de joie.

SGANARELLE, *à Lisette.*

Il me semble qu'il lui parle de bien près.

LISETTE, *à Sganarelle.*

C'est qu'il observe sa physionomie, et tous les traits de son visage.

ACTE III, SCÈNE VI.

CLITANDRE, *à Lucinde.*

Serez-vous constante, madame, dans ces bontés que vous me témoignez?

LUCINDE.

Mais, vous, serez-vous ferme dans les résolutions que vous avez montrées?

CLITANDRE.

Ah! madame, jusqu'à la mort. Je n'ai point de plus forte envie que d'être à vous, et je vais le faire paroître dans ce que vous m'allez voir faire.

SGANARELLE, *à Clitandre.*

Hé bien! notre malade? Elle me semble un peu plus gaie.

CLITANDRE.

C'est que j'ai déja fait agir sur elle un de ces remèdes que mon art m'enseigne. Comme l'esprit a grand empire sur le corps, et que c'est de lui, bien souvent, que procèdent les maladies, ma coutume est de courir à guérir les esprits, avant que de venir aux corps. J'ai donc observé ses regards, les traits de son visage, et les lignes de ses deux mains; et, par la science que le ciel m'a donnée, j'ai reconnu que c'étoit de l'esprit qu'elle étoit malade, et que tout son mal ne venoit que d'une imagination déréglée, d'un desir dépravé de vouloir être mariée. Pour moi, je ne vois rien de plus extravagant et de plus ridicule que cette envie qu'on a du mariage.

SGANARELLE, *à part.*

Voilà un habile homme!

CLITANDRE.

Et j'ai eu, et aurai pour lui, toute ma vie, une aversion effroyable.

SGANARELLE, *à part.*

Voilà un grand médecin!

CLITANDRE.

Mais, comme il faut flatter l'imagination des malades, et que j'ai vu en elle de l'aliénation d'esprit, et même qu'il y avoit du péril à ne lui pas donner un prompt secours, je l'ai prise par son foible, et lui ai dit que j'étois venu ici pour vous la demander en mariage. Soudain, son visage a changé, son teint s'est éclairci, ses yeux se sont animés; et, si vous voulez, pour quelques jours, l'entretenir dans cette erreur, vous verrez que nous la tirerons d'où elle est.

SGANARELLE.

Oui-dà, je le veux bien.

CLITANDRE.

Après, nous ferons agir d'autres remèdes pour la guérir entièrement de cette fantaisie.

SGANARELLE.

Oui, cela est le mieux du monde. Hé bien! ma fille, voilà monsieur qui a envie de t'épouser, et je lui ai dit que je le voulois bien.

LUCINDE.

Hélas! est-il possible?

SGANARELLE.

Oui.

LUCINDE.

Mais, tout de bon?

SGANARELLE.

Oui, oui.

LUCINDE, *à Clitandre.*

Quoi! vous êtes dans les sentimens d'être mon mari?

ACTE III, SCÈNE VI.

CLITANDRE.

Oui, madame.

LUCINDE.

Et mon père y consent?

SGANARELLE.

Oui, ma fille.

LUCINDE.

Ah! que je suis heureuse, si cela est véritable.

CLITANDRE.

N'en doutez point, madame. Ce n'est pas d'aujourd'hui que je vous aime, et que je brûle de me voir votre mari. Je ne suis venu ici que pour cela; et, si vous voulez que je vous dise nettement les choses comme elles sont, cet habit n'est qu'un pur prétexte inventé [1], et je n'ai fait le médecin que pour m'approcher de vous, et obtenir [plus facilement] ce que je souhaite.

LUCINDE.

C'est me donner des marques d'un amour bien tendre, et j'y suis sensible autant que je puis.

SGANARELLE, *à part.*

O la folle! O la folle! O la folle!

LUCINDE.

Vous voulez donc bien, mon père, me donner monsieur pour époux?

SGANARELLE.

Oui. Çà, donne-moi ta main. Donnez-moi un peu aussi la vôtre, pour voir.

CLITANDRE.

Mais, monsieur...

VARIANTE. (1) *N'est qu'un prétexte inventé.*

SGANARELLE, *étouffant de rire.*

Non, non, c'est pour... pour lui contenter l'esprit. Touchez là. Voilà qui est fait.

CLITANDRE.

Acceptez, pour gage de ma foi, cet anneau que je vous donne. (*bas, à Sganarelle.*) C'est un anneau constellé, qui guérit les égaremens d'esprit.

LUCINDE.

Faisons donc le contrat, afin que rien n'y manque.

CLITANDRE.

Hélas! je le veux bien, madame. (*bas, à Sganarelle.*) Je vais faire monter l'homme qui écrit mes remèdes, et lui faire croire que c'est un notaire.

SGANARELLE.

Fort bien.

CLITANDRE.

Holà! faites monter le notaire que j'ai amené avec moi.

LUCINDE.

Quoi! vous aviez amené un notaire?

CLITANDRE.

Oui, madame.

LUCINDE.

J'en suis ravie.

SGANARELLE.

O la folle! O la folle!

SCÈNE VII.

LE NOTAIRE, CLITANDRE, SGANARELLE, LUCINDE, LISETTE.

(*Clitandre parle bas au notaire.*)

SGANARELLE, *au notaire.*

Oui, monsieur, il faut faire un contrat pour ces deux personnes-là. Écrivez. (*à Lucinde.*) Voilà le contrat qu'on fait. (*au notaire.*) Je lui donne vingt mille écus en mariage. Écrivez.

LUCINDE.

Je vous suis bien obligée, mon père.

LE NOTAIRE.

Voilà qui est fait. Vous n'avez qu'à venir signer.

SGANARELLE.

Voilà un contrat bientôt bâti.

CLITANDRE, *à Sganarelle.*

[Mais,] au moins, [monsieur...]

SGANARELLE.

Hé! non, vous dis-je. Sait-on pas bien... (*au notaire.*) Allons, donnez-lui la plume pour signer. (*à Lucinde.*) Allons, signe, signe, signe. Va, va, je signerai tantôt, moi.

LUCINDE.

Non, non, je veux avoir le contrat entre mes mains.

SGANARELLE.

Hé bien! tiens. (*après avoir signé.*) Es-tu contente?

LUCINDE.

Plus qu'on ne peut s'imaginer.

L'AMOUR MÉDECIN.

SGANARELLE.

Voilà qui est bien, voilà qui est bien.

CLITANDRE.

Au reste, je n'ai pas eu seulement la précaution d'amener un notaire; j'ai eu celle encore de faire venir des voix et des instrumens [et des danseurs] pour célébrer la fête, et pour nous réjouir. Qu'on les fasse venir. Ce sont des gens que je mène avec moi, et dont je me sers tous les jours pour pacifier avec leur harmonie [et leurs danses] les troubles de l'esprit.

SCÈNE VIII.

LA COMÉDIE, LE BALLET, LA MUSIQUE, *ensemble.*

Sans nous tous les hommes
Deviendroient mal sains;
Et c'est nous qui sommes
Leurs grands médecins.

LA COMÉDIE.

Veut-on qu'on rabatte,
Par des moyens doux,
Les vapeurs de rate
Qui vous minent tous?
Qu'on laisse Hippocrate,
Et qu'on vienne à nous.

TOUS TROIS ENSEMBLE.

Sans nous tous les hommes
Deviendroient mal sains;

Et c'est nous qui sommes
Leurs grands médecins.

(Pendant que les Jeux, les Ris et les Plaisirs dansent, Clitandre emmène Lucinde.)

SCÈNE IX.

SGANARELLE, LISETTE, LA COMÉDIE, LA MUSIQUE, LE BALLET, JEUX, RIS, PLAISIRS.

SGANARELLE.

Voilà une plaisante façon de guérir ! Où est donc ma fille et le médecin ?

LISETTE.

Ils sont allés achever le reste du mariage.

SGANARELLE.

Comment, le mariage ?

LISETTE.

Ma foi, monsieur, la bécasse est bridée, et vous avez cru faire un jeu, qui demeure une vérité.

SGANARELLE.

Comment diable ! *(Il veut aller après Clitandre et Lucinde, les danseurs le retiennent.)* Laissez-moi aller, laissez-moi aller, vous dis-je. *(Les danseurs le retiennent toujours.)* Encore ? *(Ils veulent faire danser Sganarelle de force.)* Peste des gens !

FIN DE L'AMOUR MÉDECIN.

LE MISANTHROPE,

COMÉDIE EN CINQ ACTES,

1666.

AVERTISSEMENT
DE L'ÉDITEUR.

De Visé est l'auteur de la lettre suivante. Elle fut imprimée en tête de la première édition du *Misanthrope*, 1667, et les éditeurs de 1682 l'ont conservée. Ces deux circonstances établissent une possession que l'on a cru devoir respecter. Si Molière n'a pas jugé la lettre de de Visé indigne de précéder son chef-d'œuvre du *Misanthrope*, il ne nous appartient pas d'être plus difficile.

Grimarest raconte que la lettre de de Visé fut imprimée à l'insu de Molière, qui en fut irrité, et voulut que son libraire ne vendît plus un seul exemplaire de sa pièce, où se trouvât cette *rapsodie*. C'est là probablement un de ces contes dont Grimarest a rempli sa Vie de Molière. Comment croire que de Visé eût composé une longue apologie du *Misanthrope*, sans s'assurer qu'elle seroit agréable à Molière ? Comment croire que le libraire de Molière ait pris sur lui de mettre en tête de sa comédie un écrit d'une main étrangère, sans lui demander son consentement? Comment croire, enfin, que Molière ait été irrité de ce qu'un homme, dont l'opinion n'étoit pas sans influence sur les jugemens publics, avoit pris la défense de sa pièce attaquée par tant de gens qui n'en sentoient pas ou qui affectoient d'en méconnoître le mérite? La lettre de de Visé n'est pas d'une élégance de style remarquable : mais elle est solidement pensée ; elle développe et rend sensibles les beautés de composition et de détail qui pouvoient échapper au commun des spectateurs ; enfin, si l'auteur de cette apologie n'a pas été mis par Molière lui-même dans le secret de ses intentions les plus fines, on peut dire qu'il les a devinées avec une sagacité qui lui fait honneur.

LETTRE

ÉCRITE SUR LA COMÉDIE

DU MISANTHROPE.

Monsieur,

Vous devriez être satisfait de ce que je vous ai dit de la dernière comédie de M. de Molière, que vous avez vue aussi bien que moi, sans m'obliger à vous écrire mes sentimens. Je ne puis m'empêcher de faire ce que vous souhaitez; mais souvenez-vous de la sincère amitié que vous m'avez promise, et n'allez pas exposer à Fontainebleau, au jugement des courtisans, des remarques que je n'ai faites que pour vous obéir. Songez à ménager ma réputation; et pensez que les gens de la cour, de qui le goût est si raffiné, n'auront pas, pour moi, la même indulgence que vous.

Il est à propos, avant que de parler à fond de cette comédie, de voir quel a été le but de l'auteur; et je crois qu'il mérite des louanges, s'il est venu à bout de ce qu'il s'est proposé; et c'est la première chose qu'il faut examiner. Je pourrois vous dire en deux mots, si je voulois m'exempter de faire un grand discours, qu'il a plu, et que, son intention étant de plaire, les critiques ne peuvent pas dire qu'il ait mal fait, puisqu'en faisant mieux (si toutefois il est possible) son dessein n'auroit peut-être pas si bien réussi.

Examinons donc les endroits par où il a plu; et voyons quelle a été la fin de son ouvrage. Il n'a point voulu faire une comédie pleine d'incidens, mais une pièce, seulement, où il pût parler contre les mœurs du siècle. C'est ce qui lui a fait prendre pour son héros, un misanthrope; et, comme misanthrope veut dire ennemi des hommes, on doit demeurer d'accord qu'il ne pouvoit choisir un personnage, qui vraisemblablement pût mieux parler contre les hommes, que leur ennemi. Ce choix est encore admirable pour le théâtre; et les chagrins, les dépits, les bizarreries, et les emportemens d'un misanthrope étant des choses qui font un grand jeu, ce caractère est un des plus brillans qu'on puisse produire sur la scène.

On n'a pas seulement remarqué l'adresse de l'auteur dans le choix de ce personnage, mais encore dans tous les autres; et, comme rien ne fait paroître davantage une chose, que celle qui lui est opposée, on peut non seulement dire que l'ami du misanthrope, qui est un homme sage et prudent, fait voir dans son jour le caractère de ce ridicule, mais encore que l'humeur du misanthrope fait connoître la sagesse de son ami.

Molière n'étant pas de ceux qui ne font pas tout également bien, n'a pas été moins heureux dans le choix de ses autres caractères, puisque la maîtresse du misanthrope est une jeune veuve, coquette, et tout-à-fait médisante. Il faut s'écrier ici, et admirer l'adresse de l'auteur : ce n'est pas que le caractère ne soit assez ordinaire, et que plusieurs n'eussent pû s'en servir; mais l'on doit admirer que dans une pièce, où Molière veut parler contre les mœurs du siècle, et n'épargner personne, il nous fait voir une médisante, avec un ennemi des hommes. Je vous laisse à penser si ces deux personnes ne peuvent pas naturellement parler contre toute la terre, puisque l'un hait les hommes, et que l'autre se plaît à en dire tout le mal qu'elle en sait. En vérité, l'adresse de cet auteur est admirable; ce sont là de ces choses que tout le monde ne remarque pas, et qui sont faites avec beaucoup de jugement. Le misanthrope seul n'auroit pu parler contre tous les hommes; mais en trouvant le moyen de le faire aider d'une médisante, c'est avoir trouvé en même temps celui de mettre dans une seule pièce, la dernière main au portrait du siècle. Il y est tout entier, puisque nous voyons encore une femme qui veut paroître prude, opposée à une coquette, et des marquis qui représentent la cour: tellement qu'on peut assurer que dans cette comédie l'on voit tout ce qu'on peut dire contre les mœurs du siècle. Mais, comme il ne suffit pas d'avancer une chose, si l'on ne la prouve, je vais, en examinant cette pièce d'acte en acte, vous faire remarquer tout ce que j'ai dit, et vous faire voir cent choses qui sont mises en leur jour, avec beaucoup d'art, et qui ne sont connues que des personnes aussi éclairées que vous.

Les choses qui sont les plus précieuses d'elles-mêmes ne seroient pas souvent estimées ce qu'elles sont, si l'art ne leur avoit prêté quelques traits; et l'on peut dire que, de quelque valeur qu'elles soient, il en augmente toujours leur prix. Une pierre mise en œuvre a beaucoup plus d'éclat qu'auparavant; et nous ne saurions bien voir le plus beau tableau du monde, s'il n'est dans son jour. Toutes choses ont besoin d'y être; et les actions que l'on nous représente sur la scène, nous paroissent plus ou moins belles, selon que l'art du poëte nous les fait paroître. Ce n'est pas qu'on doive trop s'en servir, puisque le trop d'art n'est plus art, et que c'est en avoir beaucoup, que de ne le pas montrer. Tout excès est condamnable et nuisible; et les plus grandes beautés perdent beaucoup de leur éclat, lorsqu'elles sont exposées à un trop grand jour. Les productions d'esprit sont de même, et surtout celles qui regardent le théâtre; il leur faut donner de certains jours qui sont plus difficiles à trouver que les choses les plus spirituelles : car enfin, il n'y a point d'esprits si grossiers qui n'aient quelquefois de belles pensées; mais il y en a peu qui sachent bien les mettre en œuvre, s'il est permis de parler ainsi. C'est ce que Molière fait si bien, et ce que vous pouvez remarquer dans sa pièce. Cette ingénieuse et admirable comédie commence par le misanthrope qui, par son action, fait connoître à tout le monde que c'est lui, avant même d'ouvrir la bouche; ce qui fait juger qu'il soutiendra bien son caractère, puisqu'il commence si bien de le faire remarquer.

Dans cette première scène, il blâme ceux qui sont tellement accoutumés à faire des protestations d'amitié, qu'ils embrassent également leurs amis, et ceux qui leur doivent être indifférens, le faquin et l'honnête homme; et dans le même temps, par la colère où il témoigne être contre son ami, il fait voir que ceux qui reçoivent ces embrassades avec trop de complaisances, ne sont pas moins dignes de blâme que ceux qui les font; et par ce que lui répond son ami, il fait voir que son dessein est de rompre en visière à tout le genre humain; et l'on connoît, par ce peu de paroles, le caractère qu'il doit soutenir pendant toute la pièce. Mais, comme il ne pouvoit le faire paroître sans avoir matière, l'auteur a cherché toutes les choses qui peuvent exercer la patience des hommes ; et, comme il n'y en a presque point qui n'ait quelque procès, et que c'est une chose fort contraire à l'humeur d'un tel personnage, il n'a pas manqué de le faire plaider : et, comme les plus sages s'emportent ordinairement quand ils ont des procès, il a pu justement faire dire tout ce qu'il a voulu à un misanthrope, qui doit, plus qu'un autre, faire voir sa mauvaise humeur, et contre ses juges et contre sa partie.

Ce n'étoit pas assez de lui avoir fait dire qu'il vouloit rompre en visière à tout le genre humain, si l'on ne lui donnoit lieu de le faire. Plusieurs disent des choses qu'ils ne font pas ; et l'auditeur ne lui a pas sitôt vu prendre cette résolution, qu'il souhaite d'en voir les effets : ce qu'il découvre dans la scène suivante, et ce qui lui doit faire connoître l'adresse de l'auteur, qui répond sitôt à ses desirs.

Cette seconde scène réjouit et attache beaucoup, puisqu'on voit un homme de qualité faire au misanthrope les civilités qu'il vient de blâmer, et qu'il faut nécessairement ou qu'il démente son caractère, ou qu'il lui rompe en visière. Mais il est encore plus embarrassé dans la suite ; car la même personne lui lit un sonnet, et veut l'obliger d'en dire son sentiment. Le misanthrope fait d'abord voir un peu de prudence, et tâche de lui faire comprendre ce qu'il ne veut pas lui dire ouvertement, pour lui épargner de la confusion ; mais enfin, il est obligé de lui rompre en visière : ce qu'il fait d'une manière qui doit beaucoup divertir le spectateur. Il lui fait voir que son sonnet vaut moins qu'un vieux couplet de chanson qu'il lui dit ; que ce n'est qu'un jeu de paroles qui ne signifient rien; mais que la chanson dit beaucoup plus, puisqu'elle fait du moins voir un homme amoureux, qui abandonneroit une ville comme Paris pour sa maîtresse.

Je ne crois pas qu'on puisse rien voir de plus agréable que cette scène. Le sonnet n'est point méchant, selon la manière d'écrire d'aujourd'hui; et ceux qui cherchent ce que l'on appelle pointes ou chûtes, plutôt que le bon sens, le trouveront sans doute bon. J'en vis même, a la première représentation de cette pièce, qui se firent jouer, pendant qu'on représentoit cette scène; car ils crièrent que le sonnet étoit bon, avant que le misanthrope en fît la critique, et demeurèrent ensuite tout confus.

Il y a cent choses dans cette scène qui doivent faire remarquer l'esprit de l'auteur; et le choix du sonnet en est un, dans un temps où tous nos courtisans font des vers. On peut ajouter à cela que les gens de qualité croient que leur naissance les doit excuser, lorsqu'ils écrivent mal; qu'ils sont les premiers à dire : *Cela est écrit cavalièrement, et un gentilhomme n'en doit pas savoir davantage.* Mais ils devroient plutôt se persuader que les gens de qualité doivent mieux faire que les autres, ou du moins ne point faire voir ce qu'ils ne font pas bien.

Ce premier acte ayant plu à tout le monde, et n'ayant que deux scènes, doit être parfaitement beau, puisque les François, qui voudroient toujours voir de nouveaux personnages, s'y seroient ennuyés, s'il ne les avoit fort attachés et divertis.

Après avoir vu le misanthrope déchaîné contre ceux qui font également des protestations d'amitié à tout le monde, et ceux qui y répondent avec le même emportement; après

SUR LE MISANTHROPE.

l'avoir ouï parler contre sa partie, et l'avoir vu condamner le sonnet, et rompre en visière à son auteur, on ne pouvoit plus souhaiter que de le voir amoureux, puisque l'amour doit bien donner de la peine aux personnes de son caractère, et que l'on doit, en cet état, en espérer quelque chose de plaisant, chacun traitant ordinairement cette passion selon son tempérament; et c'est d'où vient que l'on attribue tant de choses à l'amour, qui ne doivent souvent être attribuées qu'à l'humeur des hommes.

Si l'on souhaite de voir le misanthrope amoureux, on doit être satisfait dans cette scène, puisqu'il y paroît avec sa maîtresse, mais avec la hauteur ordinaire à ceux de son caractère. Il n'est point soumis, il n'est point languissant, mais il lui découvre librement les défauts qu'il voit en elle, et lui reproche qu'elle reçoit bien tout l'univers; et, pour douceurs, il lui dit qu'il voudroit bien ne la pas aimer, et qu'il ne l'aime que pour ses péchés. Ce n'est pas qu'avec ces discours il ne paroisse aussi amoureux que les autres, comme nous verrons dans la suite. Pendant leur entretien, quelques gens viennent visiter sa maîtresse : il voudroit l'obliger à ne les pas voir; et, comme elle lui répond que l'un d'eux la sert dans un procès, il lui dit qu'elle devroit perdre sa cause, plutôt que de les voir.

Il faut demeurer d'accord que cette pensée ne se peut payer, et qu'il n'y a qu'un misanthrope qui puisse dire des choses semblables. Enfin, toute la compagnie arrive, et le misanthrope conçoit tant de dépit, qu'il veut s'en aller. C'est ici où l'esprit de Molière se fait remarquer, puisqu'en deux vers, joints à quelque action qui marque du dépit, il fait voir ce que peut l'amour sur le cœur de tous les hommes, et sur celui du misanthrope même, sans le faire sortir de son caractère. Sa maîtresse lui dit deux fois de demeurer; il témoigne qu'il n'en veut rien faire; et sitôt qu'elle lui donne congé avec un peu de froideur, il demeure et montre, en faisant deux ou trois pas pour s'en aller, et en revenant aussitôt, que l'amour, pendant ce temps, combat contre son caractère, et demeure vainqueur: ce que l'auteur a fait judicieusement, puisque l'amour surmonte tout. Je trouve encore une chose admirable en cet endroit; c'est la manière dont les femmes agissent pour se faire obéir, et comme une femme a le pouvoir de mettre à la raison un homme comme le misanthrope, qui la vient même de quereller, en lui disant: *Je veux que vous demeuriez*, et puis en changeant de ton: *Vous pouvez vous en aller*. Cependant cela se fait tous les jours, et l'on ne peut le voir mieux représenté qu'il est dans cette scène. Après tant de choses si différentes et si naturellement touchées et représentées dans l'espace de quatre vers, on voit une scène de conversation, où se rencontrent deux marquis, l'ami du misanthrope, et la cousine de la maîtresse de ce dernier. La jeune veuve, chez qui toute la compagnie se trouve, n'est point fâchée d'avoir la cour chez elle; et, comme elle est bien aise d'en avoir, qu'elle est politique, et veut ménager tout le monde, elle n'avoit pas voulu faire dire qu'elle n'y étoit pas aux deux marquis, comme le souhaitoit le misanthrope. La conversation est toute aux dépens du prochain; et la coquette médisante fait voir ce qu'elle sait, quand il s'agit de le dauber; et qu'elle est de celles qui déchirent sous main, jusques à leurs meilleurs amis.

Cette conversation fait voir que l'auteur n'est pas épuisé, puisqu'on y parle de vingt caractères de gens qui sont admirablement bien dépeints en peu de vers chacun; et l'on peut dire que ce sont autant de sujets de comédies que Molière donne libéralement à ceux qui s'en voudront servir. Le misanthrope soutient bien son caractère pendant cette conversation, et leur parle avec la liberté qui lui est ordinaire. Elle est à peine finie qu'il fait une action digne de lui, en disant aux deux marquis qu'il ne sortira point qu'ils ne soient sortis ; et il le feroit sans doute, puisque les gens de son caractère ne se démentent jamais, s'il n'étoit obligé de suivre un garde pour le différend qu'il a eu avec Oronte, en condamnant son sonnet. C'est par où cet acte finit.

L'ouverture du troisième se fait par une scène entre les deux marquis, qui disent des choses fort convenables à leurs caractères, et qui font voir par les applaudissemens qu'ils reçoivent, que l'on peut toujours mettre des marquis sur la scène, tant qu'on leur fera dire quelque chose que les autres n'aient point encore dit. L'accord qu'ils font entre eux de se dire les marques d'estime qu'ils recevront de leur maîtresse, est une adresse de l'auteur, qui prépare la fin de sa pièce, comme vous remarquerez dans la suite.

Il y a, dans le même acte, une scène entre deux femmes, que l'on trouve d'autant plus belle, que leurs caractères sont tout-à-fait opposés, et se font ainsi paroître l'un l'autre. L'une est la jeune veuve, aussi coquette que médisante ; et l'autre une femme qui veut passer pour prude, et qui, dans l'ame, n'est pas moins du monde que la coquette. Elle donne à cette dernière des avis charitables sur sa conduite ; la coquette les reçoit fort bien en apparence, et lui dit à son tour, pour la payer de cette obligation, qu'elle veut l'avertir de ce que l'on dit d'elle, et lui fait un tableau de la vie des feintes prudes, dont les couleurs sont aussi fortes que celles que la prude avoit employées pour lui représenter la vie des coquettes : et ce qui doit faire trouver cette scène fort agréable, est que celle qui a parlé la première, se fâche quand l'autre la paie en même monnoie.

L'on peut assurer que l'on voit dans cette scène tout ce que l'on peut dire de toutes les femmes, puisqu'elles sont toutes de l'un ou de l'autre caractère; ou que si elles ont quelque chose de plus, ou de moins, ce qu'elles ont, a toujours du rapport à l'un ou à l'autre.

Ces deux femmes, après s'être parlé à cœur ouvert touchant leurs vies, se séparent; et la coquette laisse la prude avec le misanthrope, qu'elle voit entrer chez elle. Comme la prude a de l'esprit, et qu'elle n'a choisi ce caractère que pour mieux faire ses affaires, elle tâche, par toutes sortes de voies, d'attirer le misanthrope qu'elle aime. Elle le loue; elle parle contre la coquette, lui veut persuader qu'on le trompe, et le mène chez elle, pour lui en donner des preuves : ce qui donne sujet à une partie des choses qui se passent au quatrième acte.

Cet acte commence par le récit de l'accommodement du misanthrope avec l'homme du sonnet; et l'ami de ce premier en entretient la cousine de la coquette. Les vers de ce récit sont tout-à-fait beaux; mais ce que l'on y doit remarquer, est que le caractère du misanthrope est soutenu avec la même vigueur qu'il fait paroître en ouvrant la pièce. Ces deux personnes parlent quelque temps des sentimens de leurs cœurs, et sont interrompues par le misanthrope même, qui paroît furieux et jaloux; et l'auditeur se persuade aisément, par ce qu'il a vu dans l'autre acte, que la prude, avec qui on l'a vu sortir, lui a inspiré ses sentimens. Le dépit lui fait faire ce que tous les hommes feroient en sa place, de quelque humeur qu'ils fussent : il offre son cœur à la belle parente de sa maîtresse; mais elle lui fait voir que ce n'est que le dépit qui le fait parler, et qu'une coupable aimée est bientôt innocente. Ils le laissent avec sa maîtresse qui paroît, et se retirent.

Je ne crois pas qu'on puisse rien voir de plus beau que cette scène. Elle est toute sérieuse; et cependant il y en a peu dans la pièce qui divertissent davantage. On y voit un portrait, naturellement représenté, de ce que les amans font tous les jours, en de semblables rencontres. Le misanthrope paroît d'abord aussi emporté que jaloux; il semble que rien ne peut diminuer sa colère, et que la pleine justification de sa maîtresse ne pourroit qu'avec peine calmer sa fureur. Cependant admirez l'adresse de l'auteur: ce jaloux, cet emporté, ce furieux, paroît tout radouci, il ne parle que du desir qu'il a de faire du bien à sa maîtresse; et ce qui est admirable, c'est qu'il lui dit toutes ces choses avant qu'elle se soit justifiée, et lorsqu'elle lui dit qu'il a raison d'être jaloux. C'est faire voir ce que peut l'amour sur le cœur de tous les hommes; et faire connoître en même temps, par une adresse que l'on ne peut assez admirer, ce que peuvent les femmes sur leurs amans, en changeant seulement le ton de leur voix, et prenant un air qui paroît ensemble et fier et attirant. Pour moi, je ne puis assez m'étonner quand je vois une coquette ramener, avant que s'être justifiée, non pas un amant soumis et languissant, mais un misanthrope; et l'obliger, non seulement à la prier de se justifier, mais encore à des protestations d'amour, qui n'ont pour but que le bien de l'objet aimé; et cependant demeurer ferme, après l'avoir ramené, et ne le point éclaircir, pour avoir le plaisir de s'applaudir d'un plein triomphe. Voilà ce qui s'appelle manier des scènes : voilà ce qui s'appelle travailler avec art, et représenter, avec des traits délicats, ce qui se passe tous les jours dans le monde. Je ne crois pas que les beautés de cette scène soient connues de tous ceux qui l'ont vu représenter. Elle est trop délicatement traitée; mais je puis assurer que tout le monde a remarqué qu'elle étoit bien écrite, et que les personnes d'esprit en ont bien su connoître les finesses.

Dans le reste de l'acte, le valet du misanthrope vient chercher son maître, pour l'avertir qu'on lui est venu signifier quelque chose qui regarde son procès. Comme l'esprit paroît aussi bien dans les petites choses que dans les grandes, on en voit beaucoup dans cette scène, puisque le valet exerce la patience du misanthrope, et que ce qu'il dit feroit moins d'effet, s'il étoit à un maître qui fût d'une autre humeur.

La scène du valet, au quatrième acte, devoit faire croire que l'on entendroit bientôt parler du procès. Aussi apprend-on, à l'ouverture du cinquième, qu'il est perdu; et le misanthrope agit selon que j'ai dit au premier. Son chagrin, qui l'oblige à se promener et rêver, le fait retirer dans un coin de la chambre, où il voit aussitôt entrer sa maîtresse, accompagnée de l'homme avec qui il a eu démêlé pour le sonnet. Il la presse de se déclarer et de faire un choix entre lui et ses rivaux, ce qui donne lieu au misanthrope de faire une action qui est bien d'un homme de son caractère. Il sort de l'endroit où il est, et lui fait la même prière. La coquette agit toujours en femme adroite et spirituelle, et, par un procédé qui paroît honnête, leur dit qu'elle sait bien quel choix elle doit faire, qu'elle ne balance pas; mais qu'elle ne veut point se déclarer en présence de celui qu'elle ne doit pas choisir. Ils sont interrompus par la prude et par les marquis, qui apportent chacun une lettre qu'elle a écrite contre eux; ce que l'auteur a préparé dès le troisième acte, en leur faisant promettre qu'ils se montreroient ce qu'ils recevroient de leur maîtresse. Cette scène est fort agréable: tous les acteurs sont raillés dans les deux lettres; et quoique cela soit nouveau au théâtre, il fait voir néanmoins la véritable manière d'agir des coquettes médisantes, qui parlent et écrivent continuellement contre ceux qu'elles voient tous les jours, et à qui elles font bonne mine. Les marquis la quittent et lui témoignent plus de mépris que de colère.

La coquette paroît un peu mortifiée dans cette scène. Ce n'est pas qu'elle démente son caractère, mais la surprise qu'elle a de se voir abandonnée, et le chagrin d'apprendre que son jeu est découvert, lui causent un secret dépit qui paroît jusques sur son visage. Cet endroit est tout-à-fait judicieux. Comme la médisance est un vice, il étoit nécessaire qu'à la fin de la comédie elle eût quelque sorte de punition, et l'auteur a trouvé le moyen de la punir, et de lui faire en même temps soutenir son caractère. Il ne faut point d'autre preuve pour montrer qu'elle le soutient, que le refus qu'elle fait d'épouser le misanthrope, et d'aller vivre dans son désert. Il ne tient qu'à elle de le faire; mais leurs humeurs étant incompatibles, ils seroient trop mal assortis; et la coquette peut se corriger en demeurant dans le monde, sans choisir un désert pour faire pénitence; son crime, qui ne part que d'un esprit encor jeune, ne demandant pas qu'elle en fasse une si grande.

Pour ce qui regarde le misanthrope, on peut dire qu'il soutient son caractère jusques au bout. Nous en voyons souvent qui ont bien de la peine à le garder pendant le cours d'une comédie; mais si, comme j'ai dit tantôt, celui-ci a fait connoître le sien, avant que de parler, il fait voir en finissant, qu'il le conservera toute sa vie, en se retirant du monde.

Voilà, monsieur, ce que je pense de la comédie du *Misanthrope amoureux*, que je trouve d'autant plus admirable que le héros en est le plaisant, sans être trop ridicule; et qu'il fait rire les honnêtes gens, sans dire des plaisanteries fades et basses, comme l'on a accoutumé de voir dans des pièces comiques. Celles de cette nature me semblent plus divertissantes, encore que l'on y rie moins haut : et je crois qu'elles divertissent davantage, qu'elles attachent, et qu'elles font continuellement rire dans l'ame. Le misanthrope, malgré sa folie, si l'on peut ainsi appeler son humeur, a le caractère d'un honnête homme, et beaucoup de fermeté, comme l'on peut connoître dans l'affaire du sonnet. Nous voyons de grands hommes dans des pièces héroïques, qui en ont bien moins, qui n'ont point de caractère, et démentent souvent au théâtre, par leur lâcheté, la bonne opinion que l'histoire a fait concevoir d'eux.

L'auteur ne représente pas seulement le misanthrope sous ce caractère, mais il fait encore parler à son héros d'une partie des mœurs du temps : et ce qui est admirable, c'est que bien qu'il paroisse en quelque façon ridicule, il dit des choses fort justes. Il est vrai qu'il semble trop exiger; mais il faut demander beaucoup, pour obtenir quelque chose; et, pour obliger les hommes à se corriger un peu de leurs défauts, il est nécessaire de les leur faire paroître bien grands.

Molière, par une adresse qui lui est particulière, laisse partout deviner plus qu'il ne dit, et n'imite pas ceux qui parlent beaucoup et ne disent rien.

On peut assurer que cette pièce est une perpétuelle et divertissante instruction; qu'il y a des tours et des délicatesses inimitables; que les vers en sont fort beaux, au sentiment de tout le monde; les scènes bien tournées et bien maniées; et que l'on ne peut ne la pas trouver bonne, sans faire voir que l'on n'est pas de ce monde, et que l'on ignore la manière de vivre de la cour et celle des plus illustres personnages de la ville.

Il n'y a rien dans cette comédie qui ne puisse être utile et dont l'on ne doive profiter. L'ami du misanthrope est si raisonnable, que tout le monde devroit l'imiter : il n'est ni trop ni trop peu critique; et ne portant les choses ni dans l'un ni dans l'autre excès, sa conduite doit être approuvée de tout le monde. Pour le misanthrope, il doit inspirer à tous ses semblables le desir de se corriger. Les coquettes médisantes, par l'exemple de Célimène, voyant qu'elles peuvent s'attirer des affaires qui les feront mépriser, doivent apprendre à ne pas déchirer sous main leurs meilleurs amis. Les fausses prudes doivent connoître que leurs grimaces ne servent de rien; et que, quand elles seroient aussi sages qu'elles le veulent paroître, elles seront toujours blâmées, tant qu'elles voudront passer pour prudes. Je ne dis rien des marquis, je les crois les plus incorrigibles; et il y a tant de choses à reprendre encore en eux, que tout le monde avoue qu'on les peut encore jouer long-temps, bien qu'ils n'en demeurent pas d'accord.

Vous trouverez, sans doute, ma lettre trop longue; mais je n'ai pu m'arrêter, et j'ai trouvé qu'il étoit difficile de parler sur un si grand sujet en peu de mots. Ce long discours ne devroit pas déplaire aux courtisans, puisqu'ils ont assez fait voir, par leurs applaudissemens, qu'ils trouvoient la comédie belle. En tout cas, je n'ai écrit que pour vous, et j'espère que vous cacherez ceci, si vous jugez qu'il ne vaille pas la peine d'être montré. Ne craignez pas que j'y trouve à redire; je suis autrement soumis à votre jugement qu'Oronte ne l'étoit aux avis du misanthrope.

Je suis,

MONSIEUR,

Votre très-humble, et très-obéissant serviteur,

I. D. D. V.

LE MISANTHROPE.

ACTEURS.

ALCESTE, amant de Célimène.
PHILINTE, ami d'Alceste.
ORONTE, amant de Célimène.
CÉLIMÈNE.
ÉLIANTE, cousine de Célimène.
ARSINOÉ, amie de Célimène.
ACASTE, } marquis.
CLITANDRE,
BASQUE, valet de Célimène.
UN GARDE de la Maréchaussée de France.
DUBOIS, valet d'Alceste.

La scène est à Paris, dans la maison de Célimène.

LE MISANTHROPE,

COMÉDIE.

ACTE PREMIER.

SCÈNE PREMIÈRE.

PHILINTE, ALCESTE.

PHILINTE.

Qu'est-ce donc? Qu'avez-vous?

ALCESTE, *assis*.

Laissez-moi, je vous prie.

PHILINTE.

Mais encor, dites-moi, quelle bizarrerie...

ALCESTE.

Laissez-moi là, vous dis-je, et courez vous cacher.

PHILINTE.

Mais on entend les gens au moins sans se fâcher.

ALCESTE.

Moi, je veux me fâcher, et ne veux point entendre.

PHILINTE.

Dans vos brusques chagrins je ne puis vous comprendre,
Et, quoique amis enfin, je suis tout des premiers...

ALCESTE, *se levant brusquement*.

Moi, votre ami? Rayez cela de vos papiers.

J'ai fait jusques ici profession de l'être;
Mais, après ce qu'en vous je viens de voir paroître,
Je vous déclare net que je ne le suis plus,
Et ne veux nulle place en des cœurs corrompus.

PHILINTE.

Je suis donc bien coupable, Alceste, à votre compte?

ALCESTE.

Allez, vous devriez mourir de pure honte;
Une telle action ne sauroit s'excuser,
Et tout homme d'honneur s'en doit scandaliser.
Je vous vois accabler un homme de caresses,
Et témoigner pour lui les dernières tendresses;
De protestations, d'offres et de sermens,
Vous chargez la fureur de vos embrassemens;
Et, quand je vous demande après quel est cet homme,
A peine pouvez-vous dire comme il se nomme;
Votre chaleur pour lui tombe en vous séparant,
Et vous me le traitez, à moi, d'indifférent.
Morbleu! c'est une chose indigne, lâche, infâme,
De s'abaisser ainsi, jusqu'à trahir son ame;
Et si, par un malheur, j'en avois fait autant,
Je m'irois, de regret, pendre tout à l'instant.

PHILINTE.

Je ne vois pas, pour moi, que le cas soit pendable;
Et je vous supplierai d'avoir pour agréable,
Que je me fasse un peu grace sur votre arrêt,
Et ne me pende pas pour cela, s'il vous plaît.

ALCESTE.

Que la plaisanterie est de mauvaise grace!

PHILINTE.

Mais, sérieusement, que voulez-vous qu'on fasse?

ALCESTE.

Je veux qu'on soit sincère, et qu'en homme d'honneur,

ACTE I, SCÈNE I.

On ne lâche aucun mot qui ne parte du cœur.

PHILINTE.

Lorsqu'un homme vous vient embrasser avec joie,
Il faut bien le payer de la même monnoie,
Répondre, comme on peut, à ses empressemens,
Et rendre offre pour offre, et sermens pour sermens.

ALCESTE.

Non, je ne puis souffrir cette lâche méthode
Qu'affectent la plupart de vos gens à la mode;
Et je ne hais rien tant que les contorsions
De tous ces grands faiseurs de protestations,
Ces affables donneurs d'embrassades frivoles,
Ces obligeans diseurs d'inutiles paroles,
Qui de civilités avec tous font combat,
Et traitent du même air l'honnête homme et le fat.
Quel avantage a-t-on qu'un homme vous caresse,
Vous jure amitié, foi, zèle, estime, tendresse,
Et vous fasse de vous un éloge éclatant,
Lorsqu'au premier faquin il court en faire autant?
Non, non, il n'est point d'ame un peu bien située,
Qui veuille d'une estime ainsi prostituée,
Et la plus glorieuse a des régals peu chers,
Dès qu'on voit qu'on nous mêle avec tout l'univers :
Sur quelque préférence une estime se fonde,
Et c'est n'estimer rien qu'estimer tout le monde.
Puisque vous y donnez, dans ces vices du temps,
Morbleu! vous n'êtes pas pour être de mes gens ;
Je refuse d'un cœur la vaste complaisance
Qui ne fait de mérite aucune différence ;
Je veux qu'on me distingue, et, pour le trancher net,
L'ami du genre humain n'est point du tout mon fait.

PHILINTE.

Mais, quand on est du monde, il faut bien que l'on rende

Quelques dehors civils que l'usage demande.

ALCESTE.

Non, vous dis-je, on devroit châtier, sans pitié,
Ce commerce honteux de semblans d'amitié. (1)
Je veux que l'on soit homme, et qu'en toute rencontre,
Le fond de notre cœur dans nos discours se montre,
Que ce soit lui qui parle, et que nos sentimens
Ne se masquent jamais sous de vains complimens.

PHILINTE.

Il est bien des endroits ou la pleine franchise
Deviendroit ridicule, et seroit peu permise;
Et, parfois, n'en déplaise à votre austère honneur,
Il est bon de cacher ce qu'on a dans le cœur.
Seroit-il à propos, et de la bienséance,
De dire à mille gens tout ce que d'eux on pense?
Et, quand on a quelqu'un qu'on hait ou qui déplaît,
Lui doit-on déclarer la chose comme elle est?

ALCESTE.

Oui.

PHILINTE.

Quoi! vous iriez dire à la vieille Émilie,
Qu'à son âge il sied mal de faire la jolie,
Et que le blanc qu'elle a scandalise chacun?

ALCESTE.

Sans doute.

PHILINTE.

A Dorilas, qu'il est trop importun;
Et qu'il n'est, à la cour, oreille qu'il ne lasse
A conter sa bravoure et l'éclat de sa race?

ALCESTE.

Fort bien.

VARIANTE. (1) *De semblant d'amitié.*

ACTE I; SCÈNE I.

PHILINTE.

Vous vous moquez.

ALCESTE.

Je ne me moque point ;
Et je vais n'épargner personne sur ce point.
Mes yeux sont trop blessés, et la cour et la ville
Ne m'offrent rien qu'objets à m'échauffer la bile ;
J'entre en une humeur noire, en un chagrin profond,
Quand je vois vivre entre eux les hommes comme ils font ;
Je ne trouve partout que lâche flatterie,
Qu'injustice, intérêt, trahison, fourberie ;
Je n'y puis plus tenir, j'enrage ; et mon dessein
Est de rompre en visière à tout le genre humain.

PHILINTE.

Ce chagrin philosophe est un peu trop sauvage.
Je ris des noirs accès où je vous envisage ;
Et crois voir en nous deux, sous mêmes soins nourris,
Ces deux frères que peint l'École des Maris,
Dont...

ALCESTE.

Mon dieu ! laissons là vos comparaisons fades.

PHILINTE.

Non : tout de bon, quittez toutes ces incartades.
Le monde par vos soins ne se changera pas :
Et, puisque la franchise a pour vous tant d'appas,
Je vous dirai tout franc que cette maladie,
Partout où vous allez, donne la comédie ;
Et qu'un si grand courroux contre les mœurs du temps,
Vous tourne en ridicule auprès de bien des gens.

ALCESTE.

Tant mieux, morbleu ! tant mieux, c'est ce que je demande,
Ce m'est un fort bon signe, et ma joie en est grande.

Tous les hommes me sont à tel point odieux,
Que je serois fâché d'être sage à leurs yeux.

PHILINTE.

Vous voulez un grand mal à la nature humaine.

ALCESTE.

Oui, j'ai conçu pour elle une effroyable haine.

PHILINTE.

Tous les pauvres mortels, sans nulle exception,
Seront enveloppés dans cette aversion.
Encore en est-il bien, dans le siècle où nous sommes...

ALCESTE.

Non, elle est générale, et je hais tous les hommes,
Les uns, parce qu'ils sont méchans et malfaisans,
Et les autres, pour être aux méchans complaisans,
Et n'avoir pas pour eux ces haines vigoureuses,
Que doit donner le vice aux ames vertueuses.
De cette complaisance on voit l'injuste excès,
Pour le franc scélérat avec qui j'ai procès.
Au travers de son masque, on voit à plein le traître,
Partout il est connu pour tout ce qu'il peut être;
Et ses roulemens d'yeux, et son ton radouci,
N'imposent qu'à des gens qui ne sont point d'ici.
On sait que ce pied-plat, digne qu'on le confonde,
Par de sales emplois s'est poussé dans le monde,
Et que par eux, son sort, de splendeur revêtu,
Fait gronder le mérite et rougir la vertu;
Quelques titres honteux qu'en tous lieux on lui donne,
Son misérable honneur ne voit pour lui personne :
Nommez-le fourbe, infâme, et scélérat maudit,
Tout le monde en convient, et nul n'y contredit;
Cependant sa grimace est partout bien venue,
On l'accueille, on lui rit, partout il s'insinue,
Et, s'il est, par la brigue, un rang à disputer,

Sur le plus honnête homme on le voit l'emporter.
Têtebleu ! ce me sont de mortelles blessures,
De voir qu'avec le vice on garde des mesures ;
Et parfois il me prend des mouvemens soudains
De fuir dans un désert l'approche des humains.

PHILINTE.

Mon dieu ! des mœurs du temps mettons-nous moins en peine,
Et faisons un peu grace à la nature humaine ;
Ne l'examinons point dans la grande rigueur,
Et voyons ses défauts avec quelque douceur.
Il faut, parmi le monde, une vertu traitable ;
A force de sagesse, on peut être blâmable ;
La parfaite raison fuit toute extrémité,
Et veut que l'on soit sage avec sobriété.
Cette grande roideur des vertus des vieux âges,
Heurte trop notre siècle et les communs usages ;
Elle veut aux mortels trop de perfection :
Il faut fléchir au temps sans obstination ;
Et c'est une folie à nulle autre seconde,
De vouloir se mêler de corriger le monde.
J'observe, comme vous, cent choses tous les jours,
Qui pourroient mieux aller, prenant un autre cours ;
Mais, quoi qu'à chaque pas je puisse voir paroître,
En courroux, comme vous, on ne me voit point être ;
Je prends tout doucement les hommes comme ils sont,
J'accoutume mon ame à souffrir ce qu'ils font ;
Et je crois qu'à la cour, de même qu'à la ville,
Mon flegme est philosophe autant que votre bile.

ALCESTE.

Mais ce flegme, monsieur, qui raisonne si bien, (1)
Ce flegme pourra-t-il ne s'échauffer de rien ?

VARIANTE. (1) *Mais ce flegme, monsieur, qui raisonnez si bien.*

Et s'il faut, par hasard, qu'un ami vous trahisse,
Que, pour avoir vos biens, on dresse un artifice,
Ou qu'on tâche à semer de méchans bruits de vous,
Verrez-vous tout cela sans vous mettre en courroux?

PHILINTE.

Oui, je vois ces défauts dont votre ame murmure,
Comme vices unis à l'humaine nature;
Et mon esprit enfin n'est pas plus offensé
De voir un homme fourbe, injuste, intéressé,
Que de voir des vautours affamés de carnage,
Des singes malfaisans, et des loups pleins de rage.

ALCESTE.

Je me verrai trahir, mettre en pièces, voler,
Sans que je sois... Morbleu! je ne veux point parler,
Tant ce raisonnement est plein d'impertinence!

PHILINTE.

Ma foi, vous ferez bien (1) de garder le silence.
Contre votre partie éclatez un peu moins,
Et donnez au procès une part de vos soins.

ALCESTE.

Je n'en donnerai point, c'est une chose dite.

PHILINTE.

Mais qui voulez-vous donc qui pour vous sollicite?

ALCESTE.

Qui je veux? La raison, mon bon droit, l'équité.

PHILINTE.

Aucun juge par vous ne sera visité?

ALCESTE.

Non. Est-ce que ma cause est injuste ou douteuse?

VARIANTE. (1) *Ma foi, vous feriez bien.*

PHILINTE.

J'en demeure d'accord ; mais la brigue est fâcheuse,
Et...

ALCESTE.

Non. J'ai résolu de n'en pas faire un pas.
J'ai tort, ou j'ai raison.

PHILINTE.

Ne vous y fiez pas.

ALCESTE.

Je ne remuerai point.

PHILINTE.

Votre partie est forte,
Et peut, par sa cabale, entraîner...

ALCESTE.

Il n'importe.

PHILINTE.

Vous vous tromperez.

ALCESTE.

Soit. J'en veux voir le succès.

PHILINTE.

Mais...

ALCESTE.

J'aurai le plaisir de perdre mon procès.

PHILINTE.

Mais enfin...

ALCESTE.

Je verrai dans cette plaiderie,
Si les hommes auront assez d'effronterie,
Seront assez méchans, scélérats et pervers,
Pour me faire injustice aux yeux de l'univers.

PHILINTE.

Quel homme!

ALCESTE.

Je voudrois, m'en coûtât-il grand'chose,
Pour la beauté du fait, avoir perdu ma cause.

PHILINTE.

On se riroit de vous, Alceste, tout de bon
Si l'on vous entendoit parler de la façon.

ALCESTE.

Tant pis pour qui riroit.

PHILINTE.

Mais cette rectitude
Que vous voulez en tout avec exactitude,
Cette pleine droiture, où vous vous renfermez,
La trouvez-vous ici dans ce que vous aimez?
Je m'étonne, pour moi, qu'étant, comme il le semble,
Vous et le genre humain, si fort brouillés ensemble,
Malgré tout ce qui peut vous le rendre odieux,
Vous ayez pris chez lui ce qui charme vos yeux;
Et ce qui me surprend encore davantage,
C'est cet étrange choix où votre cœur s'engage.
La sincère Éliante a du penchant pour vous,
La prude Arsinoé vous voit d'un œil fort doux;
Cependant à leurs vœux votre ame se refuse,
Tandis qu'en ses liens Célimène l'amuse,
De qui l'humeur coquette et l'esprit médisant
Semblent si fort donner dans les mœurs d'à présent.
D'où vient que, leur portant une haine mortelle,
Vous pouvez bien souffrir ce qu'en tient cette belle?
Ne sont-ce plus défauts dans un objet si doux?
Ne les voyez-vous pas, ou les excusez-vous?

ALCESTE.

Non. L'amour que je sens pour cette jeune veuve,

ACTE I, SCÈNE I.

Ne ferme point mes yeux aux défauts qu'on lui treuve;
Et je suis, quelque ardeur qu'elle m'ait pu donner,
Le premier à les voir, comme à les condamner.
Mais, avec tout cela, quoi que je puisse faire,
Je confesse mon foible; elle a l'art de me plaire :
J'ai beau voir ses défauts, et j'ai beau l'en blâmer,
En dépit qu'on en ait, elle se fait aimer;
Sa grace est la plus forte; et, sans doute, ma flamme
De ces vices du temps pourra purger son ame.

PHILINTE.

Si vous faites cela, vous ne ferez pas peu.
Vous croyez être donc aimé d'elle?

ALCESTE.

       Oui, parbleu!
Je ne l'aimerois pas, si je ne croyois l'être.

PHILINTE.

Mais, si son amitié pour vous se fait paroître,
D'où vient que vos rivaux vous causent de l'ennui?

ALCESTE.

C'est qu'un cœur bien atteint veut qu'on soit tout à lui,
Et je ne viens ici qu'à dessein de lui dire
Tout ce que là-dessus ma passion m'inspire.

PHILINTE.

Pour moi, si je n'avois qu'à former des desirs,
La cousine Éliante [1] auroit tous mes soupirs;
Son cœur, qui vous estime, est solide et sincère,
Et ce choix plus conforme étoit mieux votre affaire.

ALCESTE.

Il est vrai : ma raison me le dit chaque jour;
Mais la raison n'est pas ce qui règle l'amour.

VARIANTE. (1) *Sa cousine Éliante.*

PHILINTE.

Je crains fort pour vos feux, et l'espoir où vous êtes
Pourroit...

SCÈNE II.

ORONTE, ALCESTE, PHILINTE.

ORONTE, *à Alceste.*

J'ai su là-bas que, pour quelques emplettes,
Éliante est sortie, et Célimène aussi.
Mais, comme l'on m'a dit que vous étiez ici,
J'ai monté pour vous dire, et d'un cœur véritable,
Que j'ai conçu pour vous une estime incroyable,
Et que, depuis long-temps, cette estime m'a mis
Dans un ardent desir d'être de vos amis.
Oui, mon cœur au mérite aime à rendre justice,
Et je brûle qu'un nœud d'amitié nous unisse.
Je crois qu'un ami chaud, et de ma qualité,
N'est pas assurément pour être rejeté.

(*Pendant le discours d'Oronte, Alceste est rêveur,
et semble ne pas entendre que c'est à lui qu'on parle.
Il ne sort de sa rêverie que quand Oronte lui dit :*)

C'est à vous, s'il vous plaît, que ce discours s'adresse.

ALCESTE.

A moi, monsieur?

ORONTE.

A vous. Trouvez-vous qu'il vous blesse?

ALCESTE.

Non pas. Mais la surprise est fort grande pour moi,
Et je n'attendois pas l'honneur que je reçoi.

ACTE I, SCÈNE II.

ORONTE.

L'estime où je vous tiens ne doit point vous surprendre,
Et de tout l'univers vous la pouvez prétendre.

ALCESTE.

Monsieur...

ORONTE.

L'État n'a rien qui ne soit au-dessous
Du mérite éclatant que l'on découvre en vous.

ALCESTE.

Monsieur...

ORONTE.

Oui, de ma part, je vous tiens préférable
A tout ce que j'y vois de plus considérable.

ALCESTE.

Monsieur...

ORONTE.

Sois-je du ciel écrasé, si je mens ;
Et, pour vous confirmer ici mes sentimens,
Souffrez qu'à cœur ouvert, monsieur, je vous embrasse,
Et qu'en votre amitié je vous demande place.
Touchez-là, s'il vous plaît. Vous me la promettez,
Votre amitié ?

ALCESTE.

Monsieur...

ORONTE.

Quoi ! vous y résistez ?

ALCESTE.

Monsieur, c'est trop d'honneur que vous me voulez faire,
Mais l'amitié demande un peu plus de mystère ;
Et c'est assurément en profaner le nom,
Que de vouloir le mettre à toute occasion.

Avec lumière et choix cette union veut naître;
Avant que nous lier, il faut nous mieux connoître;
Et nous pourrions avoir telles complexions,
Que tous deux du marché nous nous repentirions.

ORONTE.

Parbleu! c'est là-dessus parler en homme sage,
Et je vous en estime encore davantage.
Souffrons donc que le temps forme des nœuds si doux.
Mais, cependant, je m'offre entièrement à vous.
S'il faut faire à la cour pour vous quelque ouverture,
On sait qu'auprès du roi je fais quelque figure;
Il m'écoute; et, dans tout, il en use, ma foi,
Le plus honnêtement du monde avecque moi.
Enfin, je suis à vous de toutes les manières;
Et, comme votre esprit a de grandes lumières,
Je viens, pour commencer entre nous ce beau nœud,
Vous montrer un sonnet que j'ai fait depuis peu,
Et savoir s'il est bon qu'au public je l'expose.

ALCESTE.

Monsieur, je suis mal propre à décider la chose.
Veuillez m'en dispenser.

ORONTE.

Pourquoi?

ALCESTE.

J'ai le défaut
D'être un peu plus sincère en cela qu'il ne faut.

ORONTE.

C'est ce que je demande, et j'aurois lieu de plainte,
Si, m'exposant à vous pour me parler sans feinte,
Vous alliez me trahir, et me déguiser rien.

ALCESTE.

Puisqu'il vous plaît ainsi, monsieur, je le veux bien.

ACTE I, SCÈNE II.

ORONTE.

Sonnet. C'est un sonnet... *L'espoir...* C'est une dame,
Qui de quelque espérance avoit flatté ma flamme.
L'espoir... Ce ne sont point de ces grands vers pompeux,
Mais de petits vers doux, tendres et langoureux.

ALCESTE.

Nous verrons bien.

ORONTE.

L'espoir... Je ne sais si le style
Pourra vous en paroître assez net et facile,
Et si du choix des mots vous vous contenterez.

ALCESTE.

Nous allons voir, monsieur.

ORONTE.

Au reste, vous saurez
Que je n'ai demeuré qu'un quart-d'heure à le faire.

ALCESTE.

Voyons, monsieur, le temps ne fait rien à l'affaire.

ORONTE *lit.*

L'espoir, il est vrai, nous soulage,
Et nous berce un temps notre ennui;
Mais, Philis, le triste avantage,
Lorsque rien ne marche après lui!

PHILINTE.

Je suis déja charmé de ce petit morceau.

ALCESTE, *bas, à Philinte.*

Quoi! vous avez le front de trouver cela beau?

ORONTE.

Vous eûtes de la complaisance;
Mais vous en deviez moins avoir,

Et ne vous pas mettre en dépense,
Pour ne me donner que l'espoir.

PHILINTE.

Ah! qu'en termes galans ces choses-là sont mises!

ALCESTE, *bas, à Philinte.*

Morbleu! vil complaisant⁽¹⁾, vous louez des sottises?

ORONTE.

S'il faut qu'une attente éternelle
Pousse à bout l'ardeur de mon zèle,
Le trépas sera mon recours.

Vos soins ne m'en peuvent distraire;
Belle Philis, on désespère,
Alors qu'on espère toujours.

PHILINTE.

La chûte en est jolie, amoureuse, admirable.

ALCESTE, *bas, à part.*

La peste de ta chûte, empoisonneur au diable!
En eusses-tu fait une à te casser le nez!

PHILINTE.

Je n'ai jamais ouï de vers si bien tournés.

ALCESTE, *bas, à part.*

Morbleu!

ORONTE, *à Philinte.*

Vous me flattez, et vous croyez peut-être...

PHILINTE.

Non, je ne flatte point.

VARIANTE. (1) *Hé quoi! vil complaisant.*

ALCESTE, *bas, à part.*

Hé! que fais-tu donc, traître?

ORONTE, *à Alceste.*

Mais, pour vous, vous savez quel est notre traité.
Parlez-moi, je vous prie, avec sincérité.

ALCESTE.

Monsieur, cette matière est toujours délicate,
Et sur le bel-esprit, nous aimons qu'on nous flatte.
Mais un jour, à quelqu'un dont je tairai le nom,
Je disois, en voyant des vers de sa façon,
Qu'il faut qu'un galant homme ait toujours grand empire
Sur les démangeaisons qui nous prennent d'écrire;
Qu'il doit tenir la bride aux grands empressemens
Qu'on a de faire éclat de tels amusemens;
Et que, par la chaleur de montrer ses ouvrages,
On s'expose à jouer de mauvais personnages.

ORONTE.

Est-ce que vous voulez me déclarer par là,
Que j'ai tort de vouloir?...

ALCESTE.

Je ne dis pas cela.
Mais je lui disois, moi, qu'un froid écrit assomme,
Qu'il ne faut que ce foible à décrier un homme,
Et qu'eût-on d'autre part cent belles qualités,
On regarde les gens par leurs méchans côtés.

ORONTE.

Est-ce qu'à mon sonnet vous trouvez à redire?

ALCESTE.

Je ne dis pas cela. Mais, pour ne point écrire,
Je lui mettois aux yeux comme, dans notre temps,
Cette soif a gâté de fort honnêtes gens.

ORONTE.

Est-ce que j'écris mal, et leur ressemblerois-je?

ALCESTE.

Je ne dis pas cela. Mais enfin, lui disois-je,
Quel besoin si pressant avez-vous de rimer?
Et qui diantre vous pousse à vous faire imprimer?
Si l'on peut pardonner l'essor d'un mauvais livre,
Ce n'est qu'aux malheureux qui composent pour vivre.
Croyez-moi. Résistez à vos tentations,
Dérobez au public ces occupations,
Et n'allez point quitter, de quoi que l'on vous somme,
Le nom que dans la cour vous avez d'honnête homme,
Pour prendre de la main d'un avide imprimeur,
Celui de ridicule et misérable auteur.
C'est ce que je tâchai de lui faire comprendre.

ORONTE.

Voilà qui va fort bien, et je crois vous entendre.
Mais ne puis-je savoir ce que dans mon sonnet?...

ALCESTE.

Franchement, il est bon à mettre au cabinet;
Vous vous êtes réglé sur de méchans modèles,
Et vos expressions ne sont point naturelles.

Qu'est-ce que, *Nous berce un temps notre ennui?*
Et que, *Rien ne marche après lui?*
Que, *Ne vous pas mettre en dépense,*
Pour ne me donner que l'espoir?
Et que, *Philis, on désèspère,*
Alors qu'on espère toujours?

Ce style figuré, dont on fait vanité,
Sort du bon caractère et de la vérité;

ACTE I, SCÈNE II.

Ce n'est que jeu de mots, qu'affectation pure,
Et ce n'est point ainsi que parle la nature.
Le méchant goût du siècle en cela me fait peur;
Nos pères, tout grossiers, l'avoient beaucoup meilleur;
Et je prise bien moins tout ce que l'on admire,
Qu'une vieille chanson que je m'en vais vous dire.

  Si le roi m'avoit donné
   Paris, sa grand' ville,
  Et qu'il me fallût quitter
   L'amour de ma mie!
  Je dirois au roi Henri,
   Reprenez votre Paris,
  J'aime mieux ma mie, ô gué!
   J'aime mieux ma mie.

La rime n'est pas riche, et le style en est vieux :
Mais ne voyez-vous pas que cela vaut bien mieux
Que ces colifichets dont le bon sens murmure,
Et que la passion parle-là toute pure?

  Si le roi m'avoit donné
   Paris, sa grand' ville,
  Et qu'il me fallût quitter
   L'amour de ma mie!
  Je dirois au roi Henri,
   Reprenez votre Paris,
  J'aime mieux ma mie, ô gué!
   J'aime mieux ma mie.

Voilà ce que peut dire un cœur vraiment épris.
  (*à Philinte qui rit.*)
Oui, monsieur le rieur, malgré vos beaux esprits,
J'estime plus cela que la pompe fleurie
De tous ces faux brillans où chacun se récrie.

ORONTE.

Et moi, je vous soutiens que mes vers sont fort bons.

ALCESTE.

Pour les trouver ainsi, vous avez vos raisons ;
Mais vous trouverez bon que j'en puisse avoir d'autres
Qui se dispenseront de se soumettre aux vôtres.

ORONTE.

Il me suffit de voir que d'autres en font cas.

ALCESTE.

C'est qu'ils ont l'art de feindre ; et moi, je ne l'ai pas.

ORONTE.

Croyez-vous donc avoir tant d'esprit en partage ?

ALCESTE.

Si je louois vos vers, j'en aurois davantage.

ORONTE.

Je me passerai bien (1) que vous les approuviez.

ALCESTE.

Il faut bien, s'il vous plaît, que vous vous en passiez.

ORONTE.

Je voudrois bien, pour voir, que, de votre manière,
Vous en composassiez sur la même matière.

ALCESTE.

J'en pourrois, par malheur, faire d'aussi méchans ;
Mais je me garderois de les montrer aux gens.

ORONTE.

Vous me parlez bien ferme, et cette suffisance...

ALCESTE.

Autre part que chez moi cherchez qui vous encense.

VARIANTE. (1) *Je me passerai fort.*

ACTE I, SCÈNE III.

ORONTE.

Mais, mon petit monsieur, prenez-le un peu moins haut.

ALCESTE.

Ma foi, mon grand monsieur, je le prends comme il faut.

PHILINTE, *se mettant entre deux.*

Hé! messieurs, c'en est trop. Laissez cela, de grace.

ORONTE.

Ah! j'ai tort, je l'avoue, et je quitte la place.
Je suis votre valet, monsieur, de tout mon cœur.

ALCESTE.

Et moi, je suis, monsieur, votre humble serviteur.

SCÈNE III.

PHILINTE, ALCESTE.

PHILINTE.

Hé bien! vous le voyez. Pour être trop sincère,
Vous voilà sur les bras une fâcheuse affaire;
Et j'ai bien vu qu'Oronte, afin d'être flatté...

ALCESTE.

Ne me parlez pas.

PHILINTE.

Mais...

ALCESTE.

Plus de société.

PHILINTE.

C'est trop...

ALCESTE.

Laissez-moi là.

PHILINTE.

Si je...

ALCESTE.

Point de langage.

PHILINTE.

Mais quoi...

ALCESTE.

Je n'entends rien.

PHILINTE.

Mais...

ALCESTE.

Encore ?

PHILINTE.

On outrage...

ALCESTE.

Ah ! parbleu ! c'en est trop. Ne suivez point mes pas.

PHILINTE.

Vous vous moquez de moi, je ne vous quitte pas.

FIN DU PREMIER ACTE.

ACTE II.

SCÈNE PREMIÈRE.

ALCESTE, CÉLIMÈNE.

ALCESTE.

Madame, voulez-vous que je vous parle net?
De vos façons d'agir je suis mal satisfait;
Contre elles dans mon cœur trop de bile s'assemble,
Et je sens qu'il faudra que nous rompions ensemble :
Oui, je vous tromperois de parler autrement;
Tôt ou tard nous romprons indubitablement;
Et je vous promettrois mille fois le contraire,
Que je ne serois pas en pouvoir de le faire.

CÉLIMÈNE.

C'est pour me quereller donc, à ce que je voi,
Que vous avez voulu me ramener chez moi?

ALCESTE.

Je ne querelle point. Mais votre humeur, madame,
Ouvre au premier venu trop d'accès dans votre ame :
Vous avez trop d'amans qu'on voit vous obséder,
Et mon cœur de cela ne peut s'accommoder.

CÉLIMÈNE.

Des amans que je fais me rendez-vous coupable?
Puis-je empêcher les gens de me trouver aimable?
Et, lorsque, pour me voir, ils font de doux efforts,
Dois-je prendre un bâton pour les mettre dehors?

ALCESTE.

Non, ce n'est pas, madame, un bâton qu'il faut prendre,
Mais un cœur, à leurs vœux, moins facile et moins tendre.
Je sais que vos appas vous suivent en tous lieux;
Mais votre accueil retient ceux qu'attirent vos yeux,
Et sa douceur offerte à qui vous rend les armes,
Achève sur les cœurs l'ouvrage de vos charmes.
Le trop riant espoir que vous leur présentez,
Attache autour de vous leurs assiduités,
Et votre complaisance, un peu moins étendüe,
De tant de soupirans chasseroit la cohue.
Mais, au moins, dites-moi, madame, par quel sort,
Votre Clitandre a l'heur de vous plaire si fort?
Sur quel fonds de mérite et de vertu sublime,
Appuyez-vous en lui l'honneur de votre estime?
Est-ce par l'ongle long qu'il porte au petit doigt,
Qu'il s'est acquis chez vous l'estime où l'on le voit?
Vous êtes-vous rendue avec tout le beau monde,
Au mérite éclatant de sa perruque blonde?
Sont-ce ses grands canons qui vous le font aimer?
L'amas de ses rubans a-t-il su vous charmer?
Est-ce par les appas de sa vaste rheingrave,
Qu'il a gagné votre ame en faisant votre esclave?
Ou sa façon de rire, et son ton de fausset,
Ont-ils de vous toucher su trouver le secret?

CÉLIMÈNE.

Qu'injustement, de lui, vous prenez de l'ombrage!
Ne savez-vous pas bien pourquoi je le ménage;
Et que, dans mon procès, ainsi qu'il m'a promis,
Il peut intéresser tout ce qu'il a d'amis?

ALCESTE.

Perdez votre procès, madame, avec constance;
Et ne ménagez point un rival qui m'offense.

ACTE II, SCÈNE I.

CÉLIMÈNE.

Mais de tout l'univers, vous devenez jaloux.

ALCESTE.

C'est que tout l'univers est bien reçu de vous.

CÉLIMÈNE.

C'est ce qui doit rasseoir votre ame effarouchée,
Puisque ma complaisance est sur tous épanchée;
Et vous auriez plus lieu de vous en offenser,
Si vous me la voyiez sur un seul ramasser.

ALCESTE.

Mais moi, que vous blâmez de trop de jalousie,
Qu'ai-je de plus qu'eux tous, madame, je vous prie?

CÉLIMÈNE.

Le bonheur de savoir que vous êtes aimé.

ALCESTE.

Et quel lieu de le croire, à mon cœur enflammé? [1]

CÉLIMÈNE.

Je pense qu'ayant pris le soin de vous le dire,
Un aveu de la sorte a de quoi vous suffire.

ALCESTE.

Mais, qui m'assurera que, dans le même instant,
Vous n'en disiez, peut-être, aux autres tout autant?

CÉLIMÈNE.

Certes, pour un amant, la fleurette est mignonne,
Et vous me traitez là de gentille personne.
Hé bien! pour vous ôter d'un semblable souci,
De tout ce que j'ai dit, je me dédis ici;
Et rien ne sauroit plus vous tromper que vous-même :
Soyez content.

ALCESTE.

Morbleu! faut-il que je vous aime!

VARIANTE. (1) *Et quel lieu de le croire a mon cœur enflammé?*

Ah! que si de vos mains je rattrappe mon cœur,
Je bénirai le ciel de ce rare bonheur!
Je ne le cèle pas, je fais tout mon possible
A rompre de ce cœur l'attachement terrible;
Mais mes plus grands efforts n'ont rien fait jusqu'ici,
Et c'est pour mes péchés que je vous aime ainsi.

CÉLIMÈNE.

Il est vrai, votre ardeur est pour moi sans seconde.

ALCESTE.

Oui, je puis là-dessus défier tout le monde.
Mon amour ne se peut concevoir, et jamais
Personne n'a, madame, aimé comme je fais.

CÉLIMÈNE.

En effet, la méthode en est toute nouvelle,
Car vous aimez les gens pour leur faire querelle;
Ce n'est qu'en mots fâcheux qu'éclate votre ardeur,
Et l'on n'a vu jamais un amour si grondeur. (1)

ALCESTE.

Mais il ne tient qu'à vous que son chagrin ne passe.
A tous nos démêlés coupons chemin, de grace,
Parlons à cœur ouvert, et voyons d'arrêter...

SCÈNE II.

CÉLIMÈNE, ALCESTE, BASQUE.

CÉLIMÈNE.

Qu'est-ce?

BASQUE.

Acaste est là-bas.

CÉLIMÈNE.

Hé bien! faites monter.

VARIANTE. (1) *Un amant si grondeur.*

SCÈNE III.

CÉLIMÈNE, ALCESTE.

ALCESTE.

Quoi ! l'on ne peut jamais vous parler tête à tête ?
A recevoir le monde on vous voit toujours prête ?
Et vous ne pouvez pas, un seul moment de tous,
Vous résoudre à souffrir de n'être pas chez vous ?

CÉLIMÈNE.

Voulez-vous qu'avec lui je me fasse une affaire ?

ALCESTE.

Vous avez des égards qui ne sauroient me plaire.

CÉLIMÈNE.

C'est un homme à jamais ne me le pardonner,
S'il savoit que sa vue eût pu m'importuner.

ALCESTE.

Et que vous fait cela, pour vous gêner de sorte ?...

CÉLIMÈNE.

Mon dieu ! de ses pareils la bienveillance importe ;
Et ce sont de ces gens qui, je ne sais comment,
Ont gagné, dans la cour, de parler hautement.
Dans tous les entretiens on les voit s'introduire ;
Ils ne sauroient servir, mais ils peuvent vous nuire ;
Et jamais, quelque appui qu'on puisse avoir d'ailleurs,
On ne doit se brouiller avec ces grands brailleurs.

ALCESTE.

Enfin, quoi qu'il en soit, et sur quoi qu'on se fonde,
Vous trouvez des raisons pour souffrir tout le monde ;
Et les précautions de votre jugement...

SCÈNE IV.

ALCESTE, CÉLIMÈNE, BASQUE.

BASQUE.

Voici Clitandre, encor, madame.

ALCESTE.

Justement.

CÉLIMÈNE.

Où courez-vous?

ALCESTE.

Je sors.

CÉLIMÈNE.

Demeurez.

ALCESTE.

Pourquoi faire?

CÉLIMÈNE.

Demeurez.

ALCESTE.

Je ne puis.

CÉLIMÈNE.

Je le veux.

ALCESTE.

Point d'affaire.
Ces conversations ne font que m'ennuyer,
Et c'est trop que vouloir me les faire essuyer.

CÉLIMÈNE.

Je le veux, je le veux.

ALCESTE.

Non, il m'est impossible.

ACTE II, SCÈNE V.

CÉLIMÈNE.

Hé bien! allez, sortez, il vous est tout loisible.

SCÈNE V.

ÉLIANTE, PHILINTE, ACASTE, CLITANDRE, ALCESTE, CÉLIMÈNE, BASQUE.

ÉLIANTE, *à Célimène.*

Voici les deux marquis qui montent avec nous.
Vous l'est-on venu dire?

CÉLIMÈNE.

(*à Basque.*)
Oui. Des siéges pour tous.
(*Basque donne des siéges, et sort.*)
(*à Alceste.*)
Vous n'êtes pas sorti?

ALCESTE.

Non; mais je veux, madame,
Où pour eux, ou pour moi, faire expliquer votre ame.

CÉLIMÈNE.

Taisez-vous.

ALCESTE.

Aujourd'hui, vous vous expliquerez.

CÉLIMÈNE.

Vous perdez le sens.

ALCESTE.

Point. Vous vous déclarerez.

CÉLIMÈNE.

Ah!

ALCESTE.

Vous prendrez parti.

CÉLIMÈNE.

Vous vous moquez, je pense.

ALCESTE.

Non. Mais vous choisirez, c'est trop de patience.

CLITANDRE.

Parbleu! je viens du Louvre, où Cléonte, au levé,
Madame, a bien paru ridicule achevé.
N'a-t-il point quelque ami qui pût, sur ses manières,
D'un charitable avis lui prêter les lumières?

CÉLIMÈNE.

Dans le monde, à vrai dire, il se barbouille fort;
Partout il porte un air qui saute aux yeux d'abord,
Et, lorsqu'on le revoit après un peu d'absence,
On le retrouve encor plus plein d'extravagance.

ACASTE.

Parbleu! s'il faut parler de gens extravagans, [1]
Je viens d'en essuyer un des plus fatigans;
Damon le raisonneur, qui m'a, ne vous déplaise,
Une heure, au grand soleil, tenu hors de ma chaise.

CÉLIMÈNE.

C'est un parleur étrange, et qui trouve toujours
L'art de ne vous rien dire avec de grands discours:
Dans les propos qu'il tient on ne voit jamais goutte,
Et ce n'est que du bruit, que tout ce qu'on écoute.

ÉLIANTE, à Philinte.

Ce début n'est pas mal; et, contre le prochain,
La conversation prend un assez bon train.

VARIANTE. (1) *Des gens extravagans.*

ACTE II, SCÈNE V.

CLITANDRE.

Timante encor, madame, est un bon caractère.

CÉLIMÈNE.

C'est de la tête aux pieds, un homme tout mystère,
Qui vous jette, en passant, un coup d'œil égaré,
Et, sans aucune affaire, est toujours affairé.
Tout ce qu'il vous débite en grimaces abonde;
A force de façons, il assomme le monde;
Sans cesse il a, tout bas, pour rompre l'entretien,
Un secret à vous dire, et ce secret n'est rien;
De la moindre vétille il fait une merveille,
Et, jusques au bonjour, il dit tout à l'oreille.

ACASTE.

Et Géralde, madame?

CÉLIMÈNE.

O l'ennuyeux conteur!
Jamais on ne le voit sortir du grand seigneur.
Dans le brillant commerce il se mêle sans cesse,
Et ne cite jamais que duc, prince, ou princesse.
La qualité l'entête; et tous ses entretiens
Ne sont que de chevaux, d'équipage et de chiens:
Il tutaye, en parlant [1], ceux du plus haut étage,
Et le nom de monsieur est chez lui hors d'usage.

CLITANDRE.

On dit qu'avec Bélise il est du dernier bien.

CÉLIMÈNE.

Le pauvre esprit de femme, et le sec entretien!
Lorsqu'elle vient me voir, je souffre le martyre,
Il faut suer sans cesse à chercher que lui dire;
Et la stérilité de son expression
Fait mourir à tous coups la conversation.

VARIANTE. (1) *Il tutoie, en parlant.*

En vain, pour attaquer son stupide silence,
De tous les lieux communs vous prenez l'assistance ;
Le beau temps et la pluie, et le froid et le chaud,
Sont des fonds qu'avec elle on épuise bientôt.
Cependant sa visite, assez insupportable,
Traîne en une longueur encore épouvantable ;
Et l'on demande l'heure, et l'on bâille vingt fois,
Qu'elle grouille aussi peu (1) qu'une pièce de bois.

ACASTE.

Que vous semble d'Adraste ?

CÉLIMÈNE.

Ah ! quel orgueil extrême !
C'est un homme gonflé de l'amour de soi-même.
Son mérite jamais n'est content de la cour,
Contre elle il fait métier de pester chaque jour ;
Et l'on ne donne emploi, charge, ni bénéfice,
Qu'à tout ce qu'il se croit on ne fasse injustice.

CLITANDRE.

Mais le jeune Cléon, chez qui vont aujourd'hui
Nos plus honnêtes gens, que dites-vous de lui ?

CÉLIMÈNE.

Que de son cuisinier il s'est fait un mérite,
Et que c'est à sa table à qui l'on rend visite.

ÉLIANTE.

Il prend soin d'y servir des mets fort délicats.

CÉLIMÈNE.

Oui ; mais je voudrois bien qu'il ne s'y servît pas ;
C'est un fort méchant plat, que sa sotte personne,
Et qui gâte, à mon goût, tous les repas qu'il donne.

VARIANTE. (1) *Qu'elle s'émeut autant.*

PHILINTE.

On fait assez de cas de son oncle Damis;
Qu'en dites-vous, madame?

CÉLIMÈNE.

Il est de mes amis.

PHILINTE.

Je le trouve honnête homme, et d'un air assez sage.

CÉLIMÈNE.

Oui; mais il veut avoir trop d'esprit, dont j'enrage.
Il est guindé sans cesse; et, dans tous ses propos,
On voit qu'il se travaille à dire de bons mots.
Depuis que dans la tête il s'est mis d'être habile,
Rien ne touche son goût, tant il est difficile.
Il veut voir des défauts à tout ce qu'on écrit,
Et pense que louer n'est pas d'un bel-esprit,
Que c'est être savant que trouver à redire,
Qu'il n'appartient qu'aux sots d'admirer et de rire,
Et qu'en n'approuvant rien des ouvrages du temps,
Il se met au-dessus de tous les autres gens.
Aux conversations même il trouve à reprendre,
Ce sont propos trop bas pour y daigner descendre;
Et, les deux bras croisés, du haut de son esprit,
Il regarde en pitié tout ce que chacun dit.

ACASTE.

Dieu me damne, voilà son portrait véritable.

CLITANDRE, *à Célimène*.

Pour bien peindre les gens vous êtes admirable.

ALCESTE.

Allons, ferme, poussez, mes bons amis de cour,
Vous n'en épargnez point, et chacun a son tour:
Cependant aucun d'eux à vos yeux ne se montre,
Qu'on ne vous voie, en hâte, aller à sa rencontre,

Lui présenter la main, et, d'un baiser flatteur,
Appuyer les sermens d'être son serviteur.

CLITANDRE.

Pourquoi s'en prendre à nous ? Si ce qu'on dit vous blesse,
Il faut que le reproche à madame s'adresse.

ALCESTE.

Non, morbleu ! c'est à vous ; et vos ris complaisans
Tirent de son esprit tous ces traits médisans.
Son humeur satirique est sans cesse nourrie
Par le coupable encens de votre flatterie ;
Et son cœur à railler trouveroit moins d'appas,
S'il avoit observé qu'on ne l'applaudît pas.
C'est ainsi qu'aux flatteurs on doit partout se prendre
Des vices où l'on voit les humains se répandre.

PHILINTE.

Mais pourquoi, pour ces gens, un intérêt si grand,
Vous, qui condamneriez ce qu'en eux on reprend ?

CÉLIMÈNE.

Et ne faut-il pas bien que monsieur contredise ?
A la commune voix veut-on qu'il se réduise ?
Et qu'il ne fasse pas éclater en tous lieux
L'esprit contrariant qu'il a reçu des cieux ?
Le sentiment d'autrui n'est jamais pour lui plaire :
Il prend toujours en main l'opinion contraire ;
Et penseroit paroître un homme du commun,
Si l'on voyoit qu'il fût de l'avis de quelqu'un.
L'honneur de contredire a pour lui tant de charmes,
Qu'il prend, contre lui-même, assez souvent les armes,
Et ses vrais sentimens sont combattus par lui,
Aussitôt qu'il les voit dans la bouche d'autrui.

ALCESTE.

Les rieurs sont pour vous, madame, c'est tout dire :
Et vous pouvez pousser contre moi la satire.

ACTE II, SCÈNE V.

PHILINTE.

Mais il est véritable aussi que votre esprit
Se gendarme toujours contre tout ce qu'on dit;
Et que, par un chagrin que lui-même il avoue,
Il ne sauroit souffrir qu'on blâme ni qu'on loue.

ALCESTE.

C'est que jamais, morbleu! les hommes n'ont raison,
Que le chagrin contre eux est toujours de saison,
Et que je vois qu'ils sont, sur toutes les affaires,
Loueurs impertinens, ou censeurs téméraires.

CÉLIMÈNE.

Mais...

ALCESTE.

Non, madame, non, quand j'en devrois mourir,
Vous avez des plaisirs que je ne puis souffrir;
Et l'on a tort ici de nourrir dans votre ame
Ce grand attachement aux défauts qu'on y blâme.

CLITANDRE.

Pour moi, je ne sais pas; mais j'avouerai tout haut,
Que j'ai cru jusqu'ici madame sans défaut.

ACASTE.

De graces et d'attraits je vois qu'elle est pourvue;
Mais les défauts qu'elle a ne frappent point ma vue.

ALCESTE.

Ils frappent tous la mienne; et, loin de m'en cacher,
Elle sait que j'ai soin de les lui reprocher.
Plus on aime quelqu'un, moins il faut qu'on le flatte;
A ne rien pardonner le pur amour éclate;
Et je banniroi, moi, tous ces lâches amans
Que je verrois soumis à tous mes sentimens,
Et dont, à tous propos, les molles complaisances
Donneroient de l'encens à mes extravagances.

CÉLIMÈNE.

Enfin, s'il faut qu'à vous s'en rapportent les cœurs,
On doit, pour bien aimer, renoncer aux douceurs;
Et du parfait amour mettre l'honneur suprême,
A bien injurier les personnes qu'on aime.

ÉLIANTE.

L'amour, pour l'ordinaire, est peu fait à ces lois,
Et l'on voit les amans vanter toujours leur choix.
Jamais leur passion n'y voit rien de blâmable,
Et, dans l'objet aimé, tout leur devient aimable;
Ils comptent les défauts pour des perfections,
Et savent y donner de favorables noms.
La pâle est aux jasmins en blancheur comparable;
La noire à faire peur, une brune adorable;
La maigre a de la taille et de la liberté;
La grasse est, dans son port, pleine de majesté;
La malpropre sur soi, de peu d'attraits chargée,
Est mise sous le nom de beauté négligée;
La géante paroît une déesse aux yeux;
La naine, un abrégé des merveilles des cieux;
L'orgueilleuse a le cœur digne d'une couronne;
La fourbe a de l'esprit; la sotte est toute bonne;
La trop grande parleuse est d'agréable humeur;
Et la muette garde une honnête pudeur.
C'est ainsi qu'un amant, dont l'ardeur est extrême, [1]
Aime jusqu'aux défauts des personnes qu'il aime.

ALCESTE.

Et moi, je soutiens, moi...

CÉLIMÈNE.

Brisons-là ce discours,
Et dans la galerie allons faire deux tours.

VARIANTE. (1) *Dont l'amour est extrême.*

ACTE II, SCÈNE VI.

Quoi! vous vous en allez, messieurs?

CLITANDRE ET ACASTE.

Non pas, madame.

ALCESTE.

La peur de leur départ occupe fort votre ame.
Sortez quand vous voudrez, messieurs; mais j'avertis
Que je ne sors qu'après que vous serez sortis.

ACASTE.

A moins de voir madame en être importunée,
Rien ne m'appelle ailleurs de toute la journée.

CLITANDRE.

Moi, pourvu que je puisse être au petit couché,
Je n'ai point d'autre affaire où je sois attaché.

CÉLIMÈNE, *à Alceste.*

C'est pour rire, je crois.

ALCESTE.

Non, en aucune sorte.
Nous verrons si c'est moi que vous voudrez qui sorte.

SCÈNE VI.

ALCESTE, CÉLIMÈNE, ÉLIANTE, ACASTE,
PHILINTE, CLITANDRE, BASQUE.

BASQUE, *à Alceste.*

Monsieur, un homme est là qui voudroit vous parler
Pour affaire, dit-il, qu'on ne peut reculer.

ALCESTE.

Dis-lui que je n'ai point d'affaires si pressées.

BASQUE.

Il porte une jaquette à grand' basques plissées,
Avec du dor dessus.

CÉLIMÈNE, à *Alceste*.

Allez voir ce que c'est,
Ou bien faites-le entrer.

SCÈNE VII.

ALCESTE, CÉLIMÈNE, ÉLIANTE, ACASTE, PHILINTE, CLITANDRE, UN GARDE DE LA MARÉCHAUSSÉE.

ALCESTE, *allant au-devant du garde*.

Qu'est-ce donc qu'il vous plaît ?
Venez, monsieur.

LE GARDE.

Monsieur, j'ai deux mots à vous dire.

ALCESTE.

Vous pouvez parler haut, monsieur, pour m'en instruire.

LE GARDE.

Messieurs les maréchaux, dont j'ai commandement,
Vous mandent de venir les trouver promptement,
Monsieur.

ALCESTE.

Qui ? moi, monsieur ?

LE GARDE.

Vous-même.

ALCESTE.

Et pourquoi faire ?

PHILINTE, à *Alceste*.

C'est d'Oronte et de vous la ridicule affaire.

CÉLIMÈNE, à *Philinte*.

Comment ?

ACTE II, SCÈNE VII.

PHILINTE.

Oronte et lui se sont tantôt bravés
Sur certains petits vers, qu'il n'a pas approuvés;
Et l'on veut assoupir la chose en sa naissance.

ALCESTE.

Moi, je n'aurai jamais de lâche complaisance.

PHILINTE.

Mais il faut suivre l'ordre : allons, disposez-vous.

ALCESTE.

Quel accommodement veut-on faire entre nous?
La voix de ces messieurs me condamnera-t-elle
A trouver bons les vers qui font notre querelle?
Je ne me dédis point de ce que j'en ai dit,
Je les trouve méchans.

PHILINTE.

Mais, d'un plus doux esprit...

ALCESTE.

Je n'en démordrai point; les vers sont exécrables.

PHILINTE.

Vous devez faire voir des sentimens traitables.
Allons, venez.

ALCESTE.

J'irai; mais rien n'aura pouvoir
De me faire dédire.

PHILINTE.

Allons vous faire voir.

ALCESTE.

Hors qu'un commandement exprès du roi me vienne,
De trouver bons les vers dont on se met en peine,
Je soutiendrai toujours, morbleu! qu'ils sont mauvais,
Et qu'un homme est pendable après les avoir faits.

8.

(*à Clitandre et à Acaste qui rient.*)
Par la sambleu! messieurs, je ne croyois pas être
Si plaisant que je suis.

CÉLIMÈNE.

Allez vîte paroître
Où vous devez.

ALCESTE.

J'y vais, madame; et, sur mes pas,
Je reviens en ce lieu pour vider nos débats.

FIN DU SECOND ACTE.

ACTE III.

SCÈNE PREMIÈRE.

CLITANDRE, ACASTE.

CLITANDRE.
Cher marquis, je te vois l'ame bien satisfaite;
Toute chose t'égaie, et rien ne t'inquiète.
En bonne foi, crois-tu, sans t'éblouir les yeux,
Avoir de grands sujets de paroître joyeux?

ACASTE.
Parbleu! je ne vois pas, lorsque je m'examine,
Où prendre aucun sujet d'avoir l'ame chagrine.
J'ai du bien, je suis jeune, et sors d'une maison
Qui se peut dire noble avec quelque raison;
Et je crois, par le rang que me donne ma race,
Qu'il est fort peu d'emplois dont je ne sois en passe.
Pour le cœur, dont surtout nous devons faire cas,
On sait, sans vanité, que je n'en manque pas;
Et l'on m'a vu pousser, dans le monde, une affaire
D'une assez vigoureuse et gaillarde manière.
Pour de l'esprit, j'en ai, sans doute; et du bon goût,
A juger sans étude et raisonner de tout;
A faire aux nouveautés, dont je suis idolâtre,
Figure de savant, sur les bancs du théâtre;
Y décider en chef, et faire du fracas

A tous les beaux endroits qui méritent des has! (1)
Je suis assez adroit; j'ai bon air, bonne mine,
Les dents belles, surtout, et la taille fort fine.
Quant à se mettre bien, je crois, sans me flatter,
Qu'on seroit mal venu de me le disputer.
Je me vois dans l'estime autant qu'on y puisse être,
Fort aimé du beau sexe, et bien auprès du maître.
Je crois qu'avec cela, mon cher marquis, je croi
Qu'on peut, par tout pays, être content de soi.

CLITANDRE.

Oui. Mais, trouvant ailleurs des conquêtes faciles,
Pourquoi pousser ici des soupirs inutiles?

ACASTE.

Moi? Parbleu! je ne suis de taille ni d'humeur
A pouvoir d'une belle essuyer la froideur.
C'est aux gens mal tournés, aux mérites vulgaires,
A brûler constamment pour des beautés sévères,
A languir à leurs pieds et souffrir leurs rigueurs,
A chercher le secours des soupirs et des pleurs,
Et tâcher, par des soins d'une très-longue suite,
D'obtenir ce qu'on nie à leur peu de mérite.
Mais les gens de mon air, marquis, ne sont pas faits
Pour aimer à crédit, et faire tous les frais.
Quelque rare que soit le mérite des belles,
Je pense, dieu merci, qu'on vaut son prix comme elles;
Que, pour se faire honneur d'un cœur comme le mien,
Ce n'est pas la raison qu'il ne leur coûte rien;
Et qu'au moins, à tout mettre en de justes balances,
Il faut qu'à frais communs se fassent les avances.

CLITANDRE.

Tu penses donc, marquis, être fort bien ici?

VARIANTE. (1) *Qui méritent des ah!*

ACTE III, SCÈNE I.

ACASTE.

J'ai quelque lieu, marquis, de le penser ainsi.

CLITANDRE.

Crois-moi, détache-toi de cette erreur extrême :
Tu te flattes, mon cher, et t'aveugles toi-même.

ACASTE.

Il est vrai, je me flatte, et m'aveugle en effet.

CLITANDRE.

Mais, qui te fait juger ton bonheur si parfait ?

ACASTE.

Je me flatte.

CLITANDRE.

Sur quoi fonder tes conjectures ?

ACASTE.

Je m'aveugle.

CLITANDRE.

En as-tu des preuves qui soient sûres ?

ACASTE.

Je m'abuse, te dis-je.

CLITANDRE.

Est-ce que, de ses vœux,
Célimène t'a fait quelques secrets aveux ?

ACASTE.

Non, je suis maltraité.

CLITANDRE.

Réponds-moi, je te prie.

ACASTE.

Je n'ai que des rebuts.

CLITANDRE.

Laissons la raillerie,
Et me dis quel espoir on peut t'avoir donné.

ACASTE.

Je suis le misérable, et toi le fortuné ;
On a pour ma personne une aversion grande,
Et, quelqu'un de ces jours, il faut que je me pende.

CLITANDRE.

Oh! ça, veux-tu, marquis, pour ajuster nos vœux,
Que nous tombions d'accord d'une chose tous deux ?
Que, qui pourra montrer une marque certaine
D'avoir meilleure part au cœur de Célimène,
L'autre ici fera place au vainqueur prétendu,
Et le délivrera d'un rival assidu ?

ACASTE.

Ah! parbleu! tu me plais avec un tel langage,
Et, du bon de mon cœur, à cela je m'engage.
Mais, chut.

SCÈNE II.

CÉLIMÈNE, ACASTE, CLITANDRE.

CÉLIMÈNE.

Encore ici ?

CLITANDRE.

L'amour retient nos pas.

CÉLIMÈNE.

Je viens d'ouïr entrer un carrosse là-bas.
Savez-vous qui c'est ?

CLITANDRE.

Non.

SCÈNE III.

CÉLIMÈNE, ACASTE, CLITANDRE, BASQUE.

BASQUE.

Arsinoé, madame,
Monte ici pour vous voir.

CÉLIMÈNE.

Que me veut cette femme?

BASQUE.

Éliante là-bas est à l'entretenir.

CÉLIMÈNE.

De quoi s'avise-t-elle, et qui la fait venir?

ACASTE.

Pour prude consommée en tous lieux elle passe,
Et l'ardeur de son zèle...

CÉLIMÈNE.

Oui, oui, franche grimace.
Dans l'ame elle est du monde; et ses soins tentent tout
Pour accrocher quelqu'un, sans en venir à bout.
Elle ne sauroit voir qu'avec un œil d'envie,
Les amans déclarés dont une autre est suivie;
Et son triste mérite, abandonné de tous,
Contre le siècle aveugle est toujours en courroux.
Elle tâche à couvrir d'un faux voile de prude,
Ce que chez elle on voit d'affreuse solitude;
Et, pour sauver l'honneur de ses foibles appas,
Elle attache du crime au pouvoir qu'ils n'ont pas.
Cependant un amant plairoit fort à la dame;
Et même, pour Alceste, elle a tendresse d'ame.

Ce qu'il me rend de soins outrage ses attraits,
Elle veut que ce soit un vol que je lui fais ;
Et son jaloux dépit, qu'avec peine elle cache,
En tous endroits sous main, contre moi se détache.
Enfin, je n'ai rien vu de si sot à mon gré ;
Elle est impertinente au suprême degré,
Et...

SCÈNE IV.

ARSINOÉ, CÉLIMÈNE, CLITANDRE, ACASTE.

CÉLIMÈNE.

Ah ! quel heureux sort en ce lieu vous amène ?
Madame, sans mentir, j'étois de vous en peine.

ARSINOÉ.

Je viens pour quelque avis que j'ai cru vous devoir.

CÉLIMÈNE.

Ah ! mon dieu ! que je suis contente de vous voir !

(Clitandre et Acaste sortent en riant.)

SCÈNE V.

ARSINOÉ, CÉLIMÈNE.

ARSINOÉ.

Leur départ ne pouvoit plus à propos se faire.

CÉLIMÈNE.

Voulons-nous nous asseoir ?

ARSINOÉ.

Il n'est pas nécessaire.
Madame, l'amitié doit surtout éclater
Aux choses qui le plus nous peuvent importer ;

ACTE III, SCÈNE V.

Et, comme il n'en est point de plus grande importance
Que celles de l'honneur et de la bienséance,
Je viens, par un avis qui touche votre honneur,
Témoigner l'amitié que pour vous a mon cœur.
Hier j'étois chez des gens de vertu singulière,
Où, sur vous, du discours on tourna la matière;
Et là, votre conduite, avec ses grands éclats,
Madame, eut le malheur qu'on ne la loua pas.
Cette foule de gens dont vous souffrez visite,
Votre galanterie, et les bruits qu'elle excite,
Trouvèrent des censeurs plus qu'il n'auroit fallu;
Et bien plus rigoureux que je n'eusse voulu.
Vous pouvez bien penser quel parti je sus prendre,
Je fis ce que je pus pour vous pouvoir défendre,
Je vous excusai fort sur votre intention,
Et voulus de votre ame être la caution.
Mais vous savez qu'il est des choses dans la vie
Qu'on ne peut excuser, quoiqu'on en ait envie;
Et je me vis contrainte à demeurer d'accord,
Que l'air dont vous vivez vous faisoit un peu tort;
Qu'il prenoit dans le monde une méchante face;
Qu'il n'est conte fâcheux que partout on n'en fasse;
Et que, si vous vouliez, tous vos déportemens
Pourroient moins donner prise aux mauvais jugemens.
Non que j'y croie au fond l'honnêteté blessée;
Me préserve le ciel d'en avoir la pensée!
Mais aux ombres du crime on prête aisément foi,
Et ce n'est pas assez de bien vivre pour soi.
Madame, je vous crois l'ame trop raisonnable,
Pour ne pas prendre bien cet avis profitable,
Et pour l'attribuer qu'aux mouvemens secrets,
D'un zèle qui m'attache à tous vos intérêts.

CÉLIMÈNE.

Madame, j'ai beaucoup de graces à vous rendre.

Un tel avis m'oblige; et, loin de le mal prendre,
J'en prétends reconnoître à l'instant la faveur,
Par un avis aussi qui touche votre honneur;
Et, comme je vous vois vous montrer mon amie,
En m'apprenant les bruits que de moi l'on publie,
Je veux suivre, à mon tour, un exemple si doux,
En vous avertissant de ce qu'on dit de vous.
En un lieu, l'autre jour, où je faisois visite,
Je trouvai quelques gens d'un très-rare mérite,
Qui, parlant des vrais soins d'une ame qui vit bien,
Firent tomber sur vous, madame, l'entretien.
Là, votre pruderie et vos éclats de zèle
Ne furent pas cités comme un fort bon modèle;
Cette affectation d'un grave extérieur,
Vos discours éternels de sagesse et d'honneur,
Vos mines et vos cris aux ombres d'indécence
Que d'un mot ambigu peut avoir l'innocence,
Cette hauteur d'estime où vous êtes de vous,
Et ces yeux de pitié que vous jetez sur tous,
Vos fréquentes leçons et vos aigres censures
Sur des choses qui sont innocentes et pures;
Tout cela, si je puis vous parler franchement,
Madame, fut blâmé d'un commun sentiment.
A quoi bon, disoient-ils, cette mine modeste,
Et ce sage dehors que dément tout le reste?
Elle est à bien prier exacte au dernier point;
Mais elle bat ses gens et ne les paye point.
Dans tous les lieux dévots elle étale un grand zèle;
Mais elle met du blanc et veut paroître belle.
Elle fait des tableaux couvrir les nudités;
Mais elle a de l'amour pour les réalités.
Pour moi, contre chacun, je pris votre défense,
Et leur assurai fort que c'étoit médisance;
Mais tous les sentimens combattirent le mien,

ACTE III, SCÈNE V.

Et leur conclusion fut, que vous feriez bien
De prendre moins de soin des actions des autres,
Et de vous mettre un peu plus en peine des vôtres;
Qu'on doit se regarder soi-même un fort long temps,
Avant que de songer à condamner les gens;
Qu'il faut mettre le poids d'une vie exemplaire,
Dans les corrections qu'aux autres on veut faire;
Et qu'encor vaut-il mieux s'en remettre, au besoin,
A ceux à qui le ciel en a commis le soin.
Madame, je vous crois aussi trop raisonnable,
Pour ne pas prendre bien cet avis profitable,
Et pour l'attribuer qu'aux mouvemens secrets
D'un zèle qui m'attache à tous vos intérêts.

ARSINOÉ.

A quoi qu'en reprenant on soit assujettie,
Je ne m'attendois pas à cette répartie,
Madame; et je vois bien, par ce qu'elle a d'aigreur,
Que mon sincère avis vous a blessée au cœur.

CÉLIMÈNE.

Au contraire, madame; et, si l'on étoit sage,
Ces avis mutuels seroient mis en usage.
On détruiroit par là, traitant de bonne foi,
Ce grand aveuglement où chacun est pour soi.
Il ne tiendra qu'à vous qu'avec le même zèle
Nous ne continuïons cet office fidèle,
Et ne prenions grand soin de nous dire, entre nous,
Ce que nous entendrons, vous de moi, moi de vous.

ARSINOÉ.

Ah! madame, de vous je ne puis rien entendre;
C'est en moi que l'on peut trouver fort à reprendre.

CÉLIMÈNE.

Madame, on peut, je crois, louer et blâmer tout;
Et chacun a raison suivant l'âge ou le goût.

Il est une saison pour la galanterie,
Il en est une aussi propre à la pruderie.
On peut, par politique, en prendre le parti,
Quand de nos jeunes ans l'éclat est amorti;
Cela sert à couvrir de fâcheuses disgraces.
Je ne dis pas qu'un jour je ne suive vos traces,
L'âge amenera tout; et ce n'est pas le temps,
Madame, comme on sait, d'être prude à vingt ans.

ARSINOÉ.

Certes, vous vous targuez d'un bien foible avantage,
Et vous faites sonner terriblement votre âge.
Ce que de plus que vous on en pourroit avoir,
N'est pas un si grand cas ⁽¹⁾ pour s'en tant prévaloir;
Et je ne sais pourquoi votre ame ainsi s'emporte,
Madame, à me pousser de cette étrange sorte.

CÉLIMÈNE.

Et moi, je ne sais pas, madame, aussi pourquoi
On vous voit en tous lieux vous déchaîner sur moi.
Faut-il de vos chagrins sans cesse à moi vous prendre?
Et puis-je mais des soins qu'on ne va pas vous rendre?
Si ma personne aux gens inspire de l'amour,
Et si l'on continue à m'offrir chaque jour
Des vœux que votre cœur peut souhaiter qu'on m'ôte,
Je n'y saurois que faire, et ce n'est pas ma faute;
Vous avez le champ libre, et je n'empêche pas,
Que, pour les attirer, vous n'ayez des appas.

ARSINOÉ.

Hélas! et croyez-vous que l'on se mette en peine
De ce nombre d'amans dont vous faites la vaine?
Et qu'il ne nous soit pas fort aisé de juger
A quel prix aujourd'hui l'on peut les engager?

VARIANTE. (1) *N'est pas d'un si grand cas.*

ACTE III, SCÈNE V.

Pensez-vous faire croire, à voir comme tout roule,
Que votre seul mérite attire cette foule?
Qu'ils ne brûlent pour vous que d'un honnête amour,
Et que, pour vos vertus, ils vous font tous la cour?
On ne s'aveugle point par de vaines défaites,
Le monde n'est point dupe; et j'en vois qui sont faites
A pouvoir inspirer de tendres sentimens,
Qui, chez elles pourtant, ne fixent point d'amans;
Et, de là, nous pouvons tirer des conséquences,
Qu'on n'acquiert point leurs cœurs sans de grandes avances;
Qu'aucun, pour nos beaux yeux, n'est notre soupirant,
Et qu'il faut acheter tous les soins qu'on nous rend.
Ne vous enflez donc pas d'une si grande gloire,
Pour les petits brillans d'une foible victoire;
Et corrigez un peu l'orgueil de vos appas,
De traiter pour cela les gens de haut en bas.[1]
Si nos yeux envioient les conquêtes des vôtres,
Je pense qu'on pourroit faire comme les autres,
Ne se point ménager, et vous faire bien voir
Que l'on a des amans, quand on en veut avoir.

CÉLIMÈNE.

Ayez-en donc, madame, et voyons cette affaire;
Par ce rare secret efforcez-vous de plaire;
Et sans...

ARSINOÉ.

Brisons, madame, un pareil entretien,
Il pousseroit trop loin votre esprit et le mien;
Et j'aurois pris déja le congé qu'il faut prendre,
Si mon carrosse encor ne m'obligeoit d'attendre.

CÉLIMÈNE.

Autant qu'il vous plaira, vous pouvez arrêter,

VARIANTE. (1) *Les gens du haut en bas.*

Madame, et, là-dessus, rien ne doit vous hâter.
Mais, sans vous fatiguer de ma cérémonie,
Je m'en vais vous donner meilleure compagnie;
Et monsieur, qu'à propos le hasard fait venir,
Remplira mieux ma place à vous entretenir.

SCÈNE VI.

ALCESTE, CÉLIMÈNE, ARSINOÉ.

CÉLIMÈNE.

Alceste, il faut que j'aille écrire un mot de lettre
Que, sans me faire tort, je ne saurois remettre.
Soyez avec madame; elle aura la bonté
D'excuser aisément mon incivilité.

SCÈNE VII.

ALCESTE, ARSINOÉ.

ARSINOÉ.

Vous voyez, elle veut que je vous entretienne,
Attendant un moment que mon carrosse vienne;
Et jamais tous ses soins ne pouvoient m'offrir rien
Qui me fût plus charmant qu'un pareil entretien.
En vérité, les gens d'un mérite sublime
Entraînent de chacun et l'amour et l'estime;
Et le vôtre, sans doute, a des charmes secrets
Qui font entrer mon cœur dans tous vos intérêts.
Je voudrois que la cour, par un regard propice,
A ce que vous valez rendît plus de justice.
Vous avez à vous plaindre; et je suis en courroux,
Quand je vois chaque jour qu'on ne fait rien pour vous.

ACTE III, SCÈNE VII.

ALCESTE.

Moi, madame ? Et sur quoi pourrois-je en rien prétendre ?
Quel service à l'État est-ce qu'on m'a vu rendre ?
Qu'ai-je fait, s'il vous plaît, de si brillant de soi,
Pour me plaindre à la cour qu'on ne fait rien pour moi ?

ARSINOÉ.

Tous ceux sur qui la cour jette des yeux propices,
N'ont pas toujours rendu de ces fameux services.
Il faut l'occasion ainsi que le pouvoir ;
Et le mérite enfin que vous nous faites voir,
Devroit...

ALCESTE.

Mon dieu ! laissons mon mérite, de grace ;
De quoi voulez-vous là que la cour s'embarrasse ?
Elle auroit fort à faire, et ses soins seroient grands
D'avoir à déterrer le mérite des gens.

ARSINOÉ.

Un mérite éclatant se déterre lui-même ;
Du vôtre en bien des lieux on fait un cas extrême ;
Et vous saurez de moi qu'en deux fort bons endroits,
Vous fûtes hier loué par des gens d'un grand poids.

ALCESTE.

Hé ! madame, l'on loue aujourd'hui tout le monde,
Et le siècle par là n'a rien qu'on ne confonde.
Tout est d'un grand mérite également doué,
Ce n'est plus un honneur que de se voir loué ;
D'éloges on regorge, à la tête on les jette,
Et mon valet de chambre est mis dans la gazette.

ARSINOÉ.

Pour moi, je voudrois bien que, pour vous montrer mieux,
Une charge à la cour vous pût frapper les yeux.
Pour peu que d'y songer vous nous fassiez les mines,
On peut, pour vous servir, remuer des machines,

Et j'ai des gens en main que j'emploierai pour vous,
Qui vous feront à tout un chemin assez doux.

ALCESTE.

Et que voudriez-vous, madame, que j'y fisse?
L'humeur dont je me sens veut que je m'en bannisse;
Le ciel ne m'a point fait, en me donnant le jour,
Une ame compatible avec l'air de la cour,
Je ne me trouve point les vertus nécessaires
Pour y bien réussir, et faire mes affaires.
Être franc et sincère est mon plus grand talent,
Je ne sais point jouer les hommes en parlant;
Et qui n'a pas le don de cacher ce qu'il pense,
Doit faire en ce pays fort peu de résidence.
Hors de la cour, sans doute, on n'a pas cet appui,
Et ces titres d'honneur qu'elle donne aujourd'hui;
Mais on n'a pas aussi, perdant ces avantages,
Le chagrin de jouer de fort sots personnages.
On n'a point à souffrir mille rebuts cruels,
On n'a point à louer les vers de messieurs tels,
A donner de l'encens à madame une telle,
Et de nos francs marquis essuyer la cervelle.

ARSINOÉ.

Laissons, puisqu'il vous plaît, ce chapitre de cour:
Mais il faut que mon cœur vous plaigne en votre amour;
Et, pour vous découvrir là-dessus mes pensées,
Je souhaiterois fort vos ardeurs mieux placées.
Vous méritez, sans doute, un sort beaucoup plus doux,
Et celle qui vous charme est indigne de vous.

ALCESTE.

Mais en disant cela, songez-vous, je vous prie,
Que cette personne est, madame, votre amie?

ARSINOÉ.

Oui. Mais ma conscience est blessée en effet

De souffrir plus long-temps le tort que l'on vous fait.
L'état où je vous vois afflige trop mon ame,
Et je vous donne avis qu'on trahit votre flamme.

ALCESTE.

C'est me montrer, madame, un tendre mouvement,
Et de pareils avis obligent un amant.

ARSINOÉ.

Oui, toute mon amie, elle est et je la nomme
Indigne d'asservir le cœur d'un galant homme;
Et le sien n'a pour vous que de feintes douceurs.

ALCESTE.

Cela se peut, madame, on ne voit pas les cœurs;
Mais votre charité se seroit bien passée
De jeter dans le mien une telle pensée.

ARSINOÉ.

Si vous ne voulez pas être désabusé,
Il faut ne vous rien dire, il est assez aisé.

ALCESTE.

Non. Mais sur ce sujet quoi que l'on nous expose,
Les doutes sont fâcheux plus que toute autre chose;
Et je voudrois, pour moi, qu'on ne me fît savoir
Que ce qu'avec clarté l'on peut me faire voir.

ARSINOÉ.

Hé bien! c'est assez dit; et, sur cette matière,
Vous allez recevoir une pleine lumière.
Oui, je veux que de tout vos yeux vous fassent foi.
Donnez-moi seulement la main jusques chez moi;
Là, je vous ferai voir une preuve fidèle
De l'infidélité du cœur de votre belle;
Et, si pour d'autres yeux le vôtre peut brûler,
On pourra vous offrir de quoi vous consoler.

FIN DU TROISIÈME ACTE.

ACTE IV.

SCÈNE PREMIÈRE.

ÉLIANTE, PHILINTE.

PHILINTE.

Non, l'on n'a point vu d'ame à manier si dure,
Ni d'accommodement plus pénible à conclure :
En vain de tous côtés on l'a voulu tourner,
Hors de son sentiment on n'a pu l'entraîner ;
Et jamais différent si bizarre, je pense,
N'avoit de ces messieurs occupé la prudence.
« Non, messieurs, disoit-il, je ne me dédis point,
« Et tomberai d'accord de tout, hors de ce point.
« De quoi s'offense-t-il ? et que veut-il me dire ?
« Y va-t-il de sa gloire à ne pas bien écrire ?
« Que lui fait mon avis qu'il a pris de travers ?
« On peut être honnête homme, et faire mal des vers :
« Ce n'est point à l'honneur que touchent ces matières.
« Je le tiens galant homme en toutes les manières,
« Homme de qualité, de mérite et de cœur,
« Tout ce qu'il vous plaira, mais fort méchant auteur.
« Je louerai, si l'on veut, son train et sa dépense,
« Son adresse à cheval, aux armes, à la danse ;
« Mais, pour louer ses vers, je suis son serviteur ;
« Et, lorsque d'en mieux faire on n'a pas le bonheur,
« On ne doit de rimer avoir aucune envie,
« Qu'on n'y soit condamné sur peine de la vie. »

ACTE IV, SCÈNE I.

Enfin toute la grace et l'accommodement
Où s'est avec effort plié son sentiment,
C'est de dire, croyant adoucir bien son style : (1)
« Monsieur, je suis fâché d'être si difficile;
« Et, pour l'amour de vous, je voudrois, de bon cœur,
« Avoir trouvé tantôt votre sonnet meilleur. »
Et, dans une embrassade, on leur a, pour conclure,
Fait vîte envelopper toute la procédure.

ÉLIANTE.

Dans ses façons d'agir il est fort singulier,
Mais j'en fais, je l'avoue, un cas particulier;
Et la sincérité dont son ame se pique,
A quelque chose en soi de noble et d'héroïque.
C'est une vertu rare au siècle d'aujourd'hui,
Et je la voudrois voir partout comme chez lui.

PHILINTE.

Pour moi, plus je le vois, plus surtout je m'étonne
De cette passion où son cœur s'abandonne.
De l'humeur dont le ciel a voulu le former,
Je ne sais pas comment il s'avise d'aimer;
Et je sais moins encor comment votre cousine
Peut être la personne où son penchant l'incline.

ÉLIANTE.

Cela fait assez voir que l'amour, dans les cœurs,
N'est pas toujours produit par un rapport d'humeurs;
Et toutes ces raisons de douces sympathies,
Dans cet exemple-ci se trouvent démenties.

PHILINTE.

Mais croyez-vous qu'on l'aime, aux choses qu'on peut voir?

ÉLIANTE.

C'est un point qu'il n'est pas fort aisé de savoir.

VARIANTE. (1) *Croyant adoucir mieux son style.*

Comment pouvoir juger s'il est vrai qu'elle l'aime?
Son cœur, de ce qu'il sent n'est pas bien sûr lui-même;
Il aime quelquefois sans qu'il le sache bien,
Et croit aimer aussi, parfois qu'il n'en est rien.

PHILINTE.

Je crois que notre ami, près de cette cousine,
Trouvera des chagrins plus qu'il ne s'imagine;
Et, s'il avoit mon cœur, à dire vérité,
Il tourneroit ses vœux tout d'un autre côté;
Et, par un choix plus juste, on le verroit, madame,
Profiter des bontés que lui montre votre ame.

ÉLIANTE.

Pour moi, je n'en fais point de façons, et je croi
Qu'on doit, sur de tels points, être de bonne foi;
Je ne m'oppose point à toute sa tendresse,
Au contraire, mon cœur pour elle s'intéresse;
Et, si c'étoit qu'à moi la chose pût tenir,
Moi-même, à ce qu'il aime, on me verroit l'unir.
Mais, si dans un tel choix, comme tout se peut faire,
Son amour éprouvoit quelque destin contraire,
S'il falloit que d'un autre on couronnât les feux,
Je pourrois me résoudre à recevoir ses vœux;
Et le refus, souffert en pareille occurrence,
Ne m'y feroit trouver aucune répugnance.

PHILINTE.

Et moi, de mon côté, je ne m'oppose pas,
Madame, à ces bontés qu'ont pour lui vos appas;
Et lui-même, s'il veut, il peut bien vous instruire
De ce que, là-dessus, j'ai pris soin de lui dire.
Mais si, par un hymen qui les joindroit eux deux,
Vous étiez hors d'état de recevoir ses vœux,
Tous les miens tenteroient la faveur éclatante
Qu'avec tant de bonté votre ame lui présente.

ACTE IV, SCÈNE II.

Heureux si, quand son cœur s'y pourra dérober,
Elle pouvoit sur moi, madame, retomber.

ÉLIANTE.

Vous vous divertissez, Philinte.

PHILINTE.

     Non, madame,
Et je vous parle ici du meilleur de mon ame.
J'attends l'occasion de m'offrir hautement,
Et, de tous mes souhaits, j'en presse le moment.

SCÈNE II.

ALCESTE, ÉLIANTE, PHILINTE.

ALCESTE.

Ah! faites-moi raison, madame, d'une offense
Qui vient de triompher de toute ma constance.

ÉLIANTE.

Qu'est-ce donc? Qu'avez-vous qui vous puisse émouvoir?

ALCESTE.

J'ai ce que, sans mourir, je ne puis concevoir;
Et le déchaînement de toute la nature
Ne m'accableroit pas comme cette aventure.
C'en est fait... Mon amour... Je ne saurois parler.

ÉLIANTE.

Que votre esprit un peu tâche à se rappeler.

ALCESTE.

O juste ciel! Faut-il qu'on joigne à tant de graces
Les vices odieux des ames les plus basses?

ÉLIANTE.

Mais encor, qui vous peut...

ALCESTE.

Ah! tout est ruiné;
Je suis, je suis trahi, je suis assassiné.
Célimène... Eût-on pu croire cette nouvelle?
Célimène me trompe, et n'est qu'une infidèle.

ÉLIANTE.

Avez-vous, pour le croire, un juste fondement?

PHILINTE.

Peut-être est-ce un soupçon conçu légèrement;
Et votre esprit jaloux prend parfois des chimères...

ALCESTE.

Ah! morbleu! mêlez-vous, monsieur, de vos affaires.
(*à Éliante.*)
C'est de sa trahison n'être que trop certain,
Que l'avoir, dans ma poche, écrite de sa main.
Oui, madame, une lettre écrite pour Oronte,
A produit à mes yeux ma disgrace et sa honte;
Oronte, dont j'ai cru qu'elle fuyoit les soins,
Et que de mes rivaux je redoutois le moins.

PHILINTE.

Une lettre peut bien tromper par l'apparence;
Et n'est pas quelquefois si coupable qu'on pense.

ALCESTE.

Monsieur, encore un coup, laissez-moi, s'il vous plaît,
Et ne prenez souci que de votre intérêt.

ÉLIANTE.

Vous devez modérer vos transports, et l'outrage...

ALCESTE.

Madame, c'est à vous qu'appartient cet ouvrage;
C'est à vous que mon cœur a recours aujourd'hui
Pour pouvoir s'affranchir de son cuisant ennui.

ACTE IV, SCÈNE II.

Vengez-moi d'une ingrate et perfide parente,
Qui trahit lâchement une ardeur si constante,
Vengez-moi de ce trait qui doit vous faire horreur.

ÉLIANTE.

Moi, vous venger? Comment?

ALCESTE.

En recevant mon cœur.
Acceptez-le, madame, au lieu de l'infidèle :
C'est par là que je puis prendre vengeance d'elle ;
Et je la veux punir par les sincères vœux,
Par le profond amour, les soins respectueux,
Les devoirs empressés et l'assidu service,
Dont ce cœur va vous faire un ardent sacrifice.

ÉLIANTE.

Je compatis, sans doute, à ce que vous souffrez,
Et ne méprise point le cœur que vous m'offrez ;
Mais peut-être le mal n'est pas si grand qu'on pense,
Et vous pourrez quitter (1) ce desir de vengeance.
Lorsque l'injure part d'un objet plein d'appas,
On fait force desseins qu'on n'exécute pas ;
On a beau voir, pour rompre, une raison puissante,
Une coupable aimée est bientôt innocente ;
Tout le mal qu'on lui veut se dissipe aisément,
Et l'on sait ce que c'est qu'un courroux d'un amant.

ALCESTE.

Non, non, madame, non. L'offense est trop mortelle,
Il n'est point de retour, et je romps avec elle ;
Rien ne sauroit changer le dessein que j'en fais,
Et je me punirois de l'estimer jamais.
La voici. Mon courroux redouble à cette approche,
Je vais de sa noirceur lui faire un vif reproche,

VARIANTE. (1) *Et vous pouvez quitter.*

Pleinement la confondre, et vous porter après
Un cœur tout dégagé de ses trompeurs attraits.

SCÈNE III.

CÉLIMÈNE, ALCESTE.

ALCESTE, *à part.*

O ciel! de mes transports puis-je être ici le maître?

CÉLIMÈNE, *à part.*

(*à Alceste.*)

Ouais! Quel est donc le trouble où je vous vois paroître?
Et que me veulent dire, et ces soupirs poussés,
Et ces sombres regards que sur moi vous lancez?

ALCESTE.

Que toutes les horreurs dont une ame est capable,
A vos déloyautés n'ont rien de comparable;
Que le sort, les démons, et le ciel en courroux,
N'ont jamais rien produit de si méchant que vous.

CÉLIMÈNE.

Voilà certainement des douceurs que j'admire.

ALCESTE.

Ah! ne plaisantez point, il n'est pas temps de rire.
Rougissez bien plutôt, vous en avez raison;
Et j'ai de sûrs témoins de votre trahison.
Voilà ce que marquoient les troubles de mon ame;
Ce n'étoit pas en vain que s'alarmoit ma flamme;
Par ces fréquens soupçons qu'on trouvoit odieux,
Je cherchois le malheur qu'ont rencontré mes yeux;
Et, malgré tous vos soins et votre adresse à feindre,
Mon astre me disoit ce que j'avois à craindre;
Mais ne présumez pas que, sans être vengé,
Je souffre le dépit de me voir outragé.

ACTE IV, SCÈNE III.

Je sais que sur les vœux on n'a point de puissance,
Que l'amour veut partout naître sans dépendance,
Que jamais par la force on n'entra dans un cœur,
Et que toute ame est libre à nommer son vainqueur.
Aussi ne trouverois-je aucun sujet de plainte,
Si, pour moi, votre bouche avoit parlé sans feinte;
Et, rejetant mes vœux dès le premier abord,
Mon cœur n'auroit eu droit de s'en prendre qu'au sort.
Mais d'un aveu trompeur voir ma flamme applaudie,
C'est une trahison, c'est une perfidie,
Qui ne sauroit trouver de trop grands châtimens;
Et je puis tout permettre à mes ressentimens.
Oui, oui, redoutez tout après un tel outrage,
Je ne suis plus à moi, je suis tout à la rage.
Percé du coup mortel dont vous m'assassinez,
Mes sens par la raison ne sont plus gouvernés;
Je cède aux mouvemens d'une juste colère,
Et je ne réponds pas de ce que je puis faire.

CÉLIMÈNE.

D'où vient donc, je vous prie, un tel emportement?
Avez-vous, dites-moi, perdu le jugement?

ALCESTE.

Oui, oui, je l'ai perdu, lorsque dans votre vue
J'ai pris, pour mon malheur, le poison qui me tue,
Et que j'ai cru trouver quelque sincérité
Dans les traîtres appas dont je fus enchanté.

CÉLIMÈNE.

De quelle trahison pouvez-vous donc vous plaindre?

ALCESTE.

Ah! que ce cœur est double, et sait bien l'art de feindre!
Mais, pour le mettre à bout, j'ai des moyens tout prêts.
Jetez ici les yeux, et connoissez vos traits;
Ce billet découvert suffit pour vous confondre.

Et, contre ce témoin, on n'a rien à répondre.

CÉLIMÈNE.

Voilà donc le sujet qui vous trouble l'esprit?

ALCESTE.

Vous ne rougissez pas en voyant cet écrit!

CÉLIMÈNE.

Et par quelle raison faut-il que j'en rougisse?

ALCESTE.

Quoi! vous joignez ici l'audace à l'artifice!
Le désavouerez-vous, pour n'avoir point de seing?

CÉLIMÈNE.

Pourquoi désavouer un billet de ma main?

ALCESTE.

Et vous pouvez le voir, sans demeurer confuse
Du crime dont vers moi son style vous accuse!

CÉLIMÈNE.

Vous êtes, sans mentir, un grand extravagant.

ALCESTE.

Quoi! vous bravez ainsi ce témoin convaincant!
Et ce qu'il m'a fait voir de douceur pour Oronte,
N'a donc rien qui m'outrage, et qui vous fasse honte?

CÉLIMÈNE.

Oronte! Qui vous dit que la lettre est pour lui?

ALCESTE.

Les gens qui, dans mes mains, l'ont remise aujourd'hui.
Mais je veux consentir qu'elle soit pour un autre,
Mon cœur en a-t-il moins à se plaindre du vôtre?
En serez-vous vers moi moins coupable en effet?

CÉLIMÈNE.

Mais si c'est une femme à qui va ce billet,
En quoi vous blesse-t-il, et qu'a-t-il de coupable?

ACTE IV, SCÈNE III.

ALCESTE.

Ah! le détour est bon, et l'excuse admirable.
Je ne m'attendois pas, je l'avoue, à ce trait;
Et me voilà, par là, convaincu tout-à-fait.
Osez-vous recourir à ces ruses grossières?
Et croyez-vous les gens si privés de lumières?
Voyons, voyons un peu par quel biais, de quel air,
Vous voulez soutenir un mensonge si clair;
Et comment vous pourrez tourner, pour une femme,
Tous les mots d'un billet qui montre tant de flamme?
Ajustez, pour couvrir un manquement de foi,
Ce que je m'en vais lire...

CÉLIMÈNE.

Il ne me plaît pas, moi.
Je vous trouve plaisant d'user d'un tel empire,
Et de me dire au nez ce que vous m'osez dire.

ALCESTE.

Non, non, sans s'emporter, prenez un peu souci
De me justifier les termes que voici.

CÉLIMÈNE.

Non, je n'en veux rien faire; et, dans cette occurrence,
Tout ce que vous croirez m'est de peu d'importance.

ALCESTE.

De grace, montrez-moi, je serai satisfait,
Qu'on peut, pour une femme, expliquer ce billet.

CÉLIMÈNE.

Non, il est pour Oronte; et je veux qu'on le croie.
Je reçois tous ses soins avec beaucoup de joie,
J'admire ce qu'il dit, j'estime ce qu'il est,
Et je tombe d'accord de tout ce qu'il vous plaît.
Faites, prenez parti, que rien ne vous arrête,
Et ne me rompez pas davantage la tête.

ALCESTE, *à part.*

Ciel ! rien de plus cruel peut-il être inventé ?
Et jamais cœur fut-il de la sorte traité ?
Quoi ! d'un juste courroux je suis ému contre elle,
C'est moi qui me viens plaindre, et c'est moi qu'on querelle !
On pousse ma douleur et mes soupçons à bout,
On me laisse tout croire, on fait gloire de tout ;
Et cependant mon cœur est encore assez lâche,
Pour ne pouvoir briser la chaîne qui l'attache,
Et pour ne pas s'armer d'un généreux mépris
Contre l'ingrat objet dont il est trop épris !

(*à Célimène.*)

Ah ! que vous savez bien ici, contre moi-même,
Perfide, vous servir de ma foiblesse extrême,
Et ménager pour vous l'excès prodigieux
De ce fatal amour né de vos traîtres yeux !
Défendez-vous au moins d'un crime qui m'accable,
Et cessez d'affecter d'être envers moi coupable.
Rendez-moi, s'il se peut, ce billet innocent ;
A vous prêter les mains ma tendresse consent.
Efforcez-vous ici de paroître fidèle,
Et je m'efforcerai, moi, de vous croire telle.

CÉLIMÈNE.

Allez, vous êtes fou dans vos transports jaloux,
Et ne méritez pas l'amour qu'on a pour vous.
Je voudrois bien savoir qui pourroit me contraindre
A descendre pour vous aux bassesses de feindre ;
Et pourquoi, si mon cœur penchoit d'autre côté,
Je ne le dirois pas avec sincérité.
Quoi ! de mes sentimens l'obligeante assurance
Contre tous vos soupçons ne prend pas ma défense ?
Auprès d'un tel garant, sont-ils de quelque poids ?
N'est-ce pas m'outrager que d'écouter leur voix ?

ACTE IV, SCÈNE III.

Et, puisque notre cœur fait un effort extrême,
Lorsqu'il peut se résoudre à confesser qu'il aime;
Puisque l'honneur du sexe, ennemi de nos feux,
S'oppose fortement à de pareils aveux;
L'amant qui voit pour lui franchir un tel obstacle,
Doit-il impunément douter de cet oracle?
Et n'est-il pas coupable, en ne s'assurant pas
A ce qu'on ne dit point qu'après de grands combats?
Allez, de tels soupçons méritent ma colère,
Et vous ne valez pas que l'on vous considère.
Je suis sotte, et veux mal à ma simplicité
De conserver encor pour vous quelque bonté;
Je devrois autre part attacher mon estime,
Et vous faire un sujet de plainte légitime.

ALCESTE.

Ah! traîtresse! mon foible est étrange pour vous;
Vous me trompez, sans doute, avec des mots si doux;
Mais il n'importe, il faut suivre ma destinée:
A votre foi mon ame est toute abandonnée;
Je veux voir jusqu'au bout quel sera votre cœur,
Et si de me trahir il aura la noirceur.

CÉLIMÈNE.

Non, vous ne m'aimez point comme il faut que l'on aime.

ALCESTE.

Ah! rien n'est comparable à mon amour extrême;
Et, dans l'ardeur qu'il a de se montrer à tous,
Il va jusqu'à former des souhaits contre vous.
Oui, je voudrois qu'aucun ne vous trouvât aimable,
Que vous fussiez réduite en un sort misérable;
Que le ciel, en naissant, ne vous eût donné rien;
Que vous n'eussiez ni rang, ni naissance, ni bien;
Afin que de mon cœur l'éclatant sacrifice
Vous pût, d'un pareil sort, réparer l'injustice;

Et que j'eusse la joie et la gloire en ce jour
De vous voir tenir tout des mains de mon amour.

CÉLIMÈNE.

C'est me vouloir du bien d'une étrange manière !
Me préserve le ciel que vous ayez matière...
Voici monsieur Dubois plaisamment figuré.

SCÈNE IV.

CÉLIMÈNE, ALCESTE, DUBOIS.

ALCESTE.

Que veut cet équipage et cet air effaré ?
Qu'as-tu ?

DUBOIS.

Monsieur...

ALCESTE.

Hé bien ?

DUBOIS.

Voici bien des mystères.

ALCESTE.

Qu'est-ce ?

DUBOIS.

Nous sommes mal, monsieur, dans nos affaires.

ALCESTE.

Quoi ?

DUBOIS.

Parlerai-je haut ?

ALCESTE.

Oui, parle, et promptement.

DUBOIS.

N'est-il point là quelqu'un ?

ACTE IV, SCÈNE IV.

ALCESTE.

Ah! que d'amusement! Veux-tu parler?

DUBOIS.

Monsieur, il faut faire retraite.

ALCESTE.

Comment?

DUBOIS.

Il faut d'ici déloger sans trompette.

ALCESTE.

Et pourquoi?

DUBOIS.

Je vous dis qu'il faut quitter ce lieu.

ALCESTE.

La cause?

DUBOIS.

Il faut partir, monsieur, sans dire adieu.

ALCESTE.

Mais par quelle raison me tiens-tu ce langage?

DUBOIS.

Par la raison, monsieur, qu'il faut plier bagage.

ALCESTE.

Ah! je te casserai la tête assurément,
Si tu ne veux, maraud, t'expliquer autrement.

DUBOIS.

Monsieur, un homme noir et d'habit et de mine,
Est venu nous laisser, jusque dans la cuisine,
Un papier griffonné d'une telle façon,
Qu'il faudroit, pour le lire, être pis que démon. (1)

VARIANTE. (1) *Être pis qu'un démon.*

C'est de votre procès, je n'en fais aucun doute ;
Mais, le diable d'enfer, je crois, n'y verroit goutte.

ALCESTE.

Hé bien! quoi? Ce papier, qu'a-t-il à démêler,
Traître, avec le départ dont tu viens me parler?

DUBOIS.

C'est pour vous dire ici, monsieur, qu'une heure ensuite,
Un homme, qui souvent vous vient rendre visite,
Est venu vous chercher avec empressement,
Et, ne vous trouvant pas, m'a chargé doucement,
Sachant que je vous sers avec beaucoup de zèle,
De vous dire... Attendez, comme est-ce qu'il s'appelle?

ALCESTE.

Laisse-là son nom, traître, et dis ce qu'il t'a dit.

DUBOIS.

C'est un de vos amis ; enfin, cela suffit.
Il m'a dit que d'ici votre péril vous chasse,
Et que d'être arrêté le sort vous y menace.

ALCESTE.

Mais quoi ! n'a-t-il voulu te rien spécifier?

DUBOIS.

Non. Il m'a demandé de l'encre et du papier,
Et vous a fait un mot, où vous pourrez, je pense,
Du fond de ce mystère avoir la connoissance.

ALCESTE.

Donne-le donc.

CÉLIMÈNE.

Que peut envelopper ceci?

ALCESTE.

Je ne sais ; mais j'aspire à m'en voir éclairci.
Auras-tu bientôt fait, impertinent au diable?

ACTE IV, SCÈNE IV.

DUBOIS, *après avoir long-temps cherché le billet.*

Ma foi, je l'ai, monsieur, laissé sur votre table.

ALCESTE.

Je ne sais qui me tient...

CÉLIMÈNE.

Ne vous emportez pas,
Et courez démêler un pareil embarras.

ALCESTE.

Il semble que le sort, quelque soin que je prenne,
Ait juré d'empêcher que je vous entretienne;
Mais, pour en triompher, souffrez à mon amour,
De vous revoir, madame, avant la fin du jour.

FIN DU QUATRIÈME ACTE.

ACTE V.

SCÈNE PREMIÈRE.

ALCESTE, PHILINTE.

ALCESTE.

La résolution en est prise, vous dis-je.

PHILINTE.

Mais, quel que soit ce coup, faut-il qu'il vous oblige?...

ALCESTE.

Non, vous avez beau faire et beau me raisonner,
Rien de ce que je dis ne peut me détourner;
Trop de perversité règne au siècle où nous sommes,
Et je veux me tirer du commerce des hommes.
Quoi! contre ma partie on voit tout à la fois
L'honneur, la probité, la pudeur et les lois;
On publie en tous lieux l'équité de ma cause;
Sur la foi de mon droit mon ame se repose :
Cependant je me vois trompé par le succès;
J'ai pour moi la justice, et je perds mon procès!
Un traître, dont on sait la scandaleuse histoire,
Est sorti triomphant d'une fausseté noire!
Toute la bonne foi cède à sa trahison!
Il trouve, en m'égorgeant, moyen d'avoir raison!
Le poids de sa grimace, où brille l'artifice,
Renverse le bon droit, et tourne la justice!
Il fait par un arrêt couronner son forfait!

Et, non content encor du tort que l'on me fait,
Il court parmi le monde un livre abominable,
Et de qui la lecture est même condamnable ;
Un livre à mériter la dernière rigueur,
Dont le fourbe a le front de me faire l'auteur !
Et là-dessus on voit Oronte qui murmure,
Et tâche méchamment d'appuyer l'imposture !
Lui, qui d'un honnête homme à la cour tient le rang,
A qui je n'ai rien fait qu'être sincère et franc,
Qui me vient, malgré moi, d'une ardeur empressée,
Sur des vers qu'il a faits demander ma pensée ;
Et parce que j'en use avec honnêteté,
Et ne le veux trahir, lui, ni la vérité,
Il aide à m'accabler d'un crime imaginaire !
Le voilà devenu mon plus grand adversaire !
Et jamais de son cœur je n'aurai de pardon,
Pour n'avoir pas trouvé que son sonnet fût bon !
Et les hommes, morbleu ! sont faits de cette sorte !
C'est à ces actions que la gloire les porte !
Voilà la bonne foi, le zèle vertueux,
La justice et l'honneur que l'on trouve chez eux !
Allons, c'est trop souffrir les chagrins qu'on nous forge :
Tirons-nous de ce bois et de ce coupe-gorge.
Puisque entre humains ainsi vous vivez en vrais loups,
Traîtres ! vous ne m'aurez de ma vie avec vous.

PHILINTE.

Je trouve un peu bien prompt le dessein où vous êtes ;
Et tout le mal n'est pas si grand que vous le faites.
Ce que votre partie ose vous imputer,
N'a point eu le crédit de vous faire arrêter ;
On voit son faux rapport lui-même se détruire,
Et c'est une action qui pourroit bien lui nuire.

ALCESTE.

Lui ? de semblables tours il ne craint point l'éclat :

Il a permission d'être franc scélérat;
Et, loin qu'à son crédit nuise cette aventure,
On l'en verra demain en meilleure posture.

PHILINTE.

Enfin, il est constant qu'on n'a point trop donné
Au bruit que contre vous sa malice a tourné;
De ce côté déja vous n'avez rien à craindre :
Et pour votre procès, dont vous pouvez vous plaindre,
Il vous est en justice aisé d'y revenir,
Et contre cet arrêt...

ALCESTE.

Non, je veux m'y tenir.
Quelque sensible tort qu'un tel arrêt me fasse,
Je me garderai bien de vouloir qu'on le casse;
On y voit trop à plein le bon droit maltraité,
Et je veux qu'il demeure à la postérité,
Comme une marque insigne, un fameux témoignage
De la méchanceté des hommes de notre âge.
Ce sont vingt mille francs qu'il m'en pourra coûter;
Mais pour vingt mille francs j'aurai droit de pester
Contre l'iniquité de la nature humaine,
Et de nourrir pour elle une immortelle haine.

PHILINTE.

Mais enfin...

ALCESTE.

Mais enfin, vos soins sont superflus.
Que pouvez-vous, monsieur, me dire là-dessus?
Aurez-vous bien le front de me vouloir, en face,
Excuser les horreurs de tout ce qui se passe?

PHILINTE.

Non, je tombe d'accord de tout ce qu'il vous plaît :
Tout marche par cabale et par pur intérêt;
Ce n'est plus que la ruse aujourd'hui qui l'emporte,

Et les hommes devroient être faits d'autre sorte.
Mais est-ce une raison que leur peu d'équité,
Pour vouloir se tirer de leur société?
Tous ces défauts humains nous donnent, dans la vie,
Des moyens d'exercer notre philosophie :
C'est le plus bel emploi que trouve la vertu;
Et, si de probité tout étoit revêtu,
Si tous les cœurs étoient francs, justes et dociles,
La plupart des vertus nous seroient inutiles,
Puisque on en met l'usage à pouvoir, sans ennui,
Supporter dans nos droits l'injustice d'autrui;
Et, de même qu'un cœur d'une vertu profonde...

ALCESTE.

Je sais que vous parlez, monsieur, le mieux du monde;
En beaux raisonnemens vous abondez toujours;
Mais vous perdez le temps et tous vos beaux discours.
La raison, pour mon bien, veut que je me retire :
Je n'ai point sur ma langue un assez grand empire;
De ce que je dirois je ne répondrois pas;
Et je me jetterois cent choses sur les bras.
Laissez-moi, sans dispute, attendre Célimène.
Il faut qu'elle consente au dessein qui m'amène;
Je vais voir si son cœur a de l'amour pour moi;
Et c'est ce moment-ci qui doit m'en faire foi.

PHILINTE.

Montons chez Éliante, attendant sa venue.

ALCESTE.

Non : de trop de souci je me sens l'ame émue.
Allez-vous-en la voir, et me laissez enfin
Dans ce petit coin sombre avec mon noir chagrin.

PHILINTE.

C'est une compagnie étrange pour attendre;
Et je vais obliger Éliante à descendre.

SCÈNE II.

CÉLIMÈNE, ORONTE, ALCESTE.

ORONTE.

Oui, c'est à vous de voir si, par des nœuds si doux,
Madame, vous voulez m'attacher tout à vous.
Il me faut de votre ame une pleine assurance :
Un amant là-dessus n'aime point qu'on balance.
Si l'ardeur de mes feux a pu vous émouvoir,
Vous ne devez point feindre à me le faire voir ;
Et la preuve, après tout, que je vous en demande,
C'est de ne plus souffrir qu'Alceste vous prétende,
De le sacrifier, madame, à mon amour,
Et de chez vous enfin le bannir dès ce jour.

CÉLIMÈNE.

Mais quel sujet si grand contre lui vous irrite,
Vous à qui j'ai tant vu parler de son mérite ?

ORONTE.

Madame, il ne faut point ces éclaircissemens ;
Il s'agit de savoir quels sont vos sentimens.
Choisissez, s'il vous plaît, de garder l'un ou l'autre ;
Ma résolution n'attend rien que la vôtre.

ALCESTE, *sortant du coin où il étoit.*

Oui, monsieur a raison ; madame, il faut choisir ;
Et sa demande ici s'accorde à mon desir.
Pareille ardeur me presse, et même soin m'amène ;
Mon amour veut du vôtre une marque certaine :
Les choses ne sont plus pour traîner en longueur,
Et voici le moment d'expliquer votre cœur.

ORONTE.

Je ne veux point, monsieur, d'une flamme importune

ACTE V, SCÈNE II.

Troubler aucunement votre bonne fortune.

ALCESTE.

Je ne veux point, monsieur, jaloux ou non jaloux,
Partager de son cœur rien du tout avec vous.

ORONTE.

Si votre amour au mien lui semble préférable...

ALCESTE.

Si du moindre penchant elle est pour vous capable...

ORONTE.

Je jure de n'y rien prétendre désormais.

ALCESTE.

Je jure hautement de ne la voir jamais.

ORONTE.

Madame, c'est à vous de parler sans contrainte.

ALCESTE.

Madame, vous pouvez vous expliquer sans crainte.

ORONTE.

Vous n'avez qu'à nous dire où s'attachent vos vœux.

ALCESTE.

Vous n'avez qu'à trancher, et choisir de nous deux.

ORONTE.

Quoi! sur un pareil choix vous semblez être en peine!

ALCESTE.

Quoi! votre ame balance, et paroît incertaine!

CÉLIMÈNE.

Mon dieu! que cette instance est là hors de saison!
Et que vous témoignez tous deux peu de raison!
Je sais prendre parti sur cette préférence,
Et ce n'est pas mon cœur maintenant qui balance :
Il n'est point suspendu, sans doute, entre vous deux;

Et rien n'est sitôt fait que le choix de nos vœux.
Mais je souffre, à vrai dire, une gêne trop forte
A prononcer en face un aveu de la sorte :
Je trouve que ces mots, qui sont désobligeans,
Ne se doivent point dire en présence des gens ;
Qu'un cœur de son penchant donne assez de lumière,
Sans qu'on nous fasse aller jusqu'à rompre en visière ;
Et qu'il suffit enfin que de plus doux témoins
Instruisent un amant du malheur de ses soins.

ORONTE.

Non, non, un franc aveu n'a rien que j'appréhende,
J'y consens pour ma part.

ALCESTE.

Et moi, je le demande ;
C'est son éclat surtout qu'ici j'ose exiger,
Et je ne prétends point vous voir rien ménager.
Conserver tout le monde est votre grande étude :
Mais plus d'amusement, et plus d'incertitude ;
Il faut vous expliquer nettement là-dessus,
Ou bien pour un arrêt je prends votre refus ;
Je saurai, de ma part, expliquer ce silence,
Et me tiendrai pour dit tout le mal que j'en pense.

ORONTE.

Je vous sais fort bon gré, monsieur, de ce courroux,
Et je lui dis ici même chose que vous.

CÉLIMÈNE.

Que vous me fatiguez avec un tel caprice !
Ce que vous demandez a-t-il de la justice ?
Et ne vous dis-je pas quel motif me retient ?
J'en vais prendre pour juge Éliante qui vient.

SCÈNE III.

ÉLIANTE, PHILINTE, CÉLIMÈNE, ORONTE, ALCESTE.

CÉLIMÈNE.

Je me vois, ma cousine, ici persécutée
Par des gens dont l'humeur y paroît concertée.
Ils veulent, l'un et l'autre, avec même chaleur,
Que je prononce entre eux le choix que fait mon cœur;
Et que, par un arrêt qu'en face il me faut rendre,
Je défende à l'un d'eux tous les soins qu'il peut prendre.
Dites-moi si jamais cela se fait ainsi.

ÉLIANTE.

N'allez point là-dessus me consulter ici;
Peut-être y pourriez-vous être mal adressée,
Et je suis pour les gens qui disent leur pensée.

ORONTE.

Madame, c'est en vain que vous vous défendez.

ALCESTE.

Tous vos détours ici seront mal secondés.

ORONTE.

Il faut, il faut parler, et lâcher la balance.

ALCESTE.

Il ne faut que poursuivre à garder le silence.

ORONTE.

Je ne veux qu'un seul mot pour finir nos débats.

ALCESTE.

Et moi, je vous entends, si vous ne parlez pas.

SCÈNE IV.

ARSINOÉ, CÉLIMÈNE, ÉLIANTE, ALCESTE,
PHILINTE, ACASTE, CLITANDRE,
ORONTE.

ACASTE, *à Célimène.*

Madame, nous venons tous deux, sans vous déplaire,
Éclaircir avec vous une petite affaire.

CLITANDRE, *à Oronte et à Alceste.*

Fort à propos, messieurs, vous vous trouvez ici;
Et vous êtes mêlés dans cette affaire aussi.

ARSINOÉ, *à Célimène.*

Madame, vous serez surprise de ma vue;
Mais ce sont ces messieurs qui causent ma venue :
Tous deux ils m'ont trouvée, et se sont plaints à moi
D'un trait à qui mon cœur ne sauroit prêter foi.
J'ai du fond de votre ame une trop haute estime,
Pour vous croire jamais capable d'un tel crime;
Mes yeux ont démenti leurs témoins les plus forts,
Et, l'amitié passant sur de petits discords,
J'ai bien voulu chez vous leur faire compagnie,
Pour vous voir vous laver de cette calomnie.

ACASTE.

Oui, madame, voyons d'un esprit adouci,
Comment vous vous prendrez à soutenir ceci.
Cette lettre, par vous, est écrite à Clitandre.

CLITANDRE.

Vous avez, pour Acaste, écrit ce billet tendre.

ACASTE, *à Oronte et à Alceste.*

Messieurs, ces traits pour vous n'ont point d'obscurité,
Et je ne doute pas que sa civilité,

ACTE V, SCÈNE IV.

A connoître sa main, n'ait trop su vous instruire ;
Mais ceci vaut assez la peine de le lire.

Vous êtes un étrange homme [1], de condamner mon enjouement, et de me reprocher que je n'ai jamais tant de joie, que lorsque je ne suis pas avec vous. Il n'y a rien de plus injuste ; et, si vous ne venez bien vîte me demander pardon de cette offense, je ne vous la pardonnerai de ma vie [2]. Notre grand flandrin de vicomte...

Il devroit être ici.

Notre grand flandrin de vicomte, par qui vous commencez vos plaintes, est un homme qui ne sauroit me revenir ; et, depuis que je l'ai vû, trois quarts-d'heure durant, cracher dans un puits pour faire des ronds, je n'ai pu jamais prendre bonne opinion de lui. Pour le petit marquis...

C'est moi-même, messieurs, sans nulle vanité.

Pour le petit marquis, qui me tint hier long-temps la main, je trouve qu'il n'y a rien de si mince que toute sa personne ; et ce sont de ces mérites qui n'ont que la cape et l'épée. Pour l'homme aux rubans verts...

(*à Alceste.*)
A vous le dé, monsieur.

Pour l'homme aux rubans verts, il me divertit quelquefois avec ses brusqueries et son chagrin bourru ; mais il est cent momens où je le trouve le plus fâcheux du monde. Et pour l'homme à la veste... [3]

(*à Oronte.*)
Voici votre paquet.

Et pour l'homme à la veste [4], qui s'est jeté dans le bel-

VARIANTES. (1) *Vous êtes un étrange homme, Clitandre.* — (2) *Je ne vous le pardonnerai de ma vie.* — (3) *Et pour l'homme au sonnet.* — (4) *Et pour l'homme au sonnet.*

esprit, et veut être auteur malgré tout le monde, je ne puis me donner la peine d'écouter ce qu'il dit; et sa prose me fatigue autant que ses vers. Mettez-vous donc en tête que je ne me divertis pas toujours si bien que vous pensez; que je vous trouve à dire, plus que je ne voudrois, dans toutes les parties où l'on m'entraîne; et que c'est un merveilleux assaisonnement aux plaisirs qu'on goûte, que la présence des gens qu'on aime.

CLITANDRE.

Me voici maintenant, moi. (1)

Votre Clitandre dont vous me parlez, et qui fait tant le doucereux, est le dernier des hommes pour qui j'aurois de l'amitié. Il est extravagant de se persuader qu'on l'aime; et vous l'êtes de croire qu'on ne vous aime pas. Changez, pour être raisonnable, vos sentimens contre les siens; et voyez-moi le plus que vous pourrez, pour m'aider à porter le chagrin d'en être obsédée.

D'un fort beau caractère on voit là le modèle,
Madame, et vous savez comment cela s'appelle.
Il suffit. Nous allons, l'un et l'autre en tous lieux,
Montrer de votre cœur le portrait glorieux.

ACASTE.

J'aurois de quoi vous dire, et belle est la matière;
Mais je ne vous tiens pas digne de ma colère;
Et je vous ferai voir que les petits marquis
Ont, pour se consoler, des cœurs du plus haut prix. (2)

VARIANTES. (1) *Me voici maintenant.* — (2) *Des cœurs de plus haut prix.*

SCÈNE V.

CÉLIMÈNE, ÉLIANTE, ARSINOÉ, ALCESTE, ORONTE, PHILINTE.

ORONTE.

Quoi! de cette façon je vois qu'on me déchire,
Après tout ce qu'à moi je vous ai vu m'écrire!
Et votre cœur, paré de beaux semblans d'amour,
A tout le genre humain se promet tour-à-tour!
Allez, j'étois trop dupe, et je vais ne plus l'être;
Vous me faites un bien, me faisant vous connoître:
J'y profite d'un cœur qu'ainsi vous me rendez,
Et trouve ma vengeance en ce que vous perdez.

(à Alceste.)

Monsieur, je ne fais plus d'obstacle à votre flamme,
Et vous pouvez conclure affaire avec madame.

SCÈNE VI.

CÉLIMÈNE, ÉLIANTE, ARSINOÉ, ALCESTE, PHILINTE.

ARSINOÉ, à Célimène.

Certes, voilà le trait du monde le plus noir,
Je ne m'en saurois taire [1], et me sens émouvoir.
Voit-on des procédés qui soient pareils aux vôtres?
Je ne prends point de part aux intérêts des autres;

(montrant Alceste.)

Mais monsieur, que chez vous fixoit votre bonheur,

VARIANTE. (1) *Je ne me saurois taire.*

Un homme, comme lui, de mérite et d'honneur,
Et qui vous chérissoit avec idolâtrie,
Devoit-il?... (1)

ALCESTE.

Laissez-moi, madame, je vous prie,
Vider mes intérêts moi-même là-dessus;
Et ne vous chargez point de ces soins superflus.
Mon cœur a beau vous voir prendre ici sa querelle,
Il n'est point en état de payer ce grand zèle;
Et ce n'est pas à vous que je pourrai songer,
Si, par un autre choix, je cherche à me venger.

ARSINOÉ.

Hé! croyez-vous, monsieur, qu'on ait cette pensée,
Et que de vous avoir on soit tant empressée?
Je vous trouve un esprit bien plein de vanité,
Si de cette créance il peut s'être flatté.
Le rebut de madame est une marchandise,
Dont on auroit grand tort d'être si fort éprise.
Détrompez-vous, de grace, et portez-le moins haut.
Ce ne sont pas des gens comme moi qu'il vous faut.
Vous ferez bien encor de soupirer pour elle,
Et je brûle de voir une union si belle.

SCÈNE VII.

CÉLIMÈNE, ÉLIANTE, ALCESTE, PHILINTE.

ALCESTE, *à Célimène.*

Hé bien! je me suis tu, malgré ce que je voi,
Et j'ai laissé parler tout le monde avant moi.

VARIANTE. (1) *Devroit-il?*

ACTE V, SCÈNE VII.

Ai-je pris sur moi-même un assez long empire?
Et puis-je maintenant?...

CÉLIMÈNE.

Oui, vous pouvez tout dire;
Vous en êtes en droit, lorsque vous vous plaindrez,
Et de me reprocher tout ce que vous voudrez.
J'ai tort, je le confesse; et mon ame confuse
Ne cherche à vous payer d'aucune vaine excuse.
J'ai des autres ici méprisé le courroux;
Mais je tombe d'accord de mon crime envers vous.
Votre ressentiment, sans doute, est raisonnable;
Je sais combien je dois vous paroître coupable,
Que toute chose dit que j'ai pu vous trahir,
Et qu'enfin vous avez sujet de me haïr.
Faites-le, j'y consens.

ALCESTE.

Hé! le puis-je, traîtresse?
Puis-je ainsi triompher de toute ma tendresse?
Et, quoique avec ardeur je veuille vous haïr,
Trouvé-je un cœur en moi tout prêt à m'obéir?

(*à Éliante et à Philinte.*)

Vous voyez ce que peut une indigne tendresse,
Et je vous fais tous deux témoins de ma foiblesse.
Mais, à vous dire vrai, ce n'est pas encor tout,
Et vous allez me voir la pousser jusqu'au bout,
Montrer que c'est à tort que sages on nous nomme,
Et que dans tous les cœurs il est toujours de l'homme.

(*à Célimène.*)

Oui, je veux bien, perfide, oublier vos forfaits,
J'en saurai, dans mon ame, excuser tous les traits,
Et me les couvrirai du nom d'une foiblesse,
Où le vice du temps porte votre jeunesse,
Pourvu que votre cœur veuille donner les mains

Au dessein que j'ai fait de fuir tous les humains,
Et que dans mon désert, où j'ai fait vœu de vivre,
Vous soyez, sans tarder, résolue à me suivre.
C'est par là seulement que, dans tous les esprits,
Vous pouvez réparer le mal de vos écrits,
Et qu'après cet éclat qu'un noble cœur abhorre,
Il peut m'être permis de vous aimer encore.

CÉLIMÈNE.

Moi, renoncer au monde avant que de vieillir;
Et, dans votre désert, aller m'ensevelir!

ALCESTE.

Et, s'il faut qu'à mes feux votre flamme réponde,
Que vous doit importer tout le reste du monde?
Vos desirs avec moi ne sont-ils pas contens?

CÉLIMÈNE.

La solitude effraie une ame de vingt ans.
Je ne sens point la mienne assez grande, assez forte,
Pour me résoudre à prendre un dessein de la sorte.
Si le don de ma main peut contenter vos vœux,
Je pourrai me résoudre à serrer de tels nœuds;
Et l'hymen...

ALCESTE.

Non. Mon cœur à présent vous déteste,
Et ce refus lui seul fait plus que tout le reste.
Puisque vous n'êtes point, en des liens si doux,
Pour trouver tout en moi, comme moi tout en vous,
Allez, je vous refuse; et ce sensible outrage,
De vos indignes fers pour jamais me dégage.

SCÈNE VIII.

ÉLIANTE, ALCESTE, PHILINTE.

ALCESTE, *à Éliante.*

Madame, cent vertus ornent votre beauté,
Et je n'ai vu qu'en vous de la sincérité;
De vous, depuis long-temps, je fais un cas extrême;
Mais laissez-moi toujours vous estimer de même,
Et souffrez que mon cœur, dans ses troubles divers,
Ne se présente point à l'honneur de vos fers;
Je m'en sens trop indigne, et commence à connoître
Que le ciel, pour ce nœud, ne m'avoit point fait naître;
Que ce seroit pour vous un hommage trop bas,
Que le rebut d'un cœur qui ne vous valoit pas;
Et qu'enfin...

ÉLIANTE.

Vous pouvez suivre cette pensée: (1)
Ma main de se donner n'est pas embarrassée;
Et voilà votre ami, sans trop m'inquiéter,
Qui, si je l'en priois, la pourroit accepter.

PHILINTE.

Ah! cet honneur, madame, est toute mon envie,
Et j'y sacrifierois et mon sang et ma vie,

ALCESTE.

Puissiez-vous, pour goûter de vrais contentemens,
L'un pour l'autre, à jamais, garder ces sentimens!
Trahi de toutes parts, accablé d'injustices,
Je vais sortir d'un gouffre où triomphent les vices,
Et chercher, sur la terre, un endroit écarté,
Où d'être homme d'honneur on ait la liberté.

VARIANTE. (1) *Suivre votre pensée.*

PHILINTE.

Allons, madame, allons employer toute chose,
Pour rompre le dessein que son cœur se propose.

FIN DU MISANTHROPE.

LE MÉDECIN
MALGRÉ LUI,
COMÉDIE EN TROIS ACTES.

1666.

ACTEURS.

GÉRONTE, père de Lucinde.
LUCINDE, fille de Géronte.
LÉANDRE, amant de Lucinde.
SGANARELLE, mari de Martine.
MARTINE, femme de Sganarelle.
M. ROBERT, voisin de Sganarelle.
VALÈRE, domestique de Géronte.
LUCAS, mari de Jacqueline.
JACQUELINE, nourrice chez Géronte, et femme de Lucas.
THIBAUT, père de Perrin. } paysans.
PERRIN.

LE MÉDECIN MALGRÉ LUI,

COMÉDIE.

ACTE PREMIER.

Le théâtre représente une forêt.

SCÈNE PREMIÈRE.

SGANARELLE, MARTINE.

SGANARELLE.

Non, je te dis que je n'en veux rien faire, et que c'est à moi de parler et d'être le maître.

MARTINE.

Et je te dis, moi, que je veux que tu vives à ma fantaisie, et que je ne me suis point mariée avec toi pour souffrir tes fredaines.

SGANARELLE.

O la grande fatigue que d'avoir une femme! et qu'Aristote a bien raison, quand il dit qu'une femme est pire qu'un démon!

MARTINE.

Voyez un peu l'habile homme, avec son benêt d'Aristote.

SGANARELLE.

Oui, habile homme. Trouve-moi un faiseur de fagots, qui sache, comme moi, raisonner des choses ; qui ait servi six ans un fameux médecin, et qui ait su, dans son jeune âge, son rudiment par cœur.

MARTINE.

Peste du fou fieffé !

SGANARELLE.

Peste de la carogne !

MARTINE.

Que maudits soient l'heure et le jour où je m'avisai d'aller dire oui !

SGANARELLE.

Que maudit soit le bec cornu de notaire qui me fit signer ma ruine !

MARTINE.

C'est bien à toi, vraiment, à te plaindre de cette affaire. Devrois-tu être un seul moment sans rendre graces au ciel de m'avoir pour ta femme ? et méritois-tu d'épouser une personne comme moi ?

SGANARELLE.

Il est vrai que tu me fis trop d'honneur, et que j'eus lieu de me louer la première nuit de nos noces. Hé ! morbleu ! ne me fais point parler là-dessus. Je dirois de certaines choses...

MARTINE.

Quoi ? Que dirois-tu ?

SGANARELLE.

Baste ! laissons-là ce chapitre. Il suffit que nous savons ce que nous savons, et que tu fus bien heureuse de me trouver.

ACTE I, SCÈNE I.

MARTINE.

Qu'appelles-tu, bien heureuse de te trouver? Un homme qui me réduit à l'hôpital, un débauché, un traître, qui me mange tout ce que j'ai!

SGANARELLE.

Tu as menti, j'en bois une partie.

MARTINE.

Qui me vend, pièce à pièce, tout ce qui est dans le logis!

SGANARELLE.

C'est vivre de ménage.

MARTINE.

Qui m'a ôté jusqu'au lit que j'avois!

SGANARELLE.

Tu t'en leveras plus matin.

MARTINE.

Enfin, qui ne laisse aucun meuble dans toute la maison!

SGANARELLE.

On en déménage plus aisément.

MARTINE.

Et qui, du matin jusqu'au soir, ne fait que jouer et que boire!

SGANARELLE.

C'est pour ne me point ennuyer.

MARTINE.

Et que veux-tu, pendant ce temps, que je fasse avec ma famille?

SGANARELLE.

Tout ce qu'il te plaira.

MARTINE.

J'ai quatre pauvres petits enfans sur les bras.

SGANARELLE.

Mets-les à terre.

MARTINE.

Qui me demandent à toute heure du pain.

SGANARELLE.

Donne-leur le fouet. Quand j'ai bien bu et bien mangé, je veux que tout le monde soit saoul dans ma maison.

MARTINE.

Et tu prétends, ivrogne, que les choses aillent toujours de même?

SGANARELLE.

Ma femme, allons tout doucement, s'il vous plaît.

MARTINE.

Que j'endure éternellement tes insolences et tes débauches?

SGANARELLE.

Ne nous emportons point, ma femme.

MARTINE.

Et que je ne sache pas trouver le moyen de te ranger à ton devoir?

SGANARELLE.

Ma femme, vous savez que je n'ai pas l'ame endurante, et que j'ai le bras assez bon.

MARTINE.

Je me moque de tes menaces.

SGANARELLE.

Ma petite femme, ma mie, votre peau vous démange à votre ordinaire.

ACTE I, SCÈNE I.

MARTINE.

Je te montrerai bien que je ne te crains nullement.

SGANARELLE.

Ma chère moitié, vous avez envie de me dérober quelque chose.

MARTINE.

Crois-tu que je m'épouvante de tes paroles?

SGANARELLE.

Doux objet de mes vœux, je vous frotterai les oreilles.

MARTINE.

Ivrogne que tu es.

SGANARELLE.

Je vous battrai.

MARTINE.

Sac à vin.

SGANARELLE.

Je vous rosserai.

MARTINE.

Infâme.

SGANARELLE.

Je vous étrillerai.

MARTINE.

Traître, insolent, trompeur, lâche, coquin, pendard, gueux, belître, fripon, maraud, voleur...

SGANARELLE.

Ah! vous en voulez donc?

(*Sganarelle prend un bâton, et bat sa femme.*)

MARTINE, *criant.*

Ah! ah! ah! ah!

SGANARELLE.

Voilà le vrai moyen de vous appaiser.

SCÈNE II.

M. ROBERT, SGANARELLE, MARTINE.

MONSIEUR ROBERT.

Holà! holà! holà! Fi! Qu'est ceci? Quelle infamie! Peste soit le coquin de battre ainsi sa femme!

MARTINE, *à M. Robert.*

Et je veux qu'il me batte, moi.

MONSIEUR ROBERT.

Ah! j'y consens de tout mon cœur.

MARTINE.

De quoi vous mêlez-vous?

MONSIEUR ROBERT.

J'ai tort.

MARTINE.

Est-ce là votre affaire?

MONSIEUR ROBERT.

Vous avez raison.

MARTINE.

Voyez un peu cet impertinent, qui veut empêcher les maris de battre leurs femmes.

MONSIEUR ROBERT.

Je me rétracte.

MARTINE.

Qu'avez-vous à voir là-dessus?

MONSIEUR ROBERT.

Rien.

MARTINE.

Est-ce à vous d'y mettre le nez?

ACTE I, SCÈNE II.

MONSIEUR ROBERT.

Non.

MARTINE.

Mêlez-vous de vos affaires.

MONSIEUR ROBERT.

Je ne dis plus mot.

MARTINE.

Il me plaît d'être battue.

MONSIEUR ROBERT.

D'accord.

MARTINE.

Ce n'est pas à vos dépens.

MONSIEUR ROBERT.

Il est vrai.

MARTINE.

Et vous êtes un sot de venir vous fourrer où vous n'avez que faire. (*Elle lui donne un soufflet.*)

MONSIEUR ROBERT, *à Sganarelle.*

Compère, je vous demande pardon de tout mon cœur. Faites, rossez, battez comme il faut votre femme; je vous aiderai, si vous le voulez.

SGANARELLE.

Il ne me plaît pas, moi.

MONSIEUR ROBERT.

Ah! c'est une autre chose.

SGANARELLE.

Je la veux battre, si je le veux; et ne la veux pas battre, si je ne le veux pas.

MONSIEUR ROBERT.

Fort bien.

SGANARELLE.

C'est ma femme, et non pas la vôtre.

MONSIEUR ROBERT.

Sans doute.

SGANARELLE.

Vous n'avez rien à me commander.

MONSIEUR ROBERT.

D'accord.

SGANARELLE.

Je n'ai que faire de votre aide.

MONSIEUR ROBERT.

Très-volontiers.

SGANARELLE.

Et vous êtes un impertinent, de vous ingérer des affaires d'autrui. Apprenez que Cicéron dit qu'entre l'arbre et le doigt il ne faut point mettre l'écorce.

(*Il bat M. Robert, et le chasse.*)

SCÈNE III.

SGANARELLE, MARTINE.

SGANARELLE.

Oh! çà, faisons la paix nous deux. Touche là.

MARTINE.

Oui, après m'avoir ainsi battue!

SGANARELLE.

Cela n'est rien. Touche.

MARTINE.

Je ne veux pas.

ACTE I, SCÈNE III.

SGANARELLE.

Eh?

MARTINE.

Non.

SGANARELLE.

Ma petite femme!

MARTINE.

Point.

SGANARELLE.

Allons, te dis-je.

MARTINE.

Je n'en ferai rien.

SGANARELLE.

Viens, viens, viens.

MARTINE.

Non. Je veux être en colère.

SGANARELLE.

Fi! c'est une bagatelle. Allons, allons.

MARTINE.

Laisse-moi là.

SGANARELLE.

Touche, te dis-je.

MARTINE.

Tu m'as trop maltraitée.

SGANARELLE.

Hé bien! va, je te demande pardon; mets-là ta main.

MARTINE.

Je te pardonne; (*bas, à part.*) mais tu le paieras.

SGANARELLE.

Tu es une folle de prendre garde à cela. Ce sont

petites choses qui sont de temps en temps nécessaires dans l'amitié; et cinq ou six coups de bâton entre gens qui s'aiment, ne font que ragaillardir l'affection. Va, je m'en vais au bois, et je te promets aujourd'hui plus d'un cent de fagots.

SCÈNE IV.

MARTINE, seule.

Va, quelque mine que je fasse, je n'oublierai pas mon ressentiment; et je brûle en moi-même de trouver les moyens de te punir des coups que tu me donnes [1]. Je sais bien qu'une femme a toujours dans les mains de quoi se venger d'un mari; mais c'est une punition trop délicate pour mon pendard. Je veux une vengeance qui se fasse un peu mieux sentir; et ce n'est pas contentement pour l'injure que j'ai reçue.

SCÈNE V.

VALÈRE, LUCAS, MARTINE.

LUCAS, à *Valère, sans voir Martine.*

Parguienne! j'avons pris là tous deux une guéble de commission; et je ne sais pas, moi, ce que je pensons attraper.

VALÈRE, à *Lucas, sans voir Martine.*

Que veux-tu, mon pauvre nourricier? Il faut bien obéir à notre maître; et puis, nous avons intérêt, l'un et l'autre, à la santé de sa fille, notre maîtresse; et sans doute son mariage, différé par sa maladie, nous

---

VARIANTE. * *Des coups que tu m'as donnés.*

vaudra quelque récompense. Horace, qui est libéral, a bonne part aux prétentions qu'on peut avoir sur sa personne; et, quoiqu'elle ait fait voir de l'amitié pour un certain Léandre, tu sais bien que son père n'a jamais voulu consentir à le recevoir pour son gendre.

MARTINE, *rêvant à part, se croyant seule.*

Ne puis-je point trouver quelque invention pour me venger?

LUCAS, *à Valère.*

Mais quelle fantaisie s'est-il boutée là dans la tête, puisque les médecins y avont tous pardu leur latin?

VALÈRE, *à Lucas.*

On trouve quelquefois, à force de chercher, ce qu'on ne trouve pas d'abord; et souvent, en de simples lieux...

MARTINE, *se croyant toujours seule.*

Oui, il faut que je m'en venge, à quelque prix que ce soit. Ces coups de bâton me reviennent au cœur, je ne les saurois digérer, et... (*heurtant Valère et Lucas.*) Ah! messieurs, je vous demande pardon; je ne vous voyois pas, et cherchois dans ma tête quelque chose qui m'embarrasse.

VALÈRE.

Chacun a ses soins dans le monde; et nous cherchons aussi ce que nous voudrions bien trouver.

MARTINE.

Seroit-ce quelque chose où je vous puisse aider?

VALÈRE.

Cela se pourroit faire; et nous tâchons de rencontrer quelque habile homme, quelque médecin particulier, qui pût donner quelque soulagement à la fille de notre maître, attaquée d'une maladie qui lui a ôté tout d'un coup l'usage de la langue. Plusieurs médecins ont déja épuisé toute leur science après elle; mais on trouve, parfois, des gens avec des secrets admirables, de certains remèdes particuliers, qui font, le plus souvent, ce que les autres n'ont su faire; et c'est là ce que nous cherchons.

MARTINE, *bas, à part.*

Ah! que le ciel m'inspire une admirable invention pour me venger de mon pendard! (*haut.*) Vous ne pouviez jamais vous mieux adresser pour rencontrer ce que vous cherchez; et nous avons un homme, le plus merveilleux homme du monde, pour les maladies désespérées.

VALÈRE.

Et, de grace, où pouvons-nous le rencontrer?

MARTINE.

Vous le trouverez maintenant vers ce petit lieu que voilà, qui s'amuse à couper du bois.

LUCAS.

Un médecin qui coupe du bois!

VALÈRE.

Qui s'amuse à cueillir des simples, voulez-vous dire?

MARTINE.

Non. C'est un homme extraordinaire, qui se plaît à cela, fantasque, bizarre, quinteux, et que vous ne prendriez jamais pour ce qu'il est. Il va vêtu d'une façon extravagante; affecte quelquefois de paroître ignorant, tient sa science renfermée, et ne fuit rien tant, tous les jours, que d'exercer les merveilleux talens qu'il a eus du ciel pour la médecine.

VALÈRE.

C'est une chose admirable, que tous les grands hommes ont toujours du caprice, quelque petit grain de folie mêlé à leur science.

ACTE I, SCÈNE V.

MARTINE.

La folie de celui-ci est plus grande qu'on ne peut croire; car elle va parfois jusqu'à vouloir être battu pour demeurer d'accord de sa capacité; et je vous donne avis que vous n'en viendrez pas à bout, qu'il n'avouera jamais qu'il est médecin, s'il se le met en fantaisie, que vous ne preniez chacun un bâton, et ne le réduisiez, à force de coups, à vous confesser à la fin ce qu'il vous cachera d'abord. C'est ainsi que nous en usons, quand nous avons besoin de lui.

VALÈRE.

Voilà une étrange folie!

MARTINE.

Il est vrai; mais, après cela, vous verrez qu'il fait des merveilles.

VALÈRE.

Comment s'appelle-t-il?

MARTINE.

Il s'appelle Sganarelle; mais il est aisé à connoître. C'est un homme qui a une large barbe noire, et qui porte une fraise, avec un habit jaune et vert.

LUCAS.

Un habit jaune et vart! c'est donc le médecin des parroquets?

VALÈRE.

Mais est-il bien vrai qu'il soit si habile que vous le dites?

MARTINE.

Comment! C'est un homme qui fait des miracles. Il y a six mois qu'une femme fut abandonnée de tous les autres médecins: on la tenoit morte il y avoit déja six heures, et l'on se disposoit à l'ensevelir, lorsqu'on y fit venir de force l'homme dont nous parlons. Il lui mit, l'ayant vue, une petite goutte de je ne sais quoi dans la bouche; et, dans le même instant, elle se leva de son lit, et se mit aussitôt à se promener dans sa chambre, comme si de rien n'eût été.

LUCAS.

Ah!

VALÈRE.

Il falloit que ce fût quelque goutte d'or potable.

MARTINE.

Cela pourroit bien être. Il n'y a pas trois semaines encore, qu'un jeune enfant de douze ans tomba du haut du clocher en bas, et se brisa, sur le pavé, la tête, les bras et les jambes. On n'y eut pas plutôt amené notre homme, qu'il le frotta partout le corps d'un certain onguent qu'il sait faire; et l'enfant aussitôt se leva sur ses pieds, et courut jouer à la fossette.

LUCAS.

Ah!

VALÈRE.

Il faut que cet homme-là ait la médecine universelle.

MARTINE.

Qui en doute?

LUCAS.

Tétigué! vlà justement l'homme qu'il nous faut. Allons vîte le charcher.

VALÈRE.

Nous vous remercions du plaisir que vous nous faites.

MARTINE.

Mais souvenez-vous bien, au moins, de l'avertissement que je vous ai donné.

LUCAS.

Hé! morguenne! laissez-nous faire. S'il ne tient qu'à battre, la vache est à nous.

VALÈRE, *à Lucas.*

Nous sommes bien heureux d'avoir fait cette rencontre; et j'en conçois, pour moi, la meilleure espérance du monde.

SCÈNE VI.

SGANARELLE, VALÈRE, LUCAS.

SGANARELLE, *chantant derrière le théâtre.*
La, la, la.

VALÈRE.

J'entends quelqu'un qui chante, et qui coupe du bois.

SGANARELLE, *entrant sur le théâtre avec une bouteille à sa main, sans apercevoir Valère et Lucas.*

La, la, la... Ma foi, c'est assez travaillé [1] pour boire un coup. Prenons un peu d'haleine. (*après avoir bu.*) Voilà du bois qui est salé comme tous les diables.

(*Il chante.*)

> Qu'ils sont doux,
> Bouteille jolie,
> Qu'ils sont doux,
> Vos petits glou-gloux!
> Mais mon sort feroit bien des jaloux,
> Si vous étiez toujours remplie.
> Ah! bouteille, ma mie,
> Pourquoi vous videz-vous?

Allons, morbleu! il ne faut point engendrer de mélancolie.

VARIANTE. (1) *C'est assez travailler.*

VALÈRE, *bas, à part.*

Le voilà lui-même.

LUCAS, *bas, à Valère.*

Je pense que vous dites vrai, et que j'avons bouté le nez dessus.

VALÈRE.

Voyons de près.

SGANARELLE, *embrassant sa bouteille.*

Ah! ma petite friponne, que je t'aime, mon petit bouchon! (*Il chante.*)

(*Apercevant Valère et Lucas qui l'examinent, il baisse la voix.*)

Mais mon sort... feroit... bien des... jaloux,
Si...

(*Voyant qu'on l'examine de plus près.*)

Que diable! à qui en veulent ces gens-là?

VALÈRE, *à Lucas.*

C'est lui assurément.

LUCAS, *à Valère.*

Le vlà tout craché comme on nous l'a défiguré.

(*Sganarelle pose la bouteille à terre; et, Valère se baissant pour le saluer, comme il croit que c'est à dessein de la prendre, il la met de l'autre côté; Lucas faisant la même chose que Valère, Sganarelle reprend sa bouteille, et la tient contre son estomac, avec divers gestes, qui font un jeu de théâtre.*)

SGANARELLE, *à part.*

Ils consultent en me regardant. Quel dessein auroient-ils?

ACTE I, SCÈNE VI.

VALÈRE.

Monsieur, n'est-ce pas vous qui vous appelez Sganarelle?

SGANARELLE.

Hé! Quoi?

VALÈRE.

Je vous demande si ce n'est pas vous qui se nomme Sganarelle?

SGANARELLE, *se tournant vers Valère, puis vers Lucas.*

Oui et non, selon ce que vous lui voulez.

VALÈRE.

Nous ne voulons que lui faire toutes les civilités que nous pourrons.

SGANARELLE.

En ce cas, c'est moi qui se nomme Sganarelle?

VALÈRE.

Monsieur, nous sommes ravis de vous voir. On nous a adressés à vous pour ce que nous cherchons; et nous venons implorer votre aide, dont nous avons besoin.

SGANARELLE.

Si c'est quelque chose, messieurs, qui dépende de mon petit négoce, je suis tout prêt à vous rendre service.

VALÈRE.

Monsieur, c'est trop de grace que vous nous faites : mais, monsieur, couvrez-vous, s'il vous plaît; le soleil pourroit vous incommoder.

LUCAS.

Monsieu, boutez dessus.

SGANARELLE, *à part.*

Voici des gens bien pleins de cérémonie.

(*Il se couvre.*)

VALÈRE.

Monsieur, il ne faut pas trouver étrange que nous venions à vous; les habiles gens sont toujours recherchés, et nous sommes instruits de votre capacité.

SGANARELLE.

Il est vrai, messieurs, que je suis le premier homme du monde pour faire des fagots.

VALÈRE.

Ah! monsieur...

SGANARELLE.

Je n'y épargne aucune chose, et les fais d'une façon qu'il n'y a rien à dire.

VALÈRE.

Monsieur, ce n'est pas cela dont il est question.

SGANARELLE.

Mais aussi, je les vends cent dix sols le cent.

VALÈRE.

Ne parlons point de cela, s'il vous plaît.

SGANARELLE.

Je vous promets que je ne saurois les donner à moins.

VALÈRE.

Monsieur, nous savons les choses.

SGANARELLE.

Si vous savez les choses, vous savez que je les vends cela.

VALÈRE.

Monsieur, c'est se moquer, que...

SGANARELLE.

Je ne me moque point, je n'en puis rien rabattre.

ACTE I, SCÈNE VI.

VALÈRE.

Parlons d'autre façon, de grace.

SGANARELLE.

Vous en pourrez trouver autre part à moins; il y a fagots et fagots: mais pour ceux que je fais...

VALÈRE.

Hé! monsieur, laissons-là ce discours.

SGANARELLE.

Je vous jure que vous ne les auriez pas, s'il s'en falloit un double.

VALÈRE.

Hé! Fi!

SGANARELLE.

Non, en conscience, vous en paierez cela. Je vous parle sincèrement, et ne suis pas homme à surfaire.

VALÈRE.

Faut-il, monsieur, qu'une personne comme vous s'amuse à ces grossières feintes, s'abaisse à parler de la sorte? qu'un homme si savant, un fameux médecin comme vous êtes, veuille se déguiser aux yeux du monde, et tenir enterrés les beaux talens qu'il a?

SGANARELLE, *à part*.

Il est fou.

VALÈRE.

De grace, monsieur, ne dissimulez point avec nous.

SGANARELLE.

Comment?

LUCAS.

Tout ce tripotage ne sart de rien; je savons cen que je savons.

SGANARELLE.

Quoi donc? Que me voulez-vous dire? Pour qui me prenez-vous?

VALÈRE.

Pour ce que vous êtes, pour un grand médecin.

SGANARELLE.

Médecin vous-même; je ne le suis point, et je ne l'ai jamais été.

VALÈRE, *bas.*

Voilà sa folie qui le tient. (*haut.*) Monsieur, ne veuillez point nier les choses davantage; et n'en venons point, s'il vous plaît, à de fâcheuses extrémités.

SGANARELLE.

A quoi donc?

VALÈRE.

A de certaines choses dont nous serions marris.

SGANARELLE.

Parbleu! venez-en à tout ce qu'il vous plaira; je ne suis point médecin, et ne sais ce que vous me voulez dire.

VALÈRE, *bas.*

Je vois bien qu'il faut se servir du remède. (*haut.*) Monsieur, encore un coup, je vous prie d'avouer ce que vous êtes.

LUCAS.

Hé! tétigué! ne lantiponez point davantage, et confessez à la franquette que v'êtes médecin. (1)

SGANARELLE, *à part.*

J'enrage.

VALÈRE.

A quoi bon nier ce qu'on sait?

LUCAS.

Pourquoi toutes ces fraimes-là? A quoi est-ce que ça vous sart?

VARIANTE. (1) *Que v's êtes médecin.*

ACTE I, SCÈNE VI.

SGANARELLE.

Messieurs, en un mot, autant qu'en deux mille, je vous dis que je ne suis point médecin.

VALÈRE.

Vous n'êtes point médecin ?

SGANARELLE.

Non.

LUCAS.

V' n'êtes pas médecin ?

SGANARELLE.

Non, vous dis-je.

VALÈRE.

Puisque vous le voulez, il faut s'y résoudre.

(*Ils prennent chacun un bâton et le frappent.*)

SGANARELLE.

Ah! ah! ah! messieurs, je suis tout ce qu'il vous plaira.

VALÈRE.

Pourquoi, monsieur, nous obligez-vous à cette violence ?

LUCAS.

A quoi bon nous bailler la peine de vous battre ?

VALÈRE.

Je vous assure que j'en ai tous les regrets du monde.

LUCAS.

Par ma figué, j'en sis fâché franchement.

SGANARELLE.

Que diable est ceci, messieurs ? De grace, est-ce pour rire, ou si tous deux vous extravaguez, de vouloir que je sois médecin ?

VALÈRE.

Quoi! vous ne vous rendez pas encore, et vous vous défendez d'être médecin?

SGANARELLE.

Diable emporte si je le suis!

LUCAS.

Il n'est pas vrai qu'ous sayez médecin?

SGANARELLE.

Non, la peste m'étouffe.

(*Ils recommencent à le battre.*)

Ah! ah! Hé bien! messieurs, oui, puisque vous le voulez, je suis médecin, je suis médecin; apothicaire encore, si vous le trouvez bon. J'aime mieux consentir à tout, que de me faire assommer.

VALÈRE.

Ah! voilà qui va bien, monsieur; je suis ravi de vous voir raisonnable.

LUCAS.

Vous me boutez la joie au cœur, quand je vous vois parler comme ça.

VALÈRE.

Je vous demande pardon de toute mon ame.

LUCAS.

Je vous demandons excuse de la libarté que j'avons prise.

SGANARELLE, *à part.*

Ouais! seroit-ce bien moi qui me tromperois, et serois-je devenu médecin sans m'en être aperçu?

VALÈRE.

Monsieur, vous ne vous repentirez pas de nous montrer ce que vous êtes, et vous verrez assurément que vous en serez satisfait.

ACTE I, SCÈNE VI.

SGANARELLE.

Mais, messieurs, dites-moi, ne vous trompez-vous point vous-mêmes? Est-il bien assuré que je sois médecin?

LUCAS.

Oui, par ma figué.

SGANARELLE.

Tout de bon?

VALÈRE.

Sans doute.

SGANARELLE.

Diable emporte, si je le savois.

VALÈRE.

Comment! vous êtes le plus habile médecin du monde.

SGANARELLE.

Ah! ah!

LUCAS.

Un médecin qui a gari je ne sais combien de maladies.

SGANARELLE.

Tudieu!

VALÈRE.

Une femme étoit tenue pour morte il y avoit six heures; elle étoit prête à ensevelir, lorsqu'avec une goutte de quelque chose, vous la fîtes revenir, et marcher d'abord par la chambre.

SGANARELLE.

Peste!

LUCAS.

Un petit enfant de douze ans se laissit choir du

haut d'un clocher, de quoi il eut la tête, les jambes et les bras cassés; et vous, avec je ne sais quel onguent, vous fîtes qu'aussitôt il se relevit sur ses pieds, et s'en fut jouer à la fossette.

SGANARELLE.

Diantre!

VALÈRE.

Enfin, monsieur, vous aurez contentement avec nous, et vous gagnerez ce que vous voudrez, en vous laissant conduire où nous prétendons vous mener.

SGANARELLE.

Je gagnerai ce que je voudrai?

VALÈRE.

Oui.

SGANARELLE.

Ah! je suis médecin, sans contredit. Je l'avois oublié, mais je m'en ressouviens. De quoi est-il question? Où faut-il se transporter?

VALÈRE.

Nous vous conduirons. Il est question d'aller voir une fille qui a perdu la parole.

SGANARELLE.

Ma foi, je ne l'ai pas trouvée.

VALÈRE, *bas, à Lucas.*

Il aime à rire. (*à Sganarelle.*) Allons, monsieur.

SGANARELLE.

Sans une robe de médecin?

VALÈRE.

Nous en prendrons une.

SGANARELLE, *présentant sa bouteille à Valère.*

Tenez cela, vous: voilà où je mets mes juleps. (*puis*

se tournant vers Lucas en crachant.) Vous, marchez là-dessus, par ordonnance du médecin.

LUCAS.

Palsanguenne! vlà un médecin qui me plaît; je pense qu'il réussira, car il est bouffon.

FIN DU PREMIER ACTE.

ACTE II.

Le théâtre représente une chambre de la maison de Géronte.

SCÈNE PREMIÈRE.

GÉRONTE, VALÈRE, LUCAS, JACQUELINE.

VALÈRE.

Oui, monsieur, je crois que vous serez satisfait; et nous vous avons amené le plus grand médecin du monde.

LUCAS.

Oh! morguenne! il faut tirer l'échelle après ceti-là; et tous les autres ne sont pas daignes de li déchausser ses souliés.

VALÈRE.

C'est un homme qui a fait des cures merveilleuses.

LUCAS.

Qui a gari des gens qui étiant morts.

VALÈRE.

Il est un peu capricieux, comme je vous ai dit; et, parfois, il a des momens où son esprit s'échappe, et ne paroît pas ce qu'il est.

LUCAS.

Oui, il aime à bouffonner; et l'an diroit parfois, ne

ACTE II, SCÈNE II.

v's en déplaise, qu'il a quelque petit coup de hache à la tête.

VALÈRE.

Mais, dans le fond, il est toute science [1]; et, bien souvent, il dit des choses tout-à-fait relevées.

LUCAS.

Quand il s'y boute, il parle tout fin drait comme s'il lisoit dans un livre.

VALÈRE.

Sa réputation s'est déja répandue ici; et tout le monde vient à lui.

GÉRONTE.

Je meurs d'envie de le voir; faites-le moi vîte venir.

VALÈRE.

Je le vais querir.

SCÈNE II.

GÉRONTE, JACQUELINE, LUCAS.

JACQUELINE.

Par ma fi, monsieu, ceti-ci fera justement ce qu'ant fait les autres. Je pense que ce sera queussi queumi; et la meilleure médeçaine que l'an pourroit bailler à votre fille, ce seroit, selon moi, un biau et bon mari, pour qui alle eût de l'amiquié.

GÉRONTE.

Ouais! nourrice, ma mie, vous vous mêlez de bien des choses.

VARIANTE. (1) *Il est tout science.*

LUCAS.

Taisez-vous, notre minagère Jacquelaine : ce n'est pas à vous à bouter là votre nez.

JACQUELINE.

Je vous dis et vous douze que tous ces médecins n'y feront rian que de liau claire; que votre fille à besoin d'autre chose que de rhibarbe et de séné, et qu'un mari est un emplâtre qui garit tous les maux des filles.

GÉRONTE.

Est-elle en état maintenant qu'on s'en voulût charger avec l'infirmité qu'elle a? Et, lorsque j'ai été dans le dessein de la marier, ne s'est-elle pas opposée à mes volontés ?

JACQUELINE.

Je le crois bian; vous li vouliez bailler eun homme qu'alle n'aime point. Que ne preniais-vous ce monsieu Liandre, qui li touchoit au cœur? Alle auroit été fort obéissante; et je m'en vas gager qu'il la prendroit, li, comme alle est, si vous la li vouilliez donner.

GÉRONTE.

Ce Léandre n'est pas ce qu'il lui faut; il n'a pas du bien comme l'autre.

JACQUELINE.

Il a eun oncle qui est si riche, dont il est hériquié.

GÉRONTE.

Tous ces biens à venir me semblent autant de chansons. Il n'est rien tel que ce qu'on tient; et l'on court grand risque de s'abuser, lorsque l'on compte sur le bien qu'un autre vous garde. La mort n'a pas toujours les oreilles ouvertes aux vœux et aux prières de messieurs les héritiers; et l'on a le temps d'avoir les dents longues, lorsqu'on attend, pour vivre, le trépas de quelqu'un.

ACTE II, SCÈNE II.

JACQUELINE.

Enfin, j'ai toujours ouï-dire qu'en mariage, comme ailleurs, contentement passe richesse. Les pères et les mères ant cette maudite couteume, de demander toujours : Qu'a-t-il? et qu'a-t-elle? Et le compère Piarre a marié sa fille Simonette au gros Thomas pour un quarquié de vaigne qu'il avoit davantage que le jeune Robin, où alle avoit bouté son amiquié; et vlà que la pauvre creyature en est devenue jaune comme un coin, et n'a point profité tout depuis ce temps-là. C'est un bel exemple pour vous, monsieu. On n'a que son plaisir en ce monde; et j'aimerois mieux bailler à ma fille eun bon mari qui li fût agriable, que toutes les rentes de la Biausse.

GÉRONTE.

Peste! madame la nourrice, comme vous dégoisez! Taisez-vous, je vous prie; vous prenez trop de soin, et vous échauffez votre lait.

LUCAS, *frappant, à chaque phrase qu'il dit, sur la poitrine de Géronte.*

Morgué! tais-toi, t'es eune impertinente. Monsieu n'a que faire de tes discours, et il sait ce qu'il a à faire. Mêle-toi de donner à téter à ton enfant, sans tant faire la raisonneuse. Monsieu est le père de sa fille; et il est bon et sage pour voir ce qu'il li faut.

GÉRONTE.

Tout doux. Oh! tout doux.

LUCAS, *frappant encore sur la poitrine de Géronte.*

Monsieu, je veux un peu la mortifier, et li apprendre le respect qu'alle vous doit.

GÉRONTE.

Oui. Mais ces gestes ne sont pas nécessaires.

13.

SCÈNE III.

VALÈRE, SGANARELLE, GÉRONTE, LUCAS, JACQUELINE.

VALÈRE.

Monsieur, préparez-vous. Voici notre médecin qui entre.

GÉRONTE, *à Sganarelle.*

Monsieur, je suis ravi de vous voir chez moi, et nous avons grand besoin de vous.

SGANARELLE, *en robe de médecin, avec un chapeau des plus pointus.*

Hippocrate dit... que nous nous couvrions tous deux.

GÉRONTE.

Hippocrate dit cela?

SGANARELLE.

Oui.

GÉRONTE.

Dans quel chapitre, s'il vous plaît?

SGANARELLE.

Dans son chapitre... des chapeaux.

GÉRONTE.

Puisque Hippocrate le dit, il le faut faire.

SGANARELLE.

Monsieur le médecin, ayant appris les merveilleuses choses...

GÉRONTE.

A qui parlez-vous, de grace?

SGANARELLE.

A vous.

ACTE II, SCÈNE III.

GÉRONTE.
Je ne suis pas médecin.

SGANARELLE.
Vous n'êtes pas médecin ?

GÉRONTE.
Non, vraiment.

SGANARELLE.
Tout de bon ?

GÉRONTE.
Tout de bon.

(*Sganarelle prend un bâton, et frappe Géronte.*)
Ah ! ah ! ah !

SGANARELLE.
Vous êtes médecin maintenant ; je n'ai jamais eu d'autres licences.

GÉRONTE, *à Valère.*
Quel diable d'homme m'avez-vous là amené ?

VALÈRE.
Je vous ai bien dit que c'étoit un médecin goguenard.

GÉRONTE.
Oui. Mais je l'enverrois promener avec ses goguenarderies.

LUCAS.
Ne prenez pas garde à ça, monsieu ; ce n'est que pour rire.

GÉRONTE.
Cette raillerie ne me plaît pas.

SGANARELLE.
Monsieur, je vous demande pardon de la liberté que j'ai prise.

GÉRONTE.

Monsieur, je suis votre serviteur.

SGANARELLE.

Je suis fâché...

GÉRONTE.

Cela n'est rien.

SGANARELLE.

Des coups de bâton...

GÉRONTE.

Il n'y a pas de mal.

SGANARELLE.

Que j'ai eu l'honneur de vous donner.

GÉRONTE.

Ne parlons plus de cela. Monsieur, j'ai une fille qui est tombée dans une étrange maladie.

SGANARELLE.

Je suis ravi, monsieur, que votre fille ait besoin de moi; et je souhaiterois de tout mon cœur, que vous en eussiez besoin aussi, vous et toute votre famille, pour vous témoigner l'envie que j'ai de vous servir.

GÉRONTE.

Je vous suis obligé de ces sentimens.

SGANARELLE.

Je vous assure que c'est du meilleur de mon ame que je vous parle.

GÉRONTE.

C'est trop d'honneur que vous me faites.

SGANARELLE.

Comment s'appelle votre fille?

GÉRONTE.

Lucinde.

SGANARELLE.

Lucinde! Ah! beau nom à médicamenter. Lucinde!

GÉRONTE.

Je m'en vais voir un peu ce qu'elle fait.

SGANARELLE.

Qui est cette grande femme-là ?

GÉRONTE.

C'est la nourrice d'un petit enfant que j'ai.

SCÈNE IV.

SGANARELLE, JACQUELINE, LUCAS.

SGANARELLE, *à part*.

Peste! le joli meuble que voilà! (*haut.*) Ah! nourrice, charmante nourrice, ma médecine est la très-humble esclave de votre nourricerie, et je voudrois bien être le petit poupon fortuné qui tétât le lait de vos bonnes graces. (*Il lui porte la main sur le sein.*) Tous mes remèdes, toute ma science, toute ma capacité est à votre service, et...

LUCAS.

Avec votre parmission, monsieu le médecin, laissez-là ma femme, je vous prie.

SGANARELLE.

Quoi! est-elle votre femme ?[1]

LUCAS.

Oui.

SGANARELLE.

Ah! vraiment, je ne savois pas cela, et je m'en réjouis pour l'amour de l'un et de l'autre.

VARIANTE. (1) *Quoi! elle est votre femme ?*

(*Il fait semblant de vouloir embrasser Lucas, et embrasse la nourrice.*)

LUCAS, *tirant Sganarelle, et se remettant entre lui et sa femme.*

Tout doucement, s'il vous plaît.

SGANARELLE.

Je vous assure que je suis ravi que vous soyez unis ensemble. Je la félicite d'avoir un mari comme vous; et je vous félicite, vous, d'avoir une femme si belle, si sage, et si bien faite comme elle est.

(*Faisant encore semblant d'embrasser Lucas, qui lui tend les bras, il passe dessous, et embrasse encore la nourrice.*)

LUCAS, *le tirant encore.*

Hé! tétigué! point tant de complimens, je vous supplie.

SGANARELLE.

Ne voulez-vous pas que je me réjouisse avec vous d'un si bel assemblage?

LUCAS.

Avec moi, tant qu'il vous plaira; mais, avec ma femme, trêve de sarimonie.

SGANARELLE.

Je prends part également au bonheur de tous deux. Et, si je vous embrasse pour vous témoigner ma joie, je l'embrasse de même pour lui en témoigner aussi.

(*Il continue le même jeu.*)

LUCAS, *le tirant pour la troisième fois.*

Ah! vartigué! monsieu le médecin, que de lantiponages! [1]

VARIANTE. (1) *Que de lantiponage!*

SCÈNE V.

GÉRONTE, SGANARELLE, LUCAS, JACQUELINE.

GÉRONTE.

Monsieur, voici tout-à-l'heure ma fille qu'on va vous amener.

SGANARELLE.

Je l'attends, monsieur, avec toute la médecine.

GÉRONTE.

Où est-elle ?

SGANARELLE, *se touchant le front.*

Là-dedans.

GÉRONTE.

Fort bien.

SGANARELLE.

Mais, comme je m'intéresse à toute votre famille, il faut que j'essaie un peu le lait de votre nourrice, et que je visite son sein. (*Il s'approche de Jacqueline.*)

LUCAS, *le tirant et lui faisant faire la pirouette.*

Nannain, nannain, je n'avons que faire de ça.

SGANARELLE.

C'est l'office du médecin, de voir les tétons des nourrices.

LUCAS.

Il gnia office qui quienne, je sis votre sarviteur.

SGANARELLE.

As-tu bien la hardiesse de t'opposer au médecin ? Hors de là.

LUCAS.

Je me moque de ça.

SGANARELLE, *en le regardant de travers.*

Je te donnerai la fièvre.

JACQUELINE, *prenant Lucas par le bras, et lui faisant faire aussi la pirouette.*

Ote-toi de là aussi. Est-ce que je ne sis pas assez grande pour me défendre moi-même, s'il me fait queuque chose qui ne soit pas à faire?

LUCAS.

Je ne veux pas qu'il te tâte, moi.

SGANARELLE.

Fi le vilain, qui est jaloux de sa femme!

GÉRONTE.

Voici ma fille.

SCÈNE VI.

LUCINDE, GÉRONTE, SGANARELLE, VALÈRE, LUCAS, JACQUELINE.

SGANARELLE.

Est-ce là la malade?

GÉRONTE.

Oui. Je n'ai qu'elle de fille; et j'aurois tous les regrets du monde, si elle venoit à mourir.

SGANARELLE.

Qu'elle s'en garde bien. Il ne faut pas qu'elle meure sans l'ordonnance du médecin.

GÉRONTE.

Allons, un siége.

SGANARELLE, *assis entre Géronte et Lucinde.*

Voilà une malade qui n'est pas tant dégoûtante, et je tiens qu'un homme bien sain s'en accommoderoit assez.

ACTE II, SCÈNE VI.

GÉRONTE.

Vous l'avez fait rire, monsieur.

SGANARELLE.

Tant mieux; lorsque le médecin fait rire le malade, c'est le meilleur signe du monde. (*à Lucinde.*) Hé bien! de quoi est-il question? Qu'avez-vous? Quel est le mal que vous sentez?

LUCINDE, *portant sa main à sa bouche, à sa tête, et sous son menton.*

Han, hi, hon, han.

SGANARELLE.

Hé! que dites-vous?

LUCINDE *continue les mêmes gestes.*

Han, hi, hon, han, han, hi, hon.

SGANARELLE.

Quoi?

LUCINDE.

Han, hi, hon.

SGANARELLE.

Han, hi, hon, han, ha. Je ne vous entends point. Quel diable de langage est-ce là?

GÉRONTE.

Monsieur, c'est là sa maladie. Elle est devenue muette, sans que jusques ici on en ait pu savoir la cause; et c'est un accident qui a fait reculer son mariage.

SGANARELLE.

Et pourquoi?

GÉRONTE.

Celui qu'elle doit épouser, veut attendre sa guérison pour conclure les choses.

SGANARELLE.

Et qui est ce sot-là, qui ne veut pas que sa femme soit muette? Plût à Dieu que la mienne eût cette maladie! je me garderois bien de la vouloir guérir.

GÉRONTE.

Enfin, monsieur, nous vous prions d'employer tous vos soins, pour la soulager de son mal.

SGANARELLE.

Ah! ne vous mettez pas en peine. Dites-moi un peu, ce mal l'oppresse-t-il beaucoup?

GÉRONTE.

Oui, monsieur.

SGANARELLE.

Tant mieux. Sent-elle de grandes douleurs?

GÉRONTE.

Fort grandes.

SGANARELLE.

C'est fort bien fait. Va-t-elle où vous savez?

GÉRONTE.

Oui.

SGANARELLE.

Copieusement?

GÉRONTE.

Je n'entends rien à cela.

SGANARELLE.

La matière est-elle louable?

GÉRONTE.

Je ne me connois pas à ces choses.

SGANARELLE, *à Lucinde.*

Donnez-moi votre bras. (*à Géronte.*) Voilà un pouls qui marque que votre fille est muette.

GÉRONTE.

Hé! oui, monsieur, c'est là son mal; vous l'avez trouvé tout du premier coup.

SGANARELLE.

Ah! ah!

JACQUELINE.

Voyez comme il a deviné sa maladie!

SGANARELLE.

Nous autres grands médecins, nous connoissons d'abord les choses. Un ignorant auroit été embarrassé, et vous eût été dire, c'est ceci, c'est cela; mais moi, je touche au but du premier coup, et je vous apprends que votre fille est muette.

GÉRONTE.

Oui; mais je voudrois bien que vous me pussiez dire d'où cela vient.

SGANARELLE.

Il n'est rien de plus aisé. Cela vient de ce qu'elle a perdu la parole.

GÉRONTE.

Fort bien; mais la cause, s'il vous plaît, qui fait qu'elle a perdu la parole?

SGANARELLE.

Tous nos meilleurs auteurs vous diront que c'est l'empêchement de l'action de sa langue.

GÉRONTE.

Mais encore, vos sentimens sur cet empêchement de l'action de sa langue?

SGANARELLE.

Aristote, là-dessus, dit... de fort belles choses.

GÉRONTE.

Je le crois.

SGANARELLE.

Ah! c'étoit un grand homme.

GÉRONTE.

Sans doute.

SGANARELLE.

Grand homme tout-à-fait; (*levant le bras depuis le coude.*) un homme qui étoit plus grand que moi que tout cela. Pour revenir donc à notre raisonnement, je tiens que cet empêchement de l'action de sa langue est causé par de certaines humeurs, qu'entre nous autres savans, nous appelons humeurs peccantes, c'est-à-dire... humeurs peccantes; d'autant que les vapeurs formées par les exhalaisons des influences, qui s'élèvent dans la région des maladies, venant... pour ainsi dire... à... Entendez-vous le latin?

GÉRONTE.

En aucune façon.

SGANARELLE, *se levant brusquement.*

Vous n'entendez point le latin?

GÉRONTE.

Non.

SGANARELLE, *avec enthousiasme.*

Cabricias arci thuram, catalamus, singulariter, nominativo, hæc musa, la muse, *bonus, bona, bonum. Deus sanctus, est-ne oratio latinas? Etiam*, oui. *Quare*, pourquoi? *Quia substantivo, et adjectivum, concordat in generi, numerum, et casus.*

GÉRONTE.

Ah! que n'ai-je étudié!

JACQUELINE.

L'habile homme que vlà!

ACTE II, SCÈNE VI.

LUCAS.

Oui, ça est si biau, que je n'y entends goutte.

SGANARELLE.

Or, ces vapeurs, dont je vous parle, venant à passer du côté gauche où est le foie, au côté droit où est le cœur, il se trouve que le poumon, que nous appelons en latin, *armyan*, ayant communication avec le cerveau, que nous nommons en grec, *nasmus*, par le moyen de la veine cave, que nous appelons en hébreu *cubile*, rencontre en son chemin lesdites vapeurs qui remplissent les ventricules de l'omoplate; et parce que lesdites vapeurs... Comprenez bien ce raisonnement, je vous prie; et parce que lesdites vapeurs ont certaine malignité... Écoutez bien ceci, je vous conjure.

GÉRONTE.

Oui.

SGANARELLE.

Ont une certaine malignité qui est causée. Soyez attentif, s'il vous plaît.

GÉRONTE.

Je le suis.

SGANARELLE.

Qui est causée par l'âcreté des humeurs engendrées dans la concavité du diaphragme, il arrive que ces vapeurs... *Ossabandus, nequeis, nequer, potarinum, quipsa milus*. Voilà justement ce qui fait que votre fille est muette.

JACQUELINE.

Ah! que ça est bian dit, notre homme.

LUCAS.

Que n'ai-je la langue aussi bian pendue!

GÉRONTE.

On ne peut pas mieux raisonner, sans doute. Il n'y

a qu'une seule chose qui m'a choqué; c'est l'endroit du foie et du cœur. Il me semble que vous les placez autrement qu'ils ne sont; que le cœur est du côté gauche, et le foie du côté droit.

SGANARELLE.

Oui, cela étoit autrefois ainsi; mais nous avons changé tout cela, et nous faisons maintenant la médecine d'une méthode toute nouvelle.

GÉRONTE.

C'est ce que je ne savois pas; et je vous demande pardon de mon ignorance.

SGANARELLE.

Il n'y a point de mal; et vous n'êtes pas obligé d'être aussi habile que nous.

GÉRONTE.

Assurément. Mais, monsieur, que croyez-vous qu'il faille faire à cette maladie?

SGANARELLE.

Ce que je crois qu'il faille faire?

GÉRONTE.

Oui.

SGANARELLE.

Mon avis est qu'on la remette sur son lit, et qu'on lui fasse prendre, pour remède, quantité de pain trempé dans du vin.

GÉRONTE.

Pourquoi cela, monsieur?

SGANARELLE.

Parce qu'il y a dans le vin et le pain, mêlés ensemble, une vertu sympathique qui fait parler. Ne voyez-vous pas bien qu'on ne donne autre chose aux perroquets, et qu'ils apprennent à parler en mangeant de cela?

GÉRONTE.

Cela est vrai. Ah! le grand homme; vîte, quantité de pain et de vin.

SGANARELLE.

Je reviendrai voir, sur le soir, en quel état elle sera.

SCÈNE VII.

GÉRONTE, SGANARELLE, JACQUELINE.

SGANARELLE, *à Jacqueline.*

Doucement, vous. (*à Géronte.*) Monsieur, voilà une nourrice à laquelle il faut que je fasse quelques petits remèdes.

JACQUELINE.

Qui? Moi? Je me porte le mieux du monde.

SGANARELLE.

Tant pis, nourrice, tant pis. Cette grande santé est à craindre; et il ne sera pas mauvais de vous faire quelque petite saignée amiable, de vous donner quelque petit clystère dulcifiant.

GÉRONTE.

Mais, monsieur, voilà une mode que je ne comprends point. Pourquoi s'aller faire saigner, quand on n'a point de maladie?

SGANARELLE.

Il n'importe, la mode en est salutaire; et, comme on boit pour la soif à venir, il faut se faire aussi saigner pour la maladie à venir.

JACQUELINE, *en s'en allant.*

Ma fi, je me moque de ça; et je ne veux point faire de mon corps une boutique d'apothicaire.

SGANARELLE.

Vous êtes rétive aux remèdes; mais nous saurons vous soumettre à la raison.

SCÈNE VIII.

GÉRONTE, SGANARELLE.

SGANARELLE.

Je vous donne le bonjour.

GÉRONTE.

Attendez un peu, s'il vous plaît.

SGANARELLE.

Que voulez-vous faire ?

GÉRONTE.

Vous donner de l'argent, monsieur.

SGANARELLE, *tendant sa main par derrière, tandis que Géronte ouvre sa bourse.*

Je n'en prendrai pas, monsieur.

GÉRONTE.

Monsieur.

SGANARELLE.

Point du tout.

GÉRONTE.

Un petit moment.

SGANARELLE.

En aucune façon.

GÉRONTE.

De grace.

SGANARELLE.

Vous vous moquez.

ACTE II, SCÈNE VIII.

GÉRONTE.

Voilà qui est fait.

SGANARELLE.

Je n'en ferai rien.

GÉRONTE.

Eh !

SGANARELLE.

Ce n'est pas l'argent qui me fait agir.

GÉRONTE.

Je le crois.

SGANARELLE, *après avoir pris l'argent.*

Cela est-il de poids ?

GÉRONTE.

Oui, monsieur.

SGANARELLE.

Je ne suis pas un médecin mercenaire.

GÉRONTE.

Je le sais bien.

SGANARELLE.

L'intérêt ne me gouverne point.

GÉRONTE.

Je n'ai pas cette pensée.

SGANARELLE, *seul, regardant l'argent qu'il a reçu.*

Ma foi, cela ne va pas mal ; et pourvu que...

SCÈNE IX.

LÉANDRE, SGANARELLE.

LÉANDRE.

Monsieur, il y a long-temps que je vous attends; et je viens implorer votre assistance.

SGANARELLE, *lui tâtant le pouls.*

Voilà un pouls qui est fort mauvais.

LÉANDRE.

Je ne suis point malade, monsieur; et ce n'est pas pour cela que je viens à vous.

SGANARELLE.

Si vous n'êtes pas malade, que diable ne le dites-vous donc?

LÉANDRE.

Non. Pour vous dire la chose en deux mots, je m'appelle Léandre, qui suis amoureux de Lucinde, que vous venez de visiter; et, comme, par la mauvaise humeur de son père, toute sorte d'accès m'est fermé auprès d'elle, je me hasarde à vous prier de vouloir servir mon amour, et de me donner lieu d'exécuter un stratagême que j'ai trouvé, pour lui pouvoir dire deux mots, d'où dépendent absolument mon bonheur et ma vie.

SGANARELLE.

Pour qui me prenez-vous? Comment! oser vous adresser à moi pour vous servir dans votre amour, et vouloir ravaler la dignité de médecin à des emplois de cette nature?

LÉANDRE.

Monsieur, ne faites point de bruit.

ACTE II, SCÈNE IX.

SGANARELLE, *en le faisant reculer.*

J'en veux faire, moi. Vous êtes un impertinent.

LÉANDRE.

Hé! monsieur, doucement.

SGANARELLE.

Un mal avisé.

LÉANDRE.

De grace.

SGANARELLE.

Je vous apprendrai que je ne suis point homme à cela, et que c'est une insolence extrême...

LÉANDRE, *tirant une bourse.*

Monsieur...

SGANARELLE.

De vouloir m'employer... (*recevant la bourse.*) Je ne parle pas pour vous; car vous êtes honnête homme, et je serois ravi de vous rendre service. Mais il y a de certains impertinens au monde, qui viennent prendre les gens pour ce qu'ils ne sont pas; et je vous avoue que cela me met en colère.

LÉANDRE.

Je vous demande pardon, monsieur, de la liberté que...

SGANARELLE.

Vous vous moquez. De quoi est-il question?

LÉANDRE.

Vous saurez donc, monsieur, que cette maladie que vous voulez guérir, est une feinte maladie. Les médecins ont raisonné là-dessus comme il faut, et ils n'ont pas manqué de dire que cela procédoit, qui du cerveau, qui des entrailles, qui de la rate, qui du foie; mais il est certain que l'amour en est la véritable cause, et que Lucinde n'a trouvé cette maladie, que pour se délivrer d'un mariage dont elle étoit importunée. Mais, de crainte qu'on ne nous voie ensemble, retirons-nous d'ici; et je vous dirai, en marchant, ce que je souhaite de vous.

SGANARELLE.

Allons, monsieur. Vous m'avez donné pour votre amour une tendresse qui n'est pas concevable; et j'y perdrai toute ma médecine, ou la malade creyera, ou bien elle sera à vous.

FIN DU SECOND ACTE.

ACTE III.

Le théâtre représente un lieu voisin de la maison de Géronte.

SCÈNE PREMIÈRE.
LÉANDRE, SGANARELLE.

LÉANDRE.

Il me semble que je ne suis pas mal ainsi pour un apothicaire ; et, comme le père ne m'a guère vu, ce changement d'habit et de perruque est assez capable, je crois, de me déguiser à ses yeux.

SGANARELLE.

Sans doute.

LÉANDRE.

Tout ce que je souhaiterois, seroit de savoir cinq ou six grands mots de médecine, pour parer mon discours et me donner l'air d'habile homme.

SGANARELLE.

Allez, allez, tout cela n'est pas nécessaire : il suffit de l'habit ; et je n'en sais pas plus que vous.

LÉANDRE.

Comment !

SGANARELLE.

Diable emporte si j'entends rien en médecine ! Vous êtes honnête homme, et je veux bien me confier à vous, comme vous vous confiez à moi.

LÉANDRE.

Quoi ! vous n'êtes pas effectivement...

SGANARELLE.

Non, vous dis-je, ils m'ont fait médecin malgré mes dents. Je ne m'étois jamais mêlé d'être si savant que cela ; et toutes mes études n'ont été que jusqu'en sixième. Je ne sais point sur quoi cette imagination leur est venue ; mais, quand j'ai vu qu'à toute force ils vouloient que je fusse médecin, je me suis résolu de l'être aux dépens de qui il appartiendra. Cependant vous ne sauriez croire comment l'erreur s'est répandue, et de quelle façon chacun est endiablé à me croire habile homme. On me vient chercher de tous les côtés (1); et, si les choses vont toujours de même, je suis d'avis de m'en tenir toute ma vie à la médecine. Je trouve que c'est le métier le meilleur de tous ; car, soit qu'on fasse bien, ou soit qu'on fasse mal, on est toujours payé de même sorte. La méchante besogne ne retombe jamais sur notre dos ; et nous taillons, comme il nous plaît, sur l'étoffe où nous travaillons. Un cordonnier, en faisant des souliers, ne sauroit gâter un morceau de cuir, qu'il n'en paie les pots cassés ; mais ici l'on peut gâter un homme, sans qu'il en coûte rien. Les bévues ne sont point pour nous ; et c'est toujours la faute de celui qui meurt. Enfin, le bon de cette profession est qu'il y a, parmi les morts, une honnêteté, une discrétion la plus grande du monde ; et jamais on n'en voit se plaindre du médecin qui l'a tué.

LÉANDRE.

Il est vrai que les morts sont fort honnêtes gens sur cette matière.

VARIANTE. (1) *De tous côtés.*

SGANARELLE, *voyant des hommes qui viennent à lui.*

Voilà des gens qui ont la mine de me venir consulter. (*à Léandre.*) Allez toujours m'attendre auprès du logis de votre maîtresse.

SCÈNE II.

THIBAUT, PERRIN, SGANARELLE.

THIBAUT.

Monsieu, je venons vous charcher, mon fils Perrin et moi.

SGANARELLE.

Qu'y a-t-il?

THIBAUT.

Sa pauvre mère, qui a nom Parrette, est dans un lit malade il y a six mois.

SGANARELLE, *tendant la main, comme pour recevoir de l'argent.*

Que voulez-vous que j'y fasse?

THIBAUT.

Je voudrions, monsieu, que vous nous baillissiez queuque petite drôlerie pour la garir.

SGANARELLE.

Il faut voir de quoi est-ce qu'elle est malade. (1)

THIBAUT.

Alle est malade d'hypocrisie, monsieu.

SGANARELLE.

D'hypocrisie?

VARIANTE. (1) *Il faut voir. De quoi est-ce qu'elle est malade?*

THIBAUT.

Oui, c'est-à-dire qu'alle est enflée partout; et l'an dit que c'est quantité de sériosités qu'alle a dans le corps, et que son foie, son ventre, ou sa rate, comme vous voudrais l'appeler, au glieu de faire du sang, ne fait plus que de liau. Alle a, de deux jours l'un, la fièvre quotiguienne, avec des lassitudes et des douleurs dans les mufles des jambes. On entend dans sa gorge des fleumes qui sont tout prêts à l'étouffer; et parfois il lui prend des syncoles et des conversions, que je crayons qu'alle est passée. J'avons dans notre village un apothicaire, révérence parler, qui li a donné je ne sais combien d'histoires; et il m'en coûte plus d'eune douzaine de bons écus, en lavemens, ne v's en déplaise, en aposthumes, qu'on li a fait prendre, en infections de jacinthe, et en portions cordales. Mais tout ça, comme dit l'autre, n'a été que de l'onguent miton-mitaine. Il veloit li bailler d'une certaine drogue que l'on appelle du vin amétile; mais j'ai-z-eu peur franchement que ça l'envoyît *à patres*, et l'an dit que ces gros médecins tuont je ne sais combien de monde avec cette invention-là.

SGANARELLE, *tendant toujours la main.*

Venons au fait, mon ami, venons au fait.

THIBAUT.

Le fait est, monsieu, que je venons vous prier de nous dire ce qu'il faut que je fassions.

SGANARELLE.

Je ne vous entends point du tout.

PERRIN.

Monsieur, ma mère est malade, et vlà deux écus que je vous apportons, pour nous bailler queuque remède.

ACTE III, SCÈNE II.

SGANARELLE.

Ah! je vous entends, vous. Voilà un garçon qui parle clairement, et qui s'explique comme il faut. Vous dites que votre mère est malade d'hydropisie, qu'elle est enflée par tout le corps, qu'elle a la fièvre, avec des douleurs dans les jambes, et qu'il lui prend parfois des syncopes et des convulsions, c'est-à-dire, des évanouissemens.

PERRIN.

Hé! oui, monsieu, c'est justement ça.

SGANARELLE.

J'ai compris d'abord vos paroles. Vous avez un père qui ne sait ce qu'il dit. Maintenant vous me demandez un remède?

PERRIN.

Oui, monsieu.

SGANARELLE.

Un remède pour la guérir?

PERRIN.

C'est comme je l'entendons.

SGANARELLE.

Tenez, voilà un morceau de fromage qu'il faut que vous lui fassiez prendre.

PERRIN.

Du fromage, monsieu?

SGANARELLE.

Oui, c'est un fromage préparé, où il entre de l'or, du corail, et des perles, et quantité d'autres choses précieuses.

PERRIN.

Monsieur, je vous sommes bien obligés; et j'allons li faire prendre ça tout à l'heure.

SGANARELLE.

Allez. Si elle meurt, ne manquez pas de la faire enterrer du mieux que vous pourrez.

SCÈNE III.

(Le théâtre change, et représente, comme au second acte, une chambre de la maison de Géronte.)

JACQUELINE, SGANARELLE, LUCAS,
dans le fond du théâtre.

SGANARELLE.

Voici la belle nourrice. Ah! nourrice de mon cœur, je suis ravi de cette rencontre; et votre vue est la rhubarbe, la casse, et le séné, qui purgent toute la mélancolie de mon ame.

JACQUELINE.

Par ma figué, monsieu le médecin, ça est trop bian dit pour moi; et je n'entends rian à tout votre latin.

SGANARELLE.

Devenez malade, nourrice, je vous prie, devenez malade pour l'amour de moi. J'aurois toutes les joies du monde de vous guérir.

JACQUELINE.

Je sis votre servante, j'aime bian mieux qu'an ne me garisse pas.

SGANARELLE.

Que je vous plains, belle nourrice, d'avoir un mari jaloux et fâcheux, comme celui que vous avez!

JACQUELINE.

Que velez-vous, monsieu? C'est pour la pénitence

ACTE III, SCÈNE III.

de mes fautes; et là où la chèvre est liée, il faut bian qu'alle y broute.

SGANARELLE.

Comment! un rustre comme cela! Un homme qui vous observe toujours, et ne veut pas que personne vous parle!

JACQUELINE.

Hélas! vous n'avez rian vu encore; et ce n'est qu'un petit échantillon de sa mauvaise humeur.

SGANARELLE.

Est-il possible? et qu'un homme ait l'ame assez basse pour maltraiter une personne comme vous? Ah! que j'en sais, belle nourrice, et qui ne sont pas loin d'ici, qui se tiendroient heureux de baiser seulement les petits bouts de vos petons. Pourquoi faut-il qu'une personne si bien faite soit tombée en de pareilles mains? et qu'un franc animal, un brutal, un stupide, un sot... Pardonnez-moi, nourrice, si je parle ainsi de votre mari.

JACQUELINE.

Hé! monsieu, je sais bian qu'il mérite tous ces noms-là.

SGANARELLE.

Oui, sans doute, nourrice, il les mérite; et il mériteroit encore que vous lui missiez quelque chose sur la tête, pour le punir des soupçons qu'il a.

JACQUELINE.

Il est bian vrai que, si je n'avois devant les yeux que son intérêt, il pourroit m'obliger à queuque étrange chose.

SGANARELLE.

Ma foi, vous ne feriez pas mal de vous venger de

lui avec quelqu'un. C'est un homme, je vous le dis, qui mérite bien cela; et, si j'étois assez heureux, belle nourrice, pour être choisi pour....

(*Dans le temps que Sganarelle tend les bras pour embrasser Jacqueline, Lucas passe sa tête par-dessous, et se met entre eux deux. Sganarelle et Jacqueline regardent Lucas, et sortent chacun de leur côté.*)

SCÈNE IV.

GÉRONTE, LUCAS.

GÉRONTE.

Holà! Lucas, n'as-tu point vu ici notre médecin?

LUCAS.

Et oui, de par tous les diantres, je l'ai vu, et ma femme aussi.

GÉRONTE.

Où est-ce donc qu'il peut être?

LUCAS.

Je ne sais; mais je voudrois qu'il fût à tous les guebles.

GÉRONTE.

Va-t'en voir un peu ce que fait ma fille.

SCÈNE V.

SGANARELLE, LÉANDRE, GÉRONTE.

GÉRONTE.

Ah! monsieur, je demandois où vous étiez.

SGANARELLE.

Je m'étois amusé dans votre cour à expulser le superflu de la boisson. Comment se porte la malade ?

GÉRONTE.

Un peu plus mal depuis votre remède.

SGANARELLE.

Tant mieux. C'est signe qu'il opère.

GÉRONTE.

Oui ; mais, en opérant, je crains qu'il ne l'étouffe.

SGANARELLE.

Ne vous mettez pas en peine ; j'ai des remèdes qui se moquent de tout, et je l'attends à l'agonie.

GÉRONTE, *montrant Léandre.*

Qui est cet homme-là que vous amenez ?

SGANARELLE, *faisant des signes avec la main, pour montrer que c'est un apothicaire.*

C'est...

GÉRONTE.

Quoi ?

SGANARELLE.

Celui...

GÉRONTE.

Hé ?

SGANARELLE.

Qui...

GÉRONTE.

Je vous entends.

SGANARELLE.

Votre fille en aura besoin.

SCÈNE VI.

LUCINDE, GÉRONTE, LÉANDRE, JACQUELINE, SGANARELLE.

JACQUELINE.

Monsieu, vlà votre fille qui veut un peu marcher.

SGANARELLE.

Cela lui fera du bien. Allez-vous-en, monsieur l'apothicaire, tâter un peu son pouls, afin que je raisonne tantôt avec vous de sa maladie.

(*Sganarelle tire Géronte dans un coin du théâtre, et lui passe un bras sur les épaules pour l'empêcher de tourner la tête du côté où sont Léandre et Lucinde.*)

Monsieur, c'est une grande et subtile question, entre les docteurs, de savoir si les femmes sont plus faciles à guérir que les hommes. Je vous prie d'écouter ceci, s'il vous plaît. Les uns disent que non, les autres disent que oui; et moi je dis que oui et non; d'autant que l'incongruité des humeurs opaques, qui se rencontrent au tempérament naturel des femmes, étant cause que la partie brutale veut toujours prendre empire sur la sensitive, on voit que l'inégalité de leurs opinions dépend du mouvement oblique du cercle de la lune; et, comme le soleil qui darde ses rayons sur la concavité de la terre, trouve...

LUCINDE, *à Léandre.*

Non, je ne suis point du tout capable de changer de sentiment.

GÉRONTE.

Voilà ma fille qui parle! O grande vertu du remède!

ACTE III, SCÈNE VI.

O admirable médecin! Que je vous suis obligé, monsieur, de cette guérison merveilleuse! et que puis-je faire pour vous après un tel service?

SGANARELLE, *se promenant sur le théâtre, et s'éventant avec son chapeau.*

Voilà une maladie qui m'a bien donné de la peine!

LUCINDE.

Oui, mon père, j'ai recouvré la parole; mais je l'ai recouvrée pour vous dire que je n'aurai jamais d'autre époux que Léandre, et que c'est inutilement que vous voulez me donner Horace.

GÉRONTE.

Mais...

LUCINDE.

Rien n'est capable d'ébranler la résolution que j'ai prise.

GÉRONTE.

Quoi?...

LUCINDE.

Vous m'opposerez en vain de belles raisons.

GÉRONTE.

Si...

LUCINDE.

Tous vos discours ne serviront de rien.

GÉRONTE.

Je...

LUCINDE.

C'est une chose où je suis déterminée.

GÉRONTE.

Mais...

LUCINDE.

Il n'est puissance paternelle, qui me puisse obliger à me marier malgré moi.

GÉRONTE.

J'ai...

LUCINDE.

Vous avez beau faire tous vos efforts.

GÉRONTE.

Il...

LUCINDE.

Mon cœur ne sauroit se soumettre à cette tyrannie.

GÉRONTE.

La...

LUCINDE.

Et je me jetterai plutôt dans un couvent, que d'épouser un homme que je n'aime point.

GÉRONTE.

Mais...

LUCINDE, *avec vivacité*.

Non. En aucune façon. Point d'affaires. Vous perdez le temps. Je n'en ferai rien. Cela est résolu.

GÉRONTE.

Ah! quelle impétuosité de paroles! Il n'y a pas moyen d'y résister. (*à Sganarelle*.) Monsieur, je vous prie de la faire redevenir muette.

SGANARELLE.

C'est une chose qui m'est impossible. Tout ce que je puis faire pour votre service, est de vous rendre sourd, si vous voulez.

GÉRONTE.

Je vous remercie. (*à Lucinde*.) Penses-tu donc?...

ACTE III, SCÈNE VI.

LUCINDE.

Non, toutes vos raisons ne gagneront rien sur mon ame.

GÉRONTE.

Tu épouseras Horace dès ce soir.

LUCINDE.

J'épouserai plutôt la mort.

SGANARELLE, *à Géronte.*

Mon dieu! arrêtez-vous, laissez-moi médicamenter cette affaire. C'est une maladie qui la tient; et je sais le remède qu'il y faut apporter.

GÉRONTE.

Seroit-il possible, monsieur, que vous pussiez aussi guérir cette maladie d'esprit?

SGANARELLE.

Oui, laissez-moi faire, j'ai des remèdes pour tout; et notre apothicaire nous servira pour cette cure. (*à Léandre.*) Un mot. Vous voyez que l'ardeur qu'elle a pour ce Léandre, est tout-à-fait contraire aux volontés du père, qu'il n'y a point de temps à perdre, que les humeurs sont fort aigries, et qu'il est nécessaire de trouver promptement un remède à ce mal, qui pourroit empirer par le retardement. Pour moi, je n'y en vois qu'un seul, qui est une prise de fuite purgative, que vous mêlerez, comme il faut, avec deux dragmes de matrimonium en pilules. Peut-être fera-t-elle quelque difficulté à prendre ce remède; mais, comme vous êtes habile homme dans votre métier, c'est à vous de l'y résoudre, et de lui faire avaler la chose du mieux que vous pourrez. Allez-vous-en lui faire faire un petit tour de jardin, afin de préparer les humeurs, tandis que j'entretiendrai ici son père; mais, surtout, ne perdez point de temps. Au remède, vîte, au remède spécifique.

SCÈNE VII.

GÉRONTE, SGANARELLE.

GÉRONTE.

Quelles drogues, monsieur, sont celles que vous venez de dire? Il me semble que je ne les ai jamais ouï nommer.

SGANARELLE.

Ce sont drogues dont on se sert dans les nécessités urgentes.

GÉRONTE.

Avez-vous jamais vu une insolence pareille à la sienne?

SGANARELLE.

Les filles sont quelquefois un peu têtues.

GÉRONTE.

Vous ne sauriez croire comme elle est affolée de ce Léandre.

SGANARELLE.

La chaleur du sang fait cela dans les jeunes esprits.

GÉRONTE.

Pour moi, dès que j'ai eu découvert la violence de cet amour, j'ai su tenir toujours ma fille renfermée.

SGANARELLE.

Vous avez fait sagement.

GÉRONTE.

Et j'ai bien empêché qu'ils n'aient eu communication ensemble.

ACTE III, SCÈNE VII.

SGANARELLE.

Fort bien.

GÉRONTE.

Il seroit arrivé quelque folie, si j'avois souffert qu'ils se fussent vus.

SGANARELLE.

Sans doute.

GÉRONTE.

Et je crois qu'elle auroit été fille à s'en aller avec lui.

SGANARELLE.

C'est prudemment raisonné. (1)

GÉRONTE.

On m'avertit qu'il fait tous ses efforts pour lui parler.

SGANARELLE.

Quel drôle!

GÉRONTE.

Mais il perdra son temps.

SGANARELLE.

Ah! ah!

GÉRONTE.

Et j'empêcherai bien qu'il ne la voie.

SGANARELLE.

Il n'a pas à faire à un sot, et vous savez des rubriques qu'il ne sait pas. Plus fin que vous n'est pas bête.

VARIANTE. (1) *C'est prudemment raisonner.*

SCÈNE VIII.

LUCAS, GÉRONTE, SGANARELLE.

LUCAS.

Ah ! palsanguenne, monsieu, vaici bian du tintamare ; votre fille s'en est enfuie avec son Liandre. C'étoit lui qui étoit l'apothicaire ; et vlà monsieu le médecin qui a fait cette belle opération-là.

GÉRONTE.

Comment ! M'assassiner de la façon ! Allons, un commissaire, et qu'on empêche qu'il ne sorte. Ah ! traître ! je vous ferai punir par la justice.

LUCAS.

Ah ! par ma fi, monsieu le médecin, vous serez pendu ; ne bougez de là seulement.

SCÈNE IX.

MARTINE, SGANARELLE, LUCAS.

MARTINE, *à Lucas.*

Ah ! mon dieu ! que j'ai eu de peine à trouver ce logis ! Dites-moi un peu des nouvelles du médecin que je vous ai donné.

LUCAS.

Le vlà qui va être pendu.

MARTINE.

Quoi ! mon mari pendu ! Hélas ! et qu'a-t-il fait pour cela ?

LUCAS.

Il a fait enlever la fille de notre maître.

MARTINE.

Hélas! mon cher mari, est-il bien vrai qu'on te va pendre?

SGANARELLE.

Tu vois. Ah!

MARTINE.

Faut-il que tu te laisses mourir en présence de tant de gens?

SGANARELLE.

Que veux-tu que j'y fasse?

MARTINE.

Encore, si tu avois achevé de couper notre bois, je prendrois quelque consolation.

SGANARELLE.

Retire-toi de là, tu me fends le cœur.

MARTINE.

Non; je veux demeurer pour t'encourager à la mort; et je ne te quitterai point que je ne t'aie vu pendu.

SGANARELLE.

Ah!

SCÈNE X.

GÉRONTE, SGANARELLE, MARTINE.

GÉRONTE, *à Sganarelle*.

Le commissaire viendra bientôt, et l'on s'en va vous mettre en lieu où l'on me répondra de vous.

SGANARELLE, *à genoux*.

Hélas! cela ne se peut-il point changer en quelques coups de bâton?

GÉRONTE.

Non, non, la justice en ordonnera. Mais, que vois-je?

SCÈNE XI.

GÉRONTE, LÉANDRE, LUCINDE, SGANARELLE, LUCAS, MARTINE.

LÉANDRE.

Monsieur, je viens faire paroître Léandre à vos yeux, et remettre Lucinde en votre pouvoir. Nous avons eu dessein de prendre la fuite nous deux, et de nous aller marier ensemble; mais cette entreprise a fait place à un procédé plus honnête. Je ne prétends point vous voler votre fille, et ce n'est que de votre main que je veux la recevoir. Ce que je vous dirai, monsieur, c'est que je viens, tout-à-l'heure, de recevoir des lettres, par où j'apprends que mon oncle est mort, et que je suis héritier de tous ses biens.

GÉRONTE.

Monsieur, votre vertu m'est tout-à-fait considérable, et je vous donne ma fille avec la plus grande joie du monde.

SGANARELLE, *à part.*

La médecine l'a échappé belle.

MARTINE.

Puisque tu ne seras point pendu, rends-moi grace d'être médecin; car c'est moi qui t'ai procuré cet honneur.

SGANARELLE.

Oui! c'est toi qui m'as procuré je ne sais combien de coups de bâton?

LÉANDRE, *à Sganarelle.*

L'effet en est trop beau, pour en garder du ressentiment.

SGANARELLE.

Soit. (*à Martine*.) Je te pardonne ces coups de bâton, en faveur de la dignité où tu m'as élevé; mais prépare-toi désormais à vivre dans un grand respect avec un homme de ma conséquence, et songe que la colère d'un médecin est plus à craindre qu'on ne peut croire.

FIN DU MÉDECIN MALGRÉ LUI.

MÉLICERTE,

PASTORALE HÉROÏQUE.

1666.

ACTEURS.

MÉLICERTE, bergère.
DAPHNÉ, bergère.
ÉROXÈNE, bergère.
MYRTIL, amant de Mélicerte.
ACANTHE, amant de Daphné.
TYRÈNE, amant d'Éroxène.
LYCARSIS, pâtre, cru père de Myrtil.
CORINNE, confidente de Mélicerte.
NICANDRE, berger.
MOPSE, berger, cru oncle de Mélicerte.

La scène est en Thessalie, dans la vallée de Tempé.

MÉLICERTE,

PASTORALE HÉROÏQUE.

ACTE PREMIER.

SCÈNE PREMIÈRE.

DAPHNÉ, ÉROXÈNE, ACANTHE, TYRÈNE.

ACANTHE.

Ah! charmante Daphné.

TYRÈNE.

Trop aimable Éroxène.

DAPHNÉ.

Acanthe, laisse-moi.

ÉROXÈNE.

Ne me suis point, Tyrène.

ACANTHE, *à Daphné.*

Pourquoi me chasses-tu?

TYRÈNE, *à Éroxène.*

Pourquoi fuis-tu mes pas?

DAPHNÉ, *à Acanthe.*

Tu me plais loin de moi.

ÉROXÈNE, *à Tyrène.*

Je m'aime où tu n'es pas.

ACANTHE.

Ne cesseras-tu point cette rigueur mortelle?

TYRÈNE.

Ne cesseras-tu point de m'être si cruelle?

DAPHNÉ.

Ne cesseras-tu point tes inutiles vœux?

ÉROXÈNE.

Ne cesseras-tu point de m'être si fâcheux?

ACANTHE.

Si tu n'en prends pitié, je succombe à ma peine.

TYRÈNE.

Si tu ne me secours, ma mort est trop certaine.

DAPHNÉ.

Si tu ne veux partir, je quitterai ce lieu.

ÉROXÈNE.

Si tu veux demeurer, je te vais dire adieu.

ACANTHE.

Hé bien! en m'éloignant, je te vais satisfaire.

TYRÈNE.

Mon départ va t'ôter ce qui peut te déplaire.

ACANTHE.

Généreuse Éroxène, en faveur de mes feux,
Daigne au moins, par pitié, lui dire un mot ou deux.

TYRÈNE.

Obligeante Daphné, parle à cette inhumaine;
Et sache d'où, pour moi, procède tant de haine.

SCÈNE II.

DAPHNÉ, ÉROXÈNE.

ÉROXÈNE.

Acanthe a du mérite, et t'aime tendrement ;
D'où vient que tu lui fais un si dur traitement ?

DAPHNÉ.

Tyrène vaut beaucoup, et languit pour tes charmes ;
D'où vient que, sans pitié, tu vois couler ses larmes ?

ÉROXÈNE.

Puisque j'ai fait ici la demande avant toi,
La raison te condamne à répondre avant moi.

DAPHNÉ.

Pour tous les soins d'Acanthe, on me voit inflexible,
Parce qu'à d'autres vœux je me trouve sensible.

ÉROXÈNE.

Je ne fais pour Tyrène éclater que rigueur,
Parce qu'un autre choix est maître de mon cœur.

DAPHNÉ.

Puis-je savoir de toi ce choix qu'on te voit taire ?

ÉROXÈNE.

Oui, si tu veux du tien m'apprendre le mystère.

DAPHNÉ.

Sans te nommer celui qu'Amour m'a fait choisir,
Je puis facilement contenter ton desir ;
Et, de la main d'Atis, ce peintre inimitable,
J'en garde, dans ma poche, un portrait admirable,
Qui, jusqu'au moindre trait, lui ressemble si fort,
Qu'il est sûr que tes yeux le connoîtront d'abord.

ÉROXÈNE.

Je puis te contenter par une même voie,
Et payer ton secret en pareille monnoie,
J'ai, de la main aussi de ce peintre fameux,
Un aimable portrait de l'objet de mes vœux,
Si plein de tous ses traits et de sa grace extrême,
Que tu pourras d'abord te le nommer toi-même.

DAPHNÉ.

La boîte que le peintre a fait faire pour moi,
Est tout-à-fait semblable à celle que je vois.

ÉROXÈNE.

Il est vrai, l'une à l'autre entièrement ressemble;
Et, certe, il faut qu'Atis les ait fait faire ensemble.

DAPHNÉ.

Faisons en même temps, par un peu de couleurs,
Confidence à nos yeux du secret de nos cœurs.

ÉROXÈNE.

Voyons à qui plus vîte entendra ce langage,
Et qui parle le mieux de l'un ou l'autre ouvrage.

DAPHNÉ.

La méprise est plaisante, et tu te brouilles bien;
Au lieu de ton portrait, tu m'as rendu le mien.

ÉROXÈNE.

Il est vrai; je ne sais comme j'ai fait la chose.

DAPHNÉ.

Donne. De cette erreur ta rêverie est cause.

ÉROXÈNE.

Que veut dire ceci? Nous nous jouons, je croi.
Tu fais de ces portraits même chose que moi.

DAPHNÉ.

Certes, c'est pour en rire, et tu peux me le rendre.

ACTE I, SCÈNE II.

ÉROXÈNE, *mettant les deux portraits l'un à côté de l'autre.*

Voici le vrai moyen de ne se point méprendre.

DAPHNÉ.

De mes sens prévenus est-ce une illusion ?

ÉROXÈNE.

Mon ame sur mes yeux fait-elle impression ?

DAPHNÉ.

Myrtil, à mes regards, s'offre dans cet ouvrage.

ÉROXÈNE.

De Myrtil, dans ces traits, je rencontre l'image.

DAPHNÉ.

C'est le jeune Myrtil qui fait naître mes feux.

ÉROXÈNE.

C'est au jeune Myrtil que tendent tous mes vœux.

DAPHNÉ.

Je venois aujourd'hui te prier de lui dire
Les soins que, pour son sort, son mérite m'inspire.

ÉROXÈNE.

Je venois te chercher pour servir mon ardeur,
Dans le dessein que j'ai de m'assurer son cœur.

DAPHNÉ.

Cette ardeur qu'il t'inspire est-elle si puissante ?

ÉROXÈNE.

L'aimes-tu d'une amour qui soit si violente ?

DAPHNÉ.

Il n'est point de froideur qu'il ne puisse enflammer,
Et sa grace naissante a de quoi tout charmer.

ÉROXÈNE.

Il n'est nymphe en l'aimant qui ne se tînt heureuse,

Et Diane, sans honte, en seroit amoureuse.

DAPHNÉ.

Rien que son air charmant ne me touche aujourd'hui,
Et, si j'avois cent cœurs, ils seroient tous pour lui.

ÉROXÈNE.

Il efface à mes yeux tout ce qu'on voit paroître,
Et si j'avois un sceptre, il en seroit le maître.

DAPHNÉ.

Ce seroit donc en vain qu'à chacune, en ce jour,
On nous voudroit du sein arracher cet amour.
Nos ames dans leurs vœux sont trop bien affermies:
Ne tâchons, s'il se peut, qu'à demeurer amies;
Et, puisqu'en même temps, pour le même sujet,
Nous avons toutes deux formé même projet,
Mettons dans ce débat la franchise en usage,
Ne prenons l'une et l'autre aucun lâche avantage;
Et courons nous ouvrir ensemble à Lycarsis,
Des tendres sentimens où nous jette son fils.

ÉROXÈNE.

J'ai peine à concevoir, tant la surprise est forte,
Comme un tel fils est né d'un père de la sorte;
Et sa taille, son air, sa parole et ses yeux,
Feroient croire qu'il est issu du sang des dieux.
Mais enfin j'y souscris, courons trouver ce père;
Allons lui de nos cœurs découvrir le mystère,
Et consentons qu'après, Myrtil entre nous deux,
Décide, par son choix, ce combat de nos vœux.

DAPHNÉ.

Soit. Je vois Lycarsis avec Mopse et Nicandre;
Ils pourront le quitter, cachons-nous pour attendre.

SCÈNE III.

LYCARSIS, MOPSE, NICANDRE.

NICANDRE, *à Lycarsis.*

Dis-nous donc ta nouvelle.

LYCARSIS.

Ah! que vous me pressez!
Cela ne se dit pas comme vous le pensez.

MOPSE.

Que de sottes façons et que de badinage!
Ménalque, pour chanter, n'en fait pas davantage.

LYCARSIS.

Parmi les curieux des affaires d'état,
Une nouvelle à dire est d'un puissant éclat.
Je me veux mettre un peu sur l'homme d'importance,
Et jouir quelque temps de votre impatience.

NICANDRE.

Veux-tu, par tes délais, nous fatiguer tous deux?

MOPSE.

Prends-tu quelque plaisir à te rendre fâcheux?

NICANDRE.

De grace, parle, et mets ces mines en arrière.

LYCARSIS.

Priez-moi donc tous deux de la bonne manière,
Et me dites chacun quel don vous me ferez,
Pour obtenir de moi ce que vous desirez.

MOPSE.

La peste soit du fat! laissons-le là, Nicandre:
Il brûle de parler, bien plus que nous d'entendre.

Sa nouvelle lui pèse, il veut s'en décharger;
Et ne l'écouter pas, est le faire enrager.

LYCARSIS.
Eh!

NICANDRE.
Te voilà puni de tes façons de faire.

LYCARSIS.
Je m'en vais vous le dire, écoutez.

MOPSE.
Point d'affaire.

LYCARSIS.
Quoi! vous ne voulez pas m'entendre?

NICANDRE.
Non.

LYCARSIS.
Hé bien!
Je ne dirai donc mot, et vous ne saurez rien.

MOPSE.
Soit.

LYCARSIS.
Vous ne saurez pas qu'avec magnificence
Le roi vient honorer Tempé de sa présence;
Qu'il entra dans Larisse hier sur le haut du jour;
Qu'à l'aise je l'y vis avec toute sa cour;
Que ces bois vont jouir aujourd'hui de sa vue,
Et qu'on raisonne fort touchant cette venue.

NICANDRE.
Nous n'avons pas envie aussi de rien savoir.

LYCARSIS.
Je vis cent choses là, ravissantes à voir.

ACTE I, SCÈNE IV.

Ce ne sont que seigneurs, qui, des pieds à la tête,
Sont brillans et parés comme au jour d'une fête;
Ils surprennent la vue; et nos prés, au printemps,
Avec toutes leurs fleurs, sont bien moins éclatans.
Pour le prince, entre tous sans peine on le remarque,
Et, d'une stade loin, il sent son grand monarque;
Dans toute sa personne, il a je ne sais quoi
Qui d'abord fait juger que c'est un maître roi.
Il le fait d'une grace à nulle autre seconde,
Et cela, sans mentir, lui sied le mieux du monde.
On ne croiroit jamais comme, de toutes parts,
Toute sa cour s'empresse à chercher ses regards,
Ce sont autour de lui confusions plaisantes;
Et l'on diroit d'un tas de mouches reluisantes,
Qui suivent en tous lieux un doux rayon de miel.
Enfin, l'on ne voit rien de si beau sous le ciel,
Et la fête de Pan, parmi nous si chérie,
Auprès de ce spectacle, est une gueuserie.
Mais, puisque sur le fier vous vous tenez si bien,
Je garde ma nouvelle, et ne veux dire rien.

MOPSE.

Et nous ne te voulons aucunement entendre.

LYCARSIS.

Allez vous promener.

MOPSE.

Va-t'en te faire pendre.

SCÈNE IV.

ÉROXÈNE, DAPHNÉ, LYCARSIS.

LYCARSIS, *se croyant seul.*

C'est de cette façon que l'on punit les gens,

Quand ils font les benêts et les impertinens.

DAPHNÉ.

Le ciel tienne, pasteur, vos brebis toujours saines!

ÉROXÈNE.

Cérès tienne de grains vos granges toujours pleines!

LYCARSIS.

Et le grand Pan vous donne à chacune un époux,
Qui vous aime beaucoup, et soit digne de vous!

DAPHNÉ.

Ah! Lycarsis, nos vœux à même but aspirent.

ÉROXÈNE.

C'est pour le même objet que nos deux cœurs soupirent.

DAPHNÉ.

Et l'Amour, cet enfant qui cause nos langueurs,
A pris chez vous le trait dont il blesse nos cœurs.

ÉROXÈNE.

Et nous venons ici chercher votre alliance,
Et voir qui de nous deux aura la préférence.

LYCARSIS.

Nymphes...

DAPHNÉ.

Pour ce bien seul nous poussons des soupirs.

LYCARSIS.

Je suis...

ÉROXÈNE.

A ce bonheur tendent tous nos desirs.

DAPHNÉ.

C'est un peu librement exprimer sa pensée.

LYCARSIS.

Pourquoi?

ACTE I, SCENE IV.

ÉROXÈNE.

La bienséance y semble un peu blessée.

LYCARSIS.

Ah! point.

DAPHNÉ.

Mais, quand le cœur brûle d'un noble feu,
On peut, sans nulle honte, en faire un libre aveu.

LYCARSIS.

Je...

ÉROXÈNE.

Cette liberté nous peut être permise,
Et du choix de nos cœurs la beauté l'autorise.

LYCARSIS.

C'est blesser ma pudeur que me flatter ainsi.

ÉROXÈNE.

Non, non, n'affectez point de modestie ici.

DAPHNÉ.

Enfin, tout notre bien est en votre puissance.

ÉROXÈNE.

C'est de vous que dépend notre unique espérance.

DAPHNÉ.

Trouverons-nous en vous quelques difficultés?

LYCARSIS.

Ah!

ÉROXÈNE.

Nos vœux, dites-moi, seront-ils rejetés?

LYCARSIS.

Non, j'ai reçu du ciel une ame peu cruelle:
Je tiens de feu ma femme; et je me sens, comme elle,
Pour les desirs d'autrui, beaucoup d'humanité,

Et je ne suis point homme à garder de fierté.

DAPHNÉ.

Accordez donc Myrtil à notre amoureux zèle.

ÉROXÈNE.

Et souffrez que son choix règle notre querelle.

LYCARSIS.

Myrtil?

DAPHNÉ.

Oui. C'est Myrtil que de vous nous voulons.

ÉROXÈNE.

De qui pensez-vous donc qu'ici nous vous parlons?

LYCARSIS.

Je ne sais; mais Myrtil n'est guères dans un âge
Qui soit propre à ranger au joug du mariage.

DAPHNÉ.

Son mérite naissant peut frapper d'autres yeux;
Et l'on veut s'engager un bien si précieux,
Prévenir d'autres cœurs, et braver la fortune,
Sous les fermes liens d'une chaîne commune.

ÉROXÈNE.

Comme, par son esprit et ses autres brillans,
Il rompt l'ordre commun, et devance le temps,
Notre flamme pour lui veut en faire de même,
Et régler tous ses vœux sur son mérite extrême.

LYCARSIS.

Il est vrai qu'à son âge il surprend quelquefois;
Et cet Athénien, qui fut chez moi vingt mois,
Qui, le trouvant joli, se mit en fantaisie
De lui remplir l'esprit de sa philosophie,
Sur de certains discours l'a rendu si profond,
Que, tout grand que je suis, souvent il me confond.

Mais, avec tout cela, ce n'est encor qu'enfance,
Et son fait est mêlé de beaucoup d'innocence.

DAPHNÉ.

Il n'est point tant enfant, qu'à le voir chaque jour,
Je ne le croie atteint déja d'un peu d'amour ;
Et plus d'une aventure à mes yeux s'est offerte,
Où j'ai connu qu'il suit la jeune Mélicerte.

ÉROXÈNE.

Ils pourroient bien s'aimer, et je vois...

LYCARSIS.

Franc abus.
Pour elle, passe encore, elle a deux ans de plus ;
Et deux ans, dans son sexe, est une grande avance.
Mais, pour lui, le jeu seul l'occupe tout, je pense.
Et les petits desirs de se voir ajusté
Ainsi que les bergers de haute qualité.

DAPHNÉ.

Enfin, nous desirons, par le nœud d'hyménée,
Attacher sa fortune à notre destinée.

ÉROXÈNE.

Nous voulons l'une et l'autre, avec pareille ardeur,
Nous assurer de loin l'empire de son cœur.

LYCARSIS.

Je m'en tiens honoré plus qu'on ne sauroit croire.
Je suis un pauvre pâtre ; et ce m'est trop de gloire
Que deux nymphes, d'un rang le plus haut du pays,
Disputent à se faire un époux de mon fils.
Puisqu'il vous plaît qu'ainsi la chose s'exécute,
Je consens que son choix règle votre dispute ;
Et celle qu'à l'écart laissera cet arrêt,
Pourra, pour son recours, m'épouser, s'il lui plaît.
C'est toujours même sang, et presque même chose.

Mais le voici. Souffrez qu'un peu je le dispose.
Il tient quelque moineau qu'il a pris fraîchement ;
Et voilà ses amours et son attachement.

SCÈNE V.

ÉROXÈNE, DAPHNÉ ET LYCARSIS, *dans le fond du théâtre*, MYRTIL.

MYRTIL, *se croyant seul, et tenant un moineau dans une cage.*

Innocente petite bête,
Qui, contre ce qui vous arrête,
Vous débattez tant à mes yeux,
De votre liberté ne plaignez point la perte ;
Votre destin est glorieux,
Je vous ai pris pour Mélicerte ;

Elle vous baisera, vous prenant dans sa main ;
Et de vous mettre en son sein,
Elle vous fera la grace.
Est-il un sort au monde et plus doux et plus beau ?
Et qui des rois, hélas ! heureux petit moineau,
Ne voudroit être en votre place ?

LYCARSIS.

Myrtil, Myrtil, un mot. Laissons-là ces joyaux ;
Il s'agit d'autre chose ici que de moineaux.
Ces deux nymphes, Myrtil, à la fois te prétendent,
Et, tout jeune, déja pour époux te demandent.
Je dois, par un hymen, t'engager à leurs vœux,
Et c'est toi que l'on veut qui choisisses des deux.

MIRTIL.

Ces nymphes ?

ACTE I, SCÈNE V.

LYCARSIS.

Oui. Des deux tu peux en choisir une.
Vois quel est ton bonheur, et bénis la fortune.

MYRTIL.

Ce choix qui m'est offert, peut-il m'être un bonheur,
S'il n'est aucunement souhaité de mon cœur?

LYCARSIS.

Enfin, qu'on le reçoive; et que, sans se confondre,
A l'honneur qu'elles font, on songe à bien répondre.

ÉROXÈNE.

Malgré cette fierté qui règne parmi nous,
Deux nymphes, ô Myrtil! viennent s'offrir à vous;
Et de vos qualités les merveilles écloses,
Font que nous renversons ici l'ordre des choses.

DAPHNÉ.

Nous vous laissons, Myrtil, pour l'avis le meilleur,
Consulter, sur ce choix, vos yeux et votre cœur;
Et nous n'en voulons point prévenir les suffrages,
Par un récit paré de tous nos avantages.

MYRTIL.

C'est me faire un honneur dont l'éclat me surprend;
Mais cet honneur, pour moi, je l'avoue, est trop grand.
A vos rares bontés il faut que je m'oppose;
Pour mériter ce sort, je suis trop peu de chose;
Et je serois fâché, quels qu'en soient les appas,
Qu'on vous blâmât pour moi de faire un choix trop bas.

ÉROXÈNE.

Contentez nos desirs, quoi qu'on en puisse croire,
Et ne vous chargez point du soin de notre gloire.

DAPHNÉ.

Non, ne descendez point dans ces humilités,
Et laissez-nous juger ce que vous méritez.

MYRTIL.

Le choix qui m'est offert s'oppose à votre attente,
Et peut seul empêcher que mon cœur vous contente.
Le moyen de choisir de deux grandes beautés,
Égales en naissance et rares qualités?
Rejeter l'une ou l'autre est un crime effroyable,
Et n'en choisir aucune est bien plus raisonnable.

ÉROXÈNE.

Mais en faisant refus de répondre à nos vœux,
Au lieu d'une, Myrtil, vous en outragez deux.

DAPHNÉ.

Puisque nous consentons à l'arrêt qu'on peut rendre,
Ces raisons ne font rien à vouloir s'en défendre.

MYRTIL.

Hé bien! si ces raisons ne vous satisfont pas,
Celle-ci le fera : j'aime d'autres appas;
Et je sens bien qu'un cœur, qu'un bel objet engage,
Est insensible et sourd à tout autre avantage.

LYCARSIS.

Comment donc! Qu'est ceci? Qui l'eût pu présumer?
Et savez-vous, morveux, ce que c'est que d'aimer?

MYRTIL.

Sans savoir ce que c'est, mon cœur a su le faire.

LYCARSIS.

Mais cet amour me choque, et n'est pas nécessaire.

MYRTIL.

Vous ne deviez donc pas, si cela vous déplaît,
Me faire un cœur sensible et tendre comme il est.

LYCARSIS.

Mais ce cœur que j'ai fait, me doit obéissance.

MYRTIL.

Oui, lorsque d'obéir il est en sa puissance.

LYCARSIS.
Mais enfin, sans mon ordre, il ne doit point aimer.
MYRTIL.
Que n'empêchiez-vous donc que l'on pût le charmer?
LYCARSIS.
Hé bien! je vous défends que cela continue.
MYRTIL.
La défense, j'ai peur, sera trop tard venue.
LYCARSIS.
Quoi! les pères n'ont pas des droits supérieurs?
MYRTIL.
Les Dieux, qui sont bien plus, ne forcent point les cœurs.
LYCARSIS.
Les Dieux... Paix, petit sot. Cette philosophie
Me...
DAPHNÉ.
Ne vous mettez point en courroux, je vous prie.
LYCARSIS.
Non : je veux qu'il se donne à l'une pour époux,
Ou je vais lui donner le fouet tout devant vous.
Ah! ah! je vous ferai sentir que je suis père.
DAPHNÉ.
Traitons, de grace, ici les choses sans colère.
ÉROXÈNE.
Peut-on savoir de vous cet objet si charmant,
Dont la beauté, Myrtil, vous a fait son amant?
MYRTIL.
Mélicerte, madame. Elle en peut faire d'autres.
ÉROXÈNE.
Vous comparez, Myrtil, ses qualités aux nôtres?

DAPHNÉ.

Le choix d'elle et de nous est assez inégal.

MYRTIL.

Nymphes, au nom des Dieux, n'en dites point de mal ;
Daignez considérer, de grace, que je l'aime,
Et ne me jetez point dans un désordre extrême.
Si j'outrage, en l'aimant, vos célestes attraits,
Elle n'a point de part au crime que je fais ;
C'est de moi, s'il vous plaît, que vient toute l'offense.
Il est vrai, d'elle à vous je sais la différence ;
Mais par sa destinée on se trouve enchaîné ;
Et je sens bien enfin que le ciel m'a donné
Pour vous tout le respect, nymphes, imaginable,
Pour elle tout l'amour dont une ame est capable.
Je vois, à la rougeur qui vient de vous saisir,
Que ce que je vous dis ne vous fait pas plaisir.
Si vous parlez, mon cœur appréhende d'entendre
Ce qui peut le blesser par l'endroit le plus tendre ;
Et, pour me dérober à de semblables coups,
Nymphes, j'aime bien mieux prendre congé de vous.

LYCARSIS.

Myrtil, holà ! Myrtil ! Veux-tu revenir, traître ?
Il fuit ; mais on verra qui de nous est le maître.
Ne vous effrayez point de tous ces vains transports ;
Vous l'aurez pour époux, j'en réponds corps pour corps.

FIN DU PREMIER ACTE.

ACTE II.

SCÈNE PREMIÈRE.
MÉLICERTE, CORINNE.

MÉLICERTE.

Ah! Corinne, tu viens de l'apprendre de Stelle,
Et c'est de Lycarsis qu'elle tient la nouvelle?

CORINNE.

Oui.

MÉLICERTE.

Que les qualités dont Myrtil est orné,
Ont su toucher d'amour Éroxène et Daphné?

CORINNE.

Oui.

MÉLICERTE.

Que pour l'obtenir leur ardeur est si grande,
Qu'ensemble elles en ont déja fait la demande?
Et que, dans ce débat, elles ont fait dessein
De passer, dès cette heure, à recevoir sa main?
Ah! que tes mots ont peine à sortir de ta bouche!
Et que c'est foiblement que mon souci te touche!

CORINNE.

Mais quoi! Que voulez-vous? C'est là la vérité,
Et vous redites tout comme je l'ai conté.

MÉLICERTE.

Mais comment Lycarsis reçoit-il cette affaire?

MÉLICERTE.

CORINNE.

Comme un honneur, je crois, qui doit beaucoup lui plaire.

MÉLICERTE.

Et ne vois-tu pas bien, toi, qui sais mon ardeur,
Qu'avec ces mots, hélas! tu me perces le cœur?

CORINNE.

Comment?

MÉLICERTE.

Me mettre aux yeux que le sort implacable,
Auprès d'elles, me rend trop peu considérable,
Et qu'à moi, par leur rang, on les va préférer,
N'est-ce pas une idée à me désespérer?

CORINNE.

Mais quoi! je vous réponds, et dis ce que je pense.

MÉLICERTE.

Ah! tu me fais mourir par ton indifférence.
Mais, dis, quels sentimens Myrtil a-t-il fait voir?

CORINNE.

Je ne sais.

MÉLICERTE.

Et c'est là ce qu'il falloit savoir,
Cruelle!

CORINNE.

En vérité, je ne sais comment faire;
Et, de tous les côtés, je trouve à vous déplaire.

MÉLICERTE.

C'est que tu n'entres point dans tous les mouvemens
D'un cœur, hélas! rempli de tendres sentimens.
Va-t'en: laisse-moi seule, en cette solitude,
Passer quelques momens de mon inquiétude.

SCÈNE II.

MÉLICERTE, *seule*.

Vous le voyez, mon cœur, ce que c'est que d'aimer;
Et Bélise avoit su trop bien m'en informer.
Cette charmante mère, avant sa destinée,
Me disoit une fois sur le bord du Pénée :
« Ma fille, songe à toi; l'amour aux jeunes cœurs
« Se présente toujours entouré de douceurs.
« D'abord il n'offre aux yeux que choses agréables;
« Mais il traîne après lui des troubles effroyables;
« Et, si tu veux passer tes jours dans quelque paix,
« Toujours, comme d'un mal, défends-toi de ses traits. »
De ces leçons, mon cœur, je m'étois souvenue;
Et quand Myrtil venoit à s'offrir à ma vue,
Qu'il jouoit avec moi, qu'il me rendoit des soins,
Je vous disois toujours de vous y plaire moins.
Vous ne me crûtes point; et votre complaisance
Se vit bientôt changée en trop de bienveillance.
Dans ce naissant amour qui flattoit vos desirs,
Vous ne vous figuriez que joie et que plaisirs :
Cependant vous voyez la cruelle disgrace,
Dont en ce triste jour le destin vous menace,
Et la peine mortelle où vous voilà réduit.
Ah! mon cœur! ah! mon cœur! je vous l'avois bien dit.
Mais tenons, s'il se peut, notre douleur couverte.
Voici...

SCÈNE III.

MYRTIL, MÉLICERTE.

MYRTIL.

J'ai fait tantôt, charmante Mélicerte,
Un petit prisonnier que je garde pour vous,
Et dont peut-être un jour je deviendrai jaloux.
C'est un jeune moineau, qu'avec un soin extrême,
Je veux, pour vous l'offrir, apprivoiser moi-même.
Le présent n'est pas grand ; mais les divinités
Ne jettent leurs regards que sur les volontés.
C'est le cœur qui fait tout ; et jamais la richesse
Des présens que... Mais, ciel ! d'où vient cette tristesse ?
Qu'avez-vous, Mélicerte, et quel sombre chagrin
Se voit dans vos beaux yeux répandu ce matin ?
Vous ne répondez point ; et ce morne silence
Redouble encor ma peine et mon impatience.
Parlez. De quel ennui ressentez-vous les coups ?
Qu'est-ce donc ?

MÉLICERTE.

Ce n'est rien.

MYRTIL.

Ce n'est rien, dites-vous ?
Et je vois cependant vos yeux couverts de larmes.
Cela s'accorde-t-il, beauté pleine de charmes ?
Ah ! ne me faites point un secret dont je meurs,
Et m'expliquez, hélas ! ce que disent ces pleurs.

MÉLICERTE.

Rien ne me serviroit de vous le faire entendre.

MYRTIL.

Devez-vous rien avoir que je ne doive apprendre ?

Et ne blessez-vous pas notre amour aujourd'hui,
De vouloir me voler la part de votre ennui?
Ah! ne le cachez point à l'ardeur qui m'inspire.

MÉLICERTE.

Hé bien! Myrtil, hé bien! il faut donc vous le dire.
J'ai su que, par un choix plein de gloire pour vous,
Éroxène et Daphné vous veulent pour époux;
Et je vous avouerai que j'ai cette foiblesse,
De n'avoir pu, Myrtil, le savoir sans tristesse,
Sans accuser du sort la rigoureuse loi,
Qui les rend, dans leurs vœux, préférables à moi.

MYRTIL.

Et vous pouvez l'avoir, cette injuste tristesse!
Vous pouvez soupçonner mon amour de foiblesse,
Et croire qu'engagé par des charmes si doux,
Je puisse être à jamais à quelque autre qu'à vous!
Que je puisse accepter une autre main offerte!
Hé! que vous ai-je fait, cruelle Mélicerte,
Pour traiter ma tendresse avec tant de rigueur,
Et faire un jugement si mauvais de mon cœur?
Quoi! faut-il que de lui vous ayez quelque crainte?
Je suis bien malheureux de souffrir cette atteinte;
Et que me sert d'aimer, comme je fais, hélas!
Si vous êtes si prête à ne le croire pas?

MÉLICERTE.

Je pourrois moins, Myrtil, redouter ces rivales,
Si les choses étoient de part et d'autre égales;
Et, dans un rang pareil, j'oserois espérer
Que peut-être l'amour me feroit préférer;
Mais l'inégalité de bien et de naissance,
Qui peut, d'elles à moi, faire la différence...

MYRTIL.

Ah! leur rang de mon cœur ne viendra point à bout,

Et vos divins appas vous tiennent lieu de tout.
Je vous aime : il suffit ; et, dans votre personne,
Je vois rang, biens, trésors, états, sceptre, couronne;
Et des rois les plus grands m'offrît-on le pouvoir,
Je n'y changerois pas le bien de vous avoir.
C'est une vérité toute sincère et pure ;
Et pouvoir en douter est me faire une injure.

MÉLICERTE.

Hé bien! je crois, Myrtil, puisque vous le voulez,
Que vos vœux, par leur rang, ne sont point ébranlés,
Et que, bien qu'elles soient nobles, riches et belles,
Votre cœur m'aime assez pour me mieux aimer qu'elles;
Mais ce n'est pas l'amour dont vous suivrez la voix :
Votre père, Myrtil, réglera votre choix ;
Et, de même qu'à vous, je ne lui suis pas chère,
Pour préférer à tout une simple bergère.

MYRTIL.

Non, chère Mélicerte, il n'est père ni dieux
Qui me puissent forcer à quitter vos beaux yeux;
Et toujours de mes vœux, reine comme vous êtes...

MÉLICERTE.

Ah! Myrtil, prenez garde à ce qu'ici vous faites :
N'allez point présenter un espoir à mon cœur,
Qu'il recevroit peut-être avec trop de douceur,
Et qui, tombant après comme un éclair qui passe,
Me rendroit plus cruel le coup de ma disgrace.

MYRTIL.

Quoi! faut-il des sermens appeler le secours,
Lorsque l'on vous promet de vous aimer toujours?
Que vous vous faites tort par de telles alarmes,
Et connoissez bien peu le pouvoir de vos charmes!
Hé-bien! puisqu'il le faut, je jure par les dieux
Et, si ce n'est assez, je jure par vos yeux,

ACTE II, SCÈNE IV.

Qu'on me tuera plutôt que je vous abandonne.
Recevez-en ici la foi que je vous donne ;
Et souffrez que ma bouche, avec ravissement,
Sur cette belle main en signe le serment.

MÉLICERTE.

Ah! Myrtil, levez-vous, de peur qu'on ne nous voie.

MYRTIL.

Est-il rien?... Mais, ô ciel! on vient troubler ma joie!

SCÈNE IV.

LYCARSIS, MYRTIL, MÉLICERTE.

LYCARSIS.

Ne vous contraignez pas pour moi.

MÉLICERTE, à part.

Quel sort fâcheux!

LYCARSIS.

Cela ne va pas mal : continuez tous deux.
Peste! mon petit fils, que vous avez l'air tendre,
Et qu'en maître déja vous savez vous y prendre!
Vous a-t-il, ce savant qu'Athènes exila,
Dans sa philosophie appris ces choses-là?
Et vous qui lui donnez, de si douce manière,
Votre main à baiser, la gentille bergère,
L'honneur vous apprend-il ces mignardes douceurs
Par qui vous débauchez ainsi les jeunes cœurs?

MYRTIL.

Ah! quittez de ces mots l'outrageante bassesse,
Et ne m'accablez point d'un discours qui la blesse.

LYCARSIS.

Je veux lui parler, moi. Toutes ces amitiés...

MYRTIL.

Je ne souffrirai point que vous la maltraitiez.
A du respect pour vous la naissance m'engage;
Mais je saurai, sur moi, vous punir de l'outrage.
Oui, j'atteste le ciel que si, contre mes vœux,
Vous lui dites encor le moindre mot fâcheux,
Je vais avec ce fer, qui m'en fera justice,
Au milieu de mon sein vous chercher un supplice;
Et, par mon sang versé, lui marquer promptement
L'éclatant désaveu de votre emportement.

MÉLICERTE.

Non, non, ne croyez pas qu'avec art je l'enflamme,
Et que mon dessein soit de séduire son ame.
S'il s'attache à me voir, et me veut quelque bien,
C'est de son mouvement : je ne l'y force en rien.
Ce n'est pas que mon cœur veuille ici se défendre
De répondre à ses vœux d'une ardeur assez tendre;
Je l'aime, je l'avoue, autant qu'on puisse aimer :
Mais cet amour n'a rien qui vous doive alarmer;
Et, pour vous arracher toute injuste créance,
Je vous promets ici d'éviter sa présence,
De faire place au choix où vous vous résoudrez,
Et ne souffrir ses vœux que quand vous le voudrez.

SCÈNE V.

LYCARSIS, MYRTIL.

MYRTIL.

Hé bien! vous triomphez avec cette retraite,
Et, dans ces mots, votre ame a ce qu'elle souhaite;
Mais apprenez qu'en vain vous vous réjouissez,
Que vous serez trompé dans ce que vous pensez,

ACTE II, SCÈNE V.

Et qu'avec tous vos soins, toute votre puissance,
Vous ne gagnerez rien sur ma persévérance.

LYCARSIS.

Comment! à quel orgueil, fripon, vous vois-je aller?
Est-ce de la façon que l'on me doit parler?

MYRTIL.

Oui, j'ai tort, il est vrai : mon transport n'est pas sage;
Pour rentrer au devoir, je change de langage;
Et je vous prie ici, mon père, au nom des Dieux,
Et par tout ce qui peut vous être précieux,
De ne vous point servir, dans cette conjoncture,
Des fiers droits que sur moi vous donne la nature.
Ne m'empoisonnez point vos bienfaits les plus doux.
Le jour est un présent que j'ai reçu de vous;
Mais de quoi vous serai-je aujourd'hui redevable,
Si vous me l'allez rendre, hélas! insupportable?
Il est, sans Mélicerte, un supplice à mes yeux;
Sans ses divins appas rien ne m'est précieux :
Ils font tout mon bonheur et toute mon envie;
Et, si vous me l'ôtez, vous m'arrachez la vie.

LYCARSIS, *à part.*

Aux douleurs de son ame il me fait prendre part.
Qui l'auroit jamais cru de ce petit pendard?
Quel amour! quels transports! quels discours pour son âge!
J'en suis confus, et sens que cet amour m'engage.

MYRTIL, *se jetant aux genoux de Lycarsis.*

Voyez, me voulez-vous ordonner de mourir?
Vous n'avez qu'à parler : je suis prêt d'obéir.

LYCARSIS, *à part.*

Je n'y puis plus tenir : il m'arrache des larmes,
Et ses tendres propos me font rendre les armes.

MYRTIL.

Que si, dans votre cœur, un reste d'amitié

Vous peut de mon destin donner quelque pitié,
Accordez Mélicerte à mon ardente envie,
Et vous ferez bien plus que me donner la vie.

LYCARSIS.

Lève-toi.

MYRTIL.

Serez-vous sensible à mes soupirs?

LYCARSIS.

Oui.

MYRTIL.

J'obtiendrai de vous l'objet de mes desirs?

LYCARSIS.

Oui.

MYRTIL.

Vous ferez pour moi que son oncle l'oblige
A me donner sa main?

LYCARSIS.

Oui. Lève-toi, te dis-je.

MYRTIL.

O père! le meilleur qui jamais ait été,
Que je baise vos mains après tant de bonté!

LYCARSIS.

Ah! que pour ses enfans un père a de foiblesse!
Peut-on rien refuser à leurs mots de tendresse?
Et ne se sent-on pas certains mouvemens doux,
Quand on vient à songer que cela sort de vous?

MYRTIL.

Me tiendrez-vous au moins la parole avancée?
Ne changerez-vous point, dites-moi, de pensée?

LYCARSIS.

Non.

ACTE II, SCÈNE VI.

MYRTIL.

Me permettez-vous de vous désobéir,
Si de ces sentimens on vous fait revenir?
Prononcez le mot.

LYCARSIS.

Oui. Ah! nature! nature!
Je m'en vais trouver Mopse, et lui faire ouverture
De l'amour que sa nièce et toi vous vous portez.

MYRTIL.

Ah! que ne dois-je point à vos rares bontés!

(*seul.*)

Quelle heureuse nouvelle à dire à Mélicerte!
Je n'accepterois pas une couronne offerte,
Pour le plaisir que j'ai de courir lui porter
Ce merveilleux succès qui la doit contenter.

SCÈNE VI.

ACANTHE, TYRÈNE, MYRTIL.

ACANTHE.

Ah! Myrtil, vous avez du ciel reçu des charmes
Qui nous ont préparé des matières de larmes;
Et leur naissant éclat, fatal à nos ardeurs,
De ce que nous aimons nous enlève les cœurs.

TYRÈNE.

Peut-on savoir, Myrtil, vers qui de ces deux belles,
Vous tournerez ce choix dont courent les nouvelles?
Et sur qui doit de nous tomber ce coup affreux,
Dont se voit foudroyé tout l'espoir de nos vœux?

ACANTHE.

Ne faites point languir deux amans davantage,

Et nous dites quel sort votre cœur nous partage.

TYRÈNE.

Il vaut mieux, quand on craint ces malheurs éclatans,
En mourir tout d'un coup, que traîner si long-temps.

MYRTIL.

Rendez, nobles bergers, le calme à votre flamme;
La belle Mélicerte a captivé mon ame.
Auprès de cet objet, mon sort est assez doux,
Pour ne pas consentir à rien prendre sur vous;
Et, si vos vœux enfin n'ont que les miens à craindre,
Vous n'aurez, l'un ni l'autre, aucun lieu de vous plaindre.

ACANTHE.

Ah! Myrtil, se peut-il que deux tristes amans?...

TYRÈNE.

Est-il vrai que le ciel, sensible à nos tourmens?...

MYRTIL.

Oui, content de mes fers, comme d'une victoire,
Je me suis excusé de ce choix plein de gloire;
J'ai de mon père encor changé les volontés,
Et l'ai fait consentir à mes félicités.

ACANTHE, *à Tyrène.*

Ah! que cette aventure est un charmant miracle,
Et qu'à notre poursuite elle ôte un grand obstacle.

TYRÈNE, *à Acanthe.*

Elle peut renvoyer ces nymphes à nos vœux,
Et nous donner moyen d'être contens tous deux.

SCÈNE VII.

NICANDRE, MYRTIL, ACANTHE, TYRÈNE.

NICANDRE.

Savez-vous en quel lieu Mélicerte est cachée?

MYRTIL.
Comment ?

NICANDRE.
En diligence elle est partout cherchée.
MYRTIL.
Et pourquoi ?
NICANDRE.
Nous allons perdre cette beauté.
C'est pour elle qu'ici le roi s'est transporté ;
Avec un grand seigneur on dit qu'il la marie.
MYRTIL.
O ciel ! Expliquez-moi ce discours, je vous prie.
NICANDRE.
Ce sont des incidens grands et mystérieux.
Oui, le roi vient chercher Mélicerte en ces lieux ;
Et l'on dit qu'autrefois feu Bélise sa mère,
Dont tout Tempé croyoit que Mopse étoit le frère...
Mais je me suis chargé de la chercher partout :
Vous saurez tout cela tantôt, de bout en bout.
MYRTIL.
Ah ! Dieux ! quelle rigueur ! Hé ! Nicandre, Nicandre !
ACANTHE.
Suivons aussi ses pas, afin de tout apprendre.

FIN DE MÉLICERTE.

PASTORALE
COMIQUE.

1666.

ACTEURS.

ACTEURS DE LA PASTORALE.

IRIS, jeune bergère.
LYCAS, riche pasteur, amant d'Iris.
PHILÈNE, riche pasteur, amant d'Iris.
CORYDON, jeune berger, confident de Lycas, amant d'Iris.
UN PATRE, ami de Philène.
UN BERGER.

ACTEURS DU BALLET.

MAGICIENS, dansans.
MAGICIENS, chantans.
DÉMONS, dansans.
PAYSANS.
UNE ÉGYPTIENNE, chantante et dansante.
ÉGYPTIENS, dansans.

La scène est en Thessalie, dans un hameau de la vallée de Tempé.

PASTORALE COMIQUE.

SCÈNE PREMIÈRE.

LYCAS, CORYDON.

SCÈNE II.

LYCAS, MAGICIENS, *chantans et dansans;* DÉMONS.

PREMIÈRE ENTRÉE DE BALLET.

(*Deux magiciens commencent, en dansant, un enchantement pour embellir Lycas; ils frappent la terre avec leurs baguettes, et en font sortir six démons, qui se joignent à eux. Trois magiciens sortent aussi de dessous terre.*)

TROIS MAGICIENS CHANTANS.

Déesse des appas,
 Ne nous refuse pas
La grace qu'implorent nos bouches.
Nous t'en prions par tes rubans,
Par tes boucles de diamans,
Ton rouge, ta poudre, tes mouches,
Ton masque, ta coiffe et tes gants.

UN MAGICIEN, *seul*.

O toi ! qui peux rendre agréables
Les visages les plus mal faits,
Répands, Vénus, de tes attraits
Deux ou trois doses charitables
Sur ce museau tondu tout frais.

LES TROIS MAGICIENS CHANTANS.

Déesse des appas,
Ne nous refuse pas
La grace qu'implorent nos bouches.
Nous t'en prions par tes rubans,
Par tes boucles de diamans,
Ton rouge, ta poudre, tes mouches,
Ton masque, ta coiffe et tes gants.

DEUXIÈME ENTRÉE DE BALLET.

(Les six démons dansans habillent Lycas d'une manière ridicule et bizarre.)

LES TROIS MAGICIENS CHANTANS.

Ah ! qu'il est beau !
Le jouvenceau !
Ah ! qu'il est beau ! ah ! qu'il est beau !
Qu'il va faire mourir de belles !
Auprès de lui, les plus cruelles
Ne pourront tenir dans leur peau.
Ah ! qu'il est beau !
Le jouvenceau !
Ah ! qu'il est beau ! ah ! qu'il est beau !
Ho, ho, ho, ho, ho, ho, ho, ho !

TROISIÈME ENTRÉE DE BALLET.

(*Les magiciens et les démons continuent leurs danses, tandis que les trois magiciens chantans continuent à se moquer de Lycas.*)

LES TROIS MAGICIENS CHANTANS.

Qu'il est joli!
Gentil, poli!
Qu'il est joli! qu'il est joli!
Est-il des yeux qu'il ne ravisse?
Il passe en beauté feu Narcisse,
Qui fut un blondin accompli.
Qu'il est joli!
Gentil, poli!
Qu'il est joli! qu'il est joli!
Hi, hi, hi, hi, hi, hi, hi, hi.

(*Les trois magiciens chantans s'enfoncent dans la terre, et les magiciens dansans disparoissent.*)

SCÈNE III.

LYCAS, PHILÈNE.

PHILÈNE, *sans voir Lycas, chante.*

Paissez, chères brebis, les herbettes naissantes,
Ces prés et ces ruisseaux ont de quoi vous charmer;
Mais, si vous desirez vivre toujours contentes,
Petites innocentes,
Gardez-vous bien d'aimer.

LYCAS, *sans voir Philène.*

(*Ce pasteur voulant faire des vers pour sa maîtresse, prononce le nom d'Iris assez haut pour que Philène l'entende.*)

PHILÈNE, *à Lycas.*

Est-ce toi que j'entends, téméraire? Est-ce toi,
Qui nommes la beauté qui me tient sous sa loi?

LYCAS.

Oui, c'est moi; oui, c'est moi.

PHILÈNE.

Oses-tu bien, en aucune façon,
Proférer ce beau nom?

LYCAS.

Hé! pourquoi non? Hé! pourquoi non?

PHILÈNE.

Iris charme mon ame;
Et qui pour elle aura
Le moindre brin de flamme,
Il s'en repentira.

LYCAS.

Je me moque de cela,
Je me moque de cela.

PHILÈNE.

Je t'étranglerai, mangerai,
Si tu nommes jamais ma belle;
Ce que je dis, je le ferai,
Je t'étranglerai, mangerai,
Il suffit que j'en ai juré;

Quand les dieux prendroient ta querelle,
Je t'étranglerai, mangerai,
Si tu nommes jamais ma belle.

LYCAS.

Bagatelle, bagatelle.

SCÈNE IV.

IRIS, LYCAS.

SCÈNE V.

LYCAS, UN PATRE.

(*Un pâtre apporte à Lycas un cartel de la part de Philène.*)

SCÈNE VI.

LYCAS, CORYDON.

SCÈNE VII.

PHILÈNE, LYCAS.

PHILÈNE *chante*.

Arrête, malheureux,
Tourne, tourne visage;
Et voyons qui des deux
Obtiendra l'avantage.

LYCAS.

(*Lycas hésite à se battre.*)

PHILÈNE.

C'est par trop discourir,
Allons, il faut mourir.

SCÈNE VIII.

PHILÈNE, LYCAS, PAYSANS.

(*Les paysans viennent pour séparer Philène et Lycas.*)

QUATRIÈME ENTRÉE DE BALLET.

(*Les paysans prennent querelle, en voulant séparer les deux pasteurs, et dansent en se battant.*)

SCÈNE IX.

CORYDON, LYCAS, PHILÈNE, PAYSANS.

(*Corydon, par ses discours, trouve moyen d'appaiser la querelle des paysans.*)

CINQUIÈME ENTRÉE DE BALLET.

(*Les paysans réconciliés dansent ensemble.*)

SCÈNE X.

CORYDON, LYCAS, PHILÈNE.

SCÈNE XI.

IRIS, CORYDON.

SCÈNE XII.

PHILÈNE, LYCAS, IRIS, CORYDON.

(*Lycas et Philène, amans de la bergère, la pressent de décider lequel des deux aura la préférence.*)

PHILÈNE, *à Iris.*

N'attendez pas qu'ici je me vante moi-même,
Pour le choix que vous balancez;
Vous avez des yeux, je vous aime,
C'est vous en dire assez.

(*La bergère décide en faveur de Corydon.*)

SCÈNE XIII.

PHILÈNE, LYCAS.

PHILÈNE *chante.*

Hélas! peut-on sentir de plus vive douleur?
Nous préférer un servile pasteur!
O ciel!

LYCAS *chante.*

O sort!

PHILÈNE.

Quelle rigueur!

LYCAS.

Quel coup!

PHILÈNE.

Quoi! tant de pleurs,

LYCAS.

Tant de persévérance,

PHILÈNE.

Tant de langueur,

LYCAS.

Tant de souffrance,

PHILÈNE.

Tant de vœux,

LYCAS.

Tant de soins,

PHILÈNE.

Tant d'ardeur,

LYCAS.

Tant d'amour;

PHILÈNE.

Avec tant de mépris sont traités en ce jour!
Ah! cruelle!

LYCAS.

Cœur dur!

PHILÈNE.

Tigresse!

LYCAS.

Inexorable!

PHILÈNE.

Inhumaine!

LYCAS.

Inflexible! (1)

VARIANTE. (1) *Insensible!*

PHILÈNE.

Ingrate!

LYCAS.

Impitoyable!

PHILÈNE.

Tu veux donc nous faire mourir?
Il te faut contenter.

LYCAS.

Il te faut obéir.

PHILÈNE, *tirant son javelot.*

Mourons, Lycas.

LYCAS, *tirant son javelot.*

Mourons, Philène.

PHILÈNE.

Avec ce fer, finissons notre peine.

LYCAS.

Pousse.

PHILÈNE.

Ferme.

LYCAS.

Courage.

PHILÈNE.

Allons, va le premier.

LYCAS.

Non, je veux marcher le dernier.

PHILÈNE.

Puisque même malheur aujourd'hui nous assemble,
Allons, partons ensemble.

SCÈNE XIV.

UN BERGER, LYCAS, PHILÈNE.

LE BERGER *chante.*

Ah! quelle folie,
De quitter la vie
Pour une beauté
Dont on est rebuté!
On peut, pour un objet aimable,
Dont le cœur nous est favorable,
Vouloir perdre la clarté ;
Mais quitter la vie
Pour une beauté
Dont on est rebuté,
Ah! quelle folie!

SCÈNE XV.

UNE ÉGYPTIENNE, ÉGYPTIENS *dansans.*

L'ÉGYPTIENNE.

D'un pauvre cœur
Soulagez le martyre ;
D'un pauvre cœur
Soulagez la douleur.
J'ai beau vous dire
Ma vive ardeur,
Je vous vois rire
De ma langueur ;
Ah! cruelle, j'expire

Sous tant de rigueur.
D'un pauvre cœur
Soulagez le martyre;
D'un pauvre cœur
Soulagez la douleur.

SIXIÈME ET DERNIÈRE ENTRÉE
DE BALLET.

(Douze Égyptiens, dont quatre jouent de la guittarre, quatre des castagnettes, quatre des gnacares, dansent avec l'Égyptienne, aux chansons qu'elle chante.)

L'ÉGYPTIENNE.

Croyez-moi, hâtons-nous, ma Sylvie,
Usons bien des momens précieux;
Contentons ici notre envie,
De nos ans le feu nous y convie,
Nous ne saurions, vous et moi, faire mieux.

Quand l'hiver a glacé nos guérets,
Le printemps vient reprendre sa place,
Et ramène à nos champs leurs attraits;
Mais, hélas! quand l'âge nous glace,
Nos beaux jours ne reviennent jamais.

Ne cherchons tous les jours qu'à nous plaire.
Soyons-y l'un et l'autre empressés;
Du plaisir faisons notre affaire,
Des chagrins songeons à nous défaire,
Il vient un temps où l'on en prend assez.

Quand l'hiver a glacé nos guérets,
Le printemps vient reprendre sa place,
Et ramène à nos champs leurs attraits ;
　Mais, hélas ! quand l'âge nous glace,
Nos beaux jours ne reviennent jamais.

FIN DE LA PASTORALE COMIQUE.

NOMS

DE CEUX QUI RÉCITOIENT, CHANTOIENT ET DANSOIENT DANS LA PASTORALE.

IRIS, mademoiselle *de Brie*.

LYCAS, le sieur *Molière*.

PHILÈNE, le sieur *Estival*.

CORYDON, le sieur *de la Grange*.

UN BERGER, le sieur *Blondel*.

UN PATRE, le sieur *de Châteauneuf*.

MAGICIENS DANSANS, les sieurs *la Pierre*, *Favier*.

MAGICIENS CHANTANS, les sieurs *le Gros*, *Don*, *Gaye*.

DÉMONS DANSANS, les sieurs *Chicanneau*, *Bonard*, *Noblet le cadet*, *Arnald*, *Mayeu*, *Foignard*.

PAYSANS, les sieurs *Dolivet*, *Desonets*, *du Pron*, *la Pierre*, *Mercier*, *Pesan*, *le Roy*.

ÉGYPTIENNE DANSANTE ET CHANTANTE, le sieur *Noblet l'aîné*.

ÉGYPTIENS DANSANS, quatre jouant de la guittare, les sieurs *Lully*, *Beauchamps*, *Chicanneau*, *Vaigart*. Quatre jouant des castagnettes, les sieurs *Favier*, *Bonard*, *Saint-André*, *Arnald*. Quatre jouant des gnacares, les sieurs *la Marre*, *Des-Airs second*, *du Feu*, *Pesan*.

LE SICILIEN,

ou

L'AMOUR PEINTRE,

COMÉDIE-BALLET EN UN ACTE.

1667.

ACTEURS.

ACTEURS DE LA COMÉDIE.

DON PÈDRE, gentilhomme sicilien.
ADRASTE, gentilhomme françois, amant d'Isidore.
ISIDORE, Grecque, esclave de don Pèdre.
ZAIDE, jeune esclave.
UN SÉNATEUR.
HALI, Turc, esclave d'Adraste.
DEUX LAQUAIS.

ACTEURS DU BALLET.

MUSICIENS.
ESCLAVE chantant.
ESCLAVES dansans.
MAURES et MAURESQUES dansans.

LE SICILIEN,

OU

L'AMOUR PEINTRE,

COMÉDIE-BALLET.

SCÈNE PREMIÈRE.

HALI, MUSICIENS.

HALI, *aux musiciens.*

CHUT. N'avancez pas davantage, et demeurez dans cet endroit, jusqu'à ce que je vous appelle.

SCÈNE II.

HALI, *seul.*

Il fait noir comme dans un four. Le ciel s'est habillé ce soir en Scaramouche, et je ne vois pas une étoile qui montre le bout de son nez. Sotte condition que celle d'un esclave, de ne vivre jamais pour soi, et d'être toujours tout entier aux passions d'un maître, de n'être réglé que par ses humeurs, et de se voir réduit à faire ses propres affaires de tous les soucis qu'il peut prendre! Le mien me fait ici épouser ses inquiétudes; et, parce qu'il est amoureux, il faut que nuit et jour je n'aie aucun repos. Mais voici des flambeaux, et, sans doute, c'est lui.

SCÈNE III.

ADRASTE, DEUX LAQUAIS, *portant chacun un flambeau*, HALI.

ADRASTE.

Est-ce toi, Hali?

HALI.

Et qui pourroit-ce être que moi? A ces heures de nuit[1], hors vous et moi, monsieur, je ne crois pas que personne s'avise de courir maintenant les rues.

ADRASTE.

Aussi ne crois-je pas qu'on puisse voir personne qui sente dans son cœur la peine que je sens. Car enfin, ce n'est rien d'avoir à combattre l'indifférence ou les rigueurs d'une beauté qu'on aime, on a toujours au moins le plaisir de la plainte, et la liberté des soupirs; mais ne pouvoir trouver aucune occasion de parler à ce qu'on adore, ne pouvoir savoir d'une belle si l'amour qu'inspirent ses yeux, est pour lui plaire ou lui déplaire, c'est la plus fâcheuse, à mon gré, de toutes les inquiétudes; et c'est où me réduit l'incommode jaloux qui veille, avec tant de souci, sur ma charmante Grecque, et ne fait pas un pas sans la traîner à ses côtés.

HALI.

Mais il est, en amour, plusieurs façons de se parler; et il me semble, à moi, que vos yeux et les siens, depuis près de deux mois, se sont dit bien des choses.

ADRASTE.

Il est vrai qu'elle et moi souvent nous nous sommes

VARIANTE. (1) *Et qui pourroit-ce être que moi, à ces heures de nuit?*

parlé des yeux; mais comment reconnoître que, chacun de notre côté, nous ayons, comme il faut, expliqué ce langage? Et que sais-je, après tout, si elle entend bien tout ce que mes regards lui disent, et si les siens me disent ce que je crois parfois entendre?

HALI.

Il faut chercher quelque moyen de se parler d'autre manière.

ADRASTE.

As-tu là tes musiciens?

HALI.

Oui.

ADRASTE.

Fais-les approcher. (*seul.*) Je veux jusques au jour les faire ici chanter, et voir si leur musique n'obligera point cette belle à paroître à quelque fenêtre.

SCÈNE IV.

ADRASTE, HALI, MUSICIENS.

HALI.

Les voici. Que chanteront-ils?

ADRASTE.

Ce qu'ils jugeront de meilleur.

HALI.

Il faut qu'ils chantent un trio qu'ils me chantèrent l'autre jour.

ADRASTE.

Non. Ce n'est pas ce qu'il me faut.

HALI.

Ah! monsieur, c'est du beau bécarre.

ADRASTE.

Que diantre veux-tu dire avec ton beau bécarre?

HALI.

Monsieur, je tiens pour le bécarre. Vous savez que je m'y connois. Le bécarre me charme; hors du bécarre, point de salut en harmonie. Écoutez un peu ce trio.

ADRASTE.

Non. Je veux quelque chose de tendre et de passionné, quelque chose qui m'entretienne dans une douce rêverie.

HALI.

Je vois bien que vous êtes pour le bémol; mais il y a moyen de nous contenter l'un et l'autre. Il faut qu'ils vous chantent une certaine scène d'une petite comédie que je leur ai vu essayer. Ce sont deux bergers amoureux, tout remplis de langueur, qui, sur bémol, viennent séparément faire leurs plaintes dans un bois, puis se découvrent l'un à l'autre la cruauté de leurs maîtresses; et là-dessus vient un berger joyeux avec un bécarre admirable, qui se moque de leur foiblesse.

ADRASTE.

J'y consens. Voyons ce que c'est.

HALI.

Voici, tout juste, un lieu propre à servir de scène; et voilà deux flambeaux pour éclairer la comédie.

ADRASTE.

Place-toi contre ce logis, afin qu'au moindre bruit que l'on fera dedans, je fasse cacher les lumières.

SCÈNE IV.

FRAGMENT DE COMÉDIE,

Chanté et accompagné par les Musiciens qu'Hali a amenés.

SCÈNE PREMIÈRE.

PHILÈNE, TIRCIS.

PREMIER MUSICIEN, *représentant Philène.*

Si, du triste récit de mon inquiétude,
Je trouble le repos de votre solitude,
   Rochers, ne soyez point fâchés;
Quand vous saurez l'excès de mes peines secrettes,
    Tout rochers que vous êtes,
    Vous en serez touchés.

DEUXIÈME MUSICIEN, *représentant Tircis.*

Les oiseaux réjouis, dès que le jour s'avance,
Recommencent leurs chants dans ces vastes forêts;
   Et moi, j'y recommence
Mes soupirs languissans et mes tristes regrets.
   Ah! mon cher Philène.

PHILÈNE.

Ah! mon cher Tircis.

TIRCIS.

Que je sens de peine!

PHILÈNE.

Que j'ai de soucis!

TIRCIS.

Toujours sourde à mes vœux est l'ingrate Climène.

PHILÈNE.

Chloris n'a point pour moi de regards adoucis.

LE SICILIEN.

TOUS DEUX ENSEMBLE.

O loi trop inhumaine!
Amour, si tu ne peux les contraindre d'aimer,
Pourquoi leur laisses-tu le pouvoir de charmer?

SCÈNE II.

PHILÈNE, TIRCIS, UN PATRE.

TROISIÈME MUSICIEN, *représentant un Pâtre.*

Pauvres amans, quelle erreur
D'adorer des inhumaines!
Jamais les ames bien saines
Ne se payent de rigueur;
Et les faveurs sont les chaînes
Qui doivent lier un cœur.

On voit cent belles ici,
Auprès de qui je m'empresse;
A leur vouer ma tendresse;
Je mets mon plus doux souci;
Mais, lorsque l'on est tigresse,
Ma foi, je suis tigre aussi.

PHILÈNE ET TIRCIS, *ensemble.*

Heureux, hélas! qui peut aimer ainsi.

HALI.

Monsieur, je viens d'ouïr quelque bruit au-dedans.

ADRASTE.

Qu'on se retire vîte, et qu'on éteigne les flambeaux.

SCÈNE V.

DON PÈDRE, ADRASTE, HALI.

DON PÈDRE, *sortant de sa maison, en bonnet de nuit et en robe de chambre, avec une épée sous son bras.*

Il y a quelque temps que j'entends chanter à ma porte ; et sans doute cela ne se fait pas pour rien. Il faut que, dans l'obscurité, je tâche à découvrir quelles gens ce peuvent être.

ADRASTE.

Hali.

HALI.

Quoi ?

ADRASTE.

N'entends-tu plus rien ?

HALI.

Non.

(*Don Pèdre est derrière eux qui les écoute.*)

ADRASTE.

Quoi ! tous nos efforts ne pourront obtenir que je parle un moment à cette aimable Grecque ! et ce jaloux maudit, ce traître de Sicilien, me fermera toujours tout accès auprès d'elle !

HALI.

Je voudrois, de bon cœur, que le diable l'eût emporté, pour la fatigue qu'il nous donne, le fâcheux, le bourreau qu'il est. Ah ! si nous le tenions ici, que je prendrois de joie à venger, sur son dos, tous les pas inutiles que sa jalousie nous fait faire !

ADRASTE.

Si faut-il bien, pourtant, trouver quelque moyen, quelque invention, quelque ruse, pour attraper notre brutal. J'y suis trop engagé pour en avoir le démenti; et, quand j'y devrois employer...

HALI.

Monsieur, je ne sais pas ce que cela veut dire, mais la porte est ouverte; et, si vous le voulez[1], j'entrerai doucement, pour découvrir d'où cela vient.

(*Don Pèdre se retire sur sa porte.*)

ADRASTE.

Oui, fais; mais sans faire de bruit. Je ne m'éloigne pas de toi. Plût au ciel, que ce fût la charmante Isidore!

DON PÈDRE, *donnant un soufflet à Hali.*

Qui va là?

HALI, *rendant le soufflet à don Pèdre.*

Ami.

DON PÈDRE.

Holà! Francisque, Dominique, Simon, Martin, Pierre, Thomas, Georges, Charles, Barthélemi. Allons, promptement, mon épée, ma rondache, ma halebarde, mes pistolets, mes mousquetons, mes fusils. Vîte, dépêchez. Allons, tue, point de quartier.

VARIANTE. (1) *Et, si vous voulez.*

SCÈNE VI.

ADRASTE, HALI.

ADRASTE.

Je n'entends remuer personne. Hali, Hali.

HALI, *caché dans un coin.*

Monsieur.

ADRASTE.

Où donc te caches-tu?

HALI.

Ces gens sont-ils sortis?

ADRASTE.

Non. Personne ne bouge.

HALI, *sortant d'où il étoit caché.*

S'ils viennent, ils seront frottés.

ADRASTE.

Quoi! tous nos soins seront donc inutiles! Et toujours ce fâcheux jaloux se moquera de nos desseins!

HALI.

Non. Le courroux du point d'honneur me prend : il ne sera pas dit qu'on triomphe de mon adresse; ma qualité de fourbe s'indigne de tous ces obstacles, et je prétends faire éclater les talens que j'ai eus du ciel.

ADRASTE.

Je voudrois seulement que, par quelque moyen, par un billet, par quelque bouche, elle fût avertie des sentimens qu'on a pour elle, et savoir les siens là-dessus. Après on peut trouver facilement les moyens...

HALI.

Laissez-moi faire seulement. J'en essaierai tant de

toutes les manières, que quelque chose enfin nous pourra réussir. Allons, le jour paroît; je vais chercher mes gens, et venir attendre, en ce lieu, que notre jaloux sorte.

SCÈNE VII.

DON PÈDRE, ISIDORE.

ISIDORE.

Je ne sais pas quel plaisir vous prenez à me réveiller si matin. Cela s'ajuste assez mal, ce me semble, au dessein que vous avez pris de me faire peindre aujourd'hui; et ce n'est guères pour avoir le teint frais et les yeux brillans, que se lever ainsi dès la pointe du jour.

DON PÈDRE.

J'ai une affaire qui m'oblige à sortir à l'heure qu'il est.

ISIDORE.

Mais l'affaire que vous avez, eût bien pu se passer, je crois, de ma présence; et vous pouviez, sans vous incommoder, me laisser goûter les douceurs du sommeil du matin.

DON PÈDRE.

Oui. Mais je suis bien aise de vous voir toujours avec moi. Il n'est pas mal de s'assurer un peu contre les soins des surveillans; et, cette nuit encore, on est venu chanter sous nos fenêtres.

ISIDORE.

Il est vrai. La musique en étoit admirable.

DON PÈDRE.

C'étoit pour vous que cela se faisoit?

ISIDORE.

Je le veux croire ainsi, puisque vous me le dites.

SCÈNE VII.

DON PÈDRE.

Vous savez qui étoit celui qui donnoit cette sérénade ?

ISIDORE.

Non pas; mais, qui que ce puisse être, je lui suis obligée.

DON PÈDRE

Obligée ?

ISIDORE.

Sans doute, puisqu'il cherche à me divertir.

DON PÈDRE.

Vous trouvez donc bon qu'il vous aime ?

ISIDORE.

Fort bon. Cela n'est jamais qu'obligeant.

DON PÈDRE.

Et vous voulez du bien à tous ceux qui prennent ce soin ?

ISIDORE.

Assurément.

DON PÈDRE.

C'est dire fort net ses pensées.

ISIDORE.

A quoi bon de dissimuler ? Quelque mine qu'on fasse, on est toujours bien aise d'être aimée. Ces hommages à nos appas ne sont jamais pour nous déplaire. Quoi qu'on en puisse dire, la grande ambition des femmes est, croyez-moi, d'inspirer de l'amour. Tous les soins qu'elles prennent, ne sont que pour cela; et l'on n'en voit point de si fière, qui ne s'applaudisse en son cœur des conquêtes que font ses yeux.

DON PÈDRE.

Mais, si vous prenez, vous, du plaisir à vous voir

aimée, savez-vous bien, moi, qui vous aime, que je n'y en prends nullement?

ISIDORE.

Je ne sais pas pourquoi cela; et, si j'aimois quelqu'un, je n'aurois point de plus grand plaisir que de le voir aimé de tout le monde. Y a-t-il rien qui marque davantage la beauté du choix que l'on fait? Et n'est-ce pas pour s'applaudir, que ce que nous aimons soit trouvé fort aimable?

DON PÈDRE.

Chacun aime à sa guise, et ce n'est pas là ma méthode. Je serai fort ravi qu'on ne vous trouve point si belle, et vous m'obligerez de n'affecter point tant de la paroître à d'autres yeux. (1)

ISIDORE.

Quoi! jaloux de ces choses-là?

DON PÈDRE.

Oui, jaloux de ces choses-là, mais jaloux comme un tigre, et, si vous voulez, comme un diable. Mon amour vous veut toute à moi. Sa délicatesse s'offense d'un souris, d'un regard qu'on vous peut arracher; et tous les soins qu'on me voit prendre, ne sont que pour fermer tout accès aux galans, et m'assurer la possession d'un cœur, dont je ne puis souffrir qu'on me vole la moindre chose.

ISIDORE.

Certes, voulez-vous que je dise? vous prenez un mauvais parti; et la possession d'un cœur est fort mal assurée, lorsqu'on prétend le retenir par force. Pour moi, je vous l'avoue, si j'étois galant d'une femme qui fût au pouvoir de quelqu'un, je mettrois toute mon

VARIANTE. (1) *De le paroître à d'autres yeux.*

SCÈNE VII.

étude à rendre ce quelqu'un jaloux, et l'obliger à veiller [1] nuit et jour celle que je voudrois gagner. C'est un admirable moyen d'avancer ses affaires, et l'on ne tarde guère à profiter du chagrin et de la colère que donne [2] à l'esprit d'une femme la contrainte et la servitude.

DON PÈDRE.

Si bien donc que si quelqu'un vous en contoit, il vous trouveroit disposée à recevoir ses vœux?

ISIDORE.

Je ne vous dis rien là-dessus. Mais les femmes enfin n'aiment pas qu'on les gêne; et c'est beaucoup risquer que de leur montrer des soupçons, et de les tenir renfermées.

DON PÈDRE.

Vous reconnoissez peu ce que vous me devez; et il me semble qu'une esclave que l'on a affranchie, et dont on veut faire sa femme...

ISIDORE.

Quelle obligation vous ai-je, si vous changez mon esclavage en un autre beaucoup plus rude, si vous ne me laissez jouir d'aucune liberté, et me fatiguez, comme on voit, d'une garde continuelle?

DON PÈDRE.

Mais tout cela ne part que d'un excès d'amour.

ISIDORE.

Si c'est votre façon d'aimer, je vous prie de me haïr.

DON PÈDRE.

Vous êtes aujourd'hui dans une humeur désobligeante; et je pardonne ces paroles au chagrin où vous pouvez être, de vous être levée matin.

VARIANTES. (1) *Et l'obligerois à veiller*. — (2) *Du chagrin et de la colère que donnent*.

SCÈNE VIII.

DON PÈDRE, ISIDORE, HALI, *habillé en Turc, faisant plusieurs révérences à don Pèdre.*

DON PÈDRE.

Trêve aux cérémonies. Que voulez-vous?

HALI, *se mettant entre don Pèdre et Isidore.*

(*Il se tourne vers Isidore, à chaque parole qu'il dit à don Pèdre, et lui fait des signes pour lui faire connoître le dessein de son maître.*)

Signor (avec la permission de la signore), je vous dirai (avec la permission de la signore) que je viens vous trouver (avec la permission de la signore), pour vous prier (avec la permission de la signore) de vouloir bien (avec la permission de la signore...)

DON PÈDRE.

Avec la permission de la signore, passez un peu de ce côté.

(*Don Pèdre se met entre Hali et Isidore.*)

HALI.

Signor, je suis un virtuose.

DON PÈDRE.

Je n'ai rien à donner.

HALI.

Ce n'est pas ce que je demande. Mais, comme je me mêle un peu de musique et de danse, j'ai instruit quelques esclaves qui voudroient bien trouver un maître qui se plût à ces choses ; et, comme je sais que vous êtes une personne considérable, je voudrois vous prier de les voir et de les entendre, pour les acheter, s'ils vous plaisent, ou pour leur enseigner quelqu'un de vos amis qui voulût s'en accommoder.

ISIDORE.

C'est une chose à voir, et cela nous divertira. Faites-les nous venir.

HALI.

Chala bala... Voici une chanson nouvelle, qui est du temps. Écoutez bien. Chala bala.

SCÈNE IX.

DON PÈDRE, ISIDORE, HALI, ESCLAVES TURCS.

UN ESCLAVE, *chantant à Isidore.*

D'un cœur ardent, en tous lieux,
Un amant suit une belle;
Mais d'un jaloux odieux
La vigilance éternelle
Fait qu'il ne peut, que des yeux,
S'entretenir avec elle.
Est-il peine plus cruelle
Pour un cœur bien amoureux?

(*à don Pèdre.*)

Chiribirida ouch alla,
Star bon Turca,
Non aver danara :
Ti voler comprara?
Mi servir à ti,
Se pagar per mi;
Far bona cucina,

Mi levar matina,
Far boller caldara;
Parlara, parlara,
Ti voler comprara?

PREMIÈRE ENTRÉE DE BALLET.

(*Danse des esclaves.*)

L'ESCLAVE, *à Isidore.*

C'est un supplice, à tous coups,
Sous qui cet amant expire;
Mais, si, d'un œil un peu doux,
La belle voit son martyre,
Et consent qu'aux yeux de tous,
Pour ses attraits il soupire,
Il pourroit bientôt se rire
De tous les soins du jaloux.

(*à don Pèdre.*)

Chiribirida ouch alla,
 Star bon Turca,
Non aver danara:
Ti voler comprara?
 Mi servir à ti,
 Se pagar per mi;
Far bona cucina,
Mi levar matina,
Far boller caldara;
Parlara, parlara,
Ti voler comprara?

DEUXIÈME ENTRÉE DE BALLET.

(*Les esclaves recommencent leur danse.*)

SCÈNE IX.

DON PÈDRE, *chante*.

Savez-vous, mes drôles,
Que cette chanson
Sent, pour vos épaules,
Les coups de bâton ?
Chiribirida ouch alla,
Mi ti non comprara,
Ma ti bastonara,
Si ti non andara ; [1]
Andara, andara,
O ti bastonara.

Oh ! oh ! quels égrillards ! (*à Isidore.*) Allons, rentrons ici : j'ai changé de pensée ; et puis, le temps se couvre un peu. (*à Hali qui paroît encore.*) Ah ! fourbe, que je vous y trouve !

HALI.

Hé bien ! oui, mon maître l'adore. Il n'a point de plus grand desir que de lui montrer son amour ; et, si elle y consent, il la prendra pour femme.

DON PÈDRE.

Oui, oui. Je la lui garde.

HALI.

Nous l'aurons malgré vous.

DON PÈDRE.

Comment coquin...

HALI.

Nous l'aurons, dis-je, en dépit de vos dents.

DON PÈDRE.

Si je prends...

VARIANTE. (1) *Si, si, non andara.*

HALI.

Vous avez beau faire la garde, j'en ai juré, elle sera à nous.

DON PÈDRE.

Laisse-moi faire, je t'attraperai sans courir.

HALI.

C'est nous qui vous attraperons. Elle sera notre femme, la chose est résolue. (*seul.*) Il faut que j'y périsse, ou que j'en vienne à bout.

SCÈNE X.[1]

ADRASTE, HALI, DEUX LAQUAIS.

HALI.

Monsieur, j'ai déja fait quelque petite tentative; mais je...

ADRASTE.

Ne te mets point en peine, j'ai trouvé, par hasard, tout ce que je voulois; et je vais jouir du bonheur de

---

VARIANTE. (1)

SCÈNE X.

ADRASTE, HALI, DEUX LAQUAIS.

ADRASTE.

Hé bien! Hali, nos affaires avancent-elles?

HALI.

Monsieur, j'ai déja fait, etc.

Ce que dit ici Adraste, en entrant en scène, ne se trouve point dans l'édition originale. C'est probablement une phrase que l'acteur aura ajoutée à la représentation, pour rendre son entrée plus facile, et que l'éditeur de 1682 aura interpolée dans son texte.

voir, chez elle, cette belle. Je me suis rencontré chez le peintre Damon, qui m'a dit qu'aujourd'hui il venoit faire le portrait de cette adorable personne; et, comme il est, depuis long-temps, de mes plus intimes amis, il a voulu servir mes feux, et m'envoie à sa place, avec un petit mot de lettre pour me faire accepter. Tu sais que, de tout temps, je me suis plu à la peinture, et que, parfois, je manie le pinceau, contre la coutume de France, qui ne veut pas qu'un gentilhomme sache rien faire; ainsi j'aurai la liberté de voir cette belle à mon aise. Mais je ne doute pas que mon jaloux fâcheux ne soit toujours présent, et n'empêche tous les propos que nous pourrions avoir ensemble; et, pour te dire vrai, j'ai, par le moyen d'une jeune esclave, un stratagême [1] pour tirer cette belle Grecque des mains de son jaloux, si je puis obtenir d'elle qu'elle y consente.

HALI.

Laissez-moi faire, je veux vous faire un peu de jour à la pouvoir entretenir. Il ne sera pas dit que je ne serve de rien dans cette affaire-là. Quand allez-vous? [2]

ADRASTE.

Tout de ce pas, et j'ai déja préparé toutes choses.

HALI.

Je vais, de mon côté, me préparer aussi.

ADRASTE, *seul*.

Je ne veux point perdre de temps. Holà! Il me tarde que je ne goûte le plaisir de la voir.

VARIANTES. (1) *Un stratagéme prêt pour tirer.* — (2) *Quand y allez-vous?*

SCÈNE XI.

DON PÈDRE, ADRASTE, DEUX LAQUAIS.

DON PÈDRE.

Que cherchez-vous, cavalier, dans cette maison?

ADRASTE.

J'y cherche le seigneur don Pèdre.

DON PÈDRE.

Vous l'avez devant vous.

ADRASTE.

Il prendra, s'il lui plaît, la peine de lire cette lettre.

DON PÈDRE.

Je vous envoie, au lieu de moi, pour le portrait que vous savez, ce gentilhomme françois, qui, comme curieux d'obliger les honnêtes gens, a bien voulu prendre ce soin, sur la proposition que je lui en ai faite. Il est, sans contredit, le premier homme du monde pour ces sortes d'ouvrages, et j'ai cru que je ne vous pouvois rendre un service plus agréable que de vous l'envoyer, dans le dessein que vous avez d'avoir un portrait achevé de la personne que vous aimez. Gardez-vous bien surtout de lui parler d'aucune récompense; car c'est un homme qui s'en offenseroit, et qui ne fait les choses que pour la gloire et pour la réputation. (1)

Seigneur François, c'est une grande grace que vous me voulez faire, et je vous suis fort obligé.

ADRASTE.

Toute mon ambition est de rendre service aux gens de nom et de mérite.

VARIANTE. (1) *Que pour la gloire et la réputation.*

DON PÈDRE.

Je vais faire venir la personne dont il s'agit.

SCÈNE XII.

ISIDORE, DON PÈDRE, ADRASTE, DEUX LAQUAIS.

DON PÈDRE, *à Isidore.*

Voici un gentilhomme que Damon nous envoie, qui se veut bien donner la peine de vous peindre. (*à Adraste qui embrasse Isidore en la saluant.*) Holà! seigneur François, cette façon de saluer n'est point d'usage en ce pays.

ADRASTE.

C'est la manière de France.

DON PÈDRE.

La manière de France est bonne pour vos femmes; mais, pour les nôtres, elle est un peu trop familière.

ISIDORE.

Je reçois cet honneur avec beaucoup de joie. L'aventure me surprend fort; et, pour dire le vrai, je ne m'attendois pas d'avoir un peintre si illustre.

ADRASTE.

Il n'y a personne, sans doute, qui ne tînt à beaucoup de gloire de toucher à un tel ouvrage. Je n'ai pas grande habileté; mais le sujet, ici, ne fournit que trop de lui-même, et il y a moyen de faire quelque chose de beau sur un original fait comme celui-là.

ISIDORE.

L'original est peu de chose; mais l'adresse du peintre en saura couvrir les défauts.

ADRASTE.

Le peintre n'y en voit aucun; et tout ce qu'il souhaite, est d'en pouvoir représenter les graces aux yeux de tout le monde, aussi grandes qu'il les peut voir.

ISIDORE.

Si votre pinceau flatte autant que votre langue, vous allez me faire un portrait qui ne me ressemblera pas.

ADRASTE.

Le ciel, qui fit l'original, nous ôte le moyen d'en faire un portrait qui puisse flatter.

ISIDORE.

Le ciel, quoi que vous en disiez, ne...

DON PÈDRE.

Finissons cela, de grace. Laissons les complimens, et songeons au portrait.

ADRASTE, *aux laquais.*

Allons, apportez tout.

(*On apporte tout ce qu'il faut pour peindre Isidore.*)

ISIDORE, *à Adraste.*

Où voulez-vous que je me place?

ADRASTE.

Ici. Voici le lieu le plus avantageux, et qui reçoit le mieux les vues favorables de la lumière que nous cherchons.

ISIDORE, *après s'être assise.*

Suis-je bien ainsi?

ADRASTE.

Oui. Levez-vous un peu, s'il vous plaît. Un peu plus de ce côté-là. Le corps tourné ainsi. La tête un peu levée, afin que la beauté du col paroisse. Ceci un peu plus découvert. (*Il découvre un peu plus sa gorge.*) Bon. Là, un peu davantage; encore tant soit peu.

SCÈNE XII.

DON PÈDRE, *à Isidore.*

Il y a bien de la peine à vous mettre; ne sauriez-vous vous tenir comme il faut?

ISIDORE.

Ce sont ici des choses toutes neuves pour moi; et c'est à monsieur à me mettre de la façon qu'il veut.

ADRASTE, *assis.*

Voilà qui va le mieux du monde, et vous vous tenez à merveille. *(la faisant tourner un peu vers lui.)* Comme cela, s'il vous plaît. Le tout dépend des attitudes qu'on donne aux personnes qu'on peint.

DON PÈDRE.

Fort bien.

ADRASTE.

Un peu plus de ce côté. Vos yeux toujours tournés vers moi, je vous en prie; vos regards attachés aux miens.

ISIDORE.

Je ne suis pas comme ces femmes, qui veulent, en se faisant peindre, des portraits qui ne sont point elles, et ne sont point satisfaites du peintre, s'il ne les fait toujours plus belles que le jour [1]. Il faudroit, pour les contenter, ne faire qu'un portrait pour toutes; car toutes demandent les mêmes choses, un teint tout de lis et de roses, un nez bien fait, une petite bouche, et de grands yeux vifs, bien fendus; et surtout le visage pas plus gros que le poing, l'eussent-elles d'un pied de large. Pour moi, je vous demande un portrait qui soit moi, et qui n'oblige point à demander qui c'est.

ADRASTE.

Il seroit malaisé qu'on demandât cela du vôtre; et

VARIANTE. (1) *Plus belles qu'elles ne sont.*

vous avez des traits à qui fort peu d'autres ressemblent. Qu'ils ont de douceurs et de charmes, et qu'on court de risque à les peindre ! (1)

DON PÈDRE.

Le nez me semble un peu trop gros.

ADRASTE.

J'ai lu, je ne sais où, qu'Apelle peignit autrefois une maîtresse d'Alexandre d'une merveilleuse beauté, et qu'il en devint, la peignant, si éperduement amoureux, qu'il fut près d'en perdre la vie; de sorte qu'Alexandre, par générosité, lui céda l'objet de ses vœux. (*à don Pèdre.*) Je pourrois faire ici ce qu'Apelle fit autrefois; mais vous ne feriez pas, peut-être, ce que fit Alexandre.

(*Don Pèdre fait la grimace.*)

ISIDORE, *à don Pèdre.*

Tout cela sent la nation; et toujours messieurs les François ont un fonds de galanterie qui se répand partout.

ADRASTE.

On ne se trompe guère à ces sortes de choses; et vous avez l'esprit trop éclairé, pour ne pas voir de quelle source partent les choses qu'on vous dit. Oui, quand Alexandre seroit ici, et que ce seroit votre amant, je ne pourrois m'empêcher de vous dire, que je n'ai rien vu de si beau que ce que je vois maintenant, et que...

DON PÈDRE.

Seigneur François, vous ne devriez pas, ce me semble, parler (2); cela vous détourne de votre ouvrage.

VARIANTES. (1) *Et qu'on court risque à les peindre!* — (2) *Vous ne devriez pas, ce me semble, tant parler.*

SCÈNE XIII.

ADRASTE.

Ah! point du tout. J'ai toujours de coutume de parler [1] quand je peins; et il est besoin, dans ces choses, d'un peu de conversation, pour réveiller l'esprit, et tenir les visages dans la gaieté nécessaire aux personnes que l'on veut peindre.

SCÈNE XIII.

HALI, *vêtu en Espagnol*, DON PÈDRE, ADRASTE, ISIDORE.

DON PÈDRE.

Que veut cet homme-là? [2] Et qui laisse monter les gens, sans nous en venir avertir?

HALI, *à don Pèdre*.

J'entre ici librement; mais, entre cavaliers, telle liberté est permise. Seigneur, suis-je connu de vous?

DON PÈDRE.

Non, seigneur.

HALI.

Je suis don Gilles d'Avalos; et l'histoire d'Espagne vous doit avoir instruit de mon mérite.

DON PÈDRE.

Souhaitez-vous quelque chose de moi?

HALI.

Oui, un conseil sur un fait d'honneur. Je sais qu'en ces matières il est malaisé de trouver un cavalier plus consommé que vous; mais je vous demande, pour grace, que nous nous tirions à l'écart.

VARIANTES. (1) *J'ai toujours coutume de parler.* — (2) *Que veut dire cet homme-là?*

LE SICILIEN.

DON PÈDRE.

Nous voilà assez loin.

ADRASTE, *à don Pèdre, qui le surprend parlant bas à Isidore.*

Elle a les yeux bleus.⁽¹⁾

HALI, *tirant don Pèdre, pour l'éloigner d'Adraste et d'Isidore.*

Seigneur, j'ai reçu un soufflet. Vous savez ce qu'est un soufflet, lorsqu'il se donne à main ouverte, sur le beau milieu de la joue. J'ai ce soufflet fort sur le cœur; et je suis dans l'incertitude, si, pour me venger de l'affront, je dois me battre avec mon homme, ou bien le faire assassiner.

DON PÈDRE.

Assassiner, c'est le plus court chemin ⁽²⁾. Quel est votre ennemi?

HALI.

Parlons bas, s'il vous plaît.

(*Hali tient don Pèdre, en lui parlant, de façon qu'il ne peut voir Adraste.*)

ADRASTE, *aux genoux d'Isidore, pendant que don Pèdre et Hali parlent bas ensemble.*

Oui, charmante Isidore, mes regards vous le disent depuis plus de deux mois, et vous les avez entendus. Je vous aime plus que tout ce que l'on peut aimer, et je n'ai point d'autre pensée, d'autre but, d'autre passion, que d'être à vous toute ma vie.

VARIANTES. (1) *J'observois de près la couleur de ses yeux.*
— (2) *C'est le plus sûr et le plus court chemin.*

SCÈNE XIII.

ISIDORE.

Je ne sais si vous dites vrai ; mais vous persuadez.

ADRASTE.

Mais, vous persuadé-je jusqu'à vous inspirer quelque peu de bonté pour moi ?

ISIDORE.

Je ne crains que d'en trop avoir.

ADRASTE.

En aurez-vous assez pour consentir, belle Isidore, au dessein que je vous ai dit ?

ISIDORE.

Je ne puis encore vous le dire.

ADRASTE.

Qu'attendez-vous pour cela ?

ISIDORE.

A me résoudre.

ADRASTE.

Ah! quand on aime bien, on se résout bientôt.

ISIDORE.

Hé bien ! allez, oui, j'y consens.

ADRASTE.

Mais, consentez-vous, dites-moi, que ce soit dès ce moment même ?

ISIDORE.

Lorsqu'on est une fois résolu sur la chose, s'arrête-t-on sur le temps ?

DON PÈDRE, *à Hali.*

Voilà mon sentiment, et je vous baise les mains.

HALI.

Seigneur, quand vous aurez reçu quelque soufflet,

je suis aussi homme de conseil; et je pourrai vous rendre la pareille.

DON PÈDRE.

Je vous laisse aller, sans vous reconduire; mais, entre cavaliers, cette liberté est permise.

ADRASTE, *à Isidore.*

Non, il n'est rien qui puisse effacer de mon cœur les tendres témoignages... (*à don Pèdre, apercevant Adraste qui parle de près à Isidore.*) Je regardois ce petit trou qu'elle a au côté du menton; et je croyois d'abord que ce fût une tache. Mais c'est assez pour aujourd'hui, nous finirons une autre fois. (*à don Pèdre, qui veut voir le portrait.*) Non, ne regardez rien encore; faites serrer cela, je vous prie; (*à Isidore.*) et vous, je vous conjure de ne vous relâcher point, et de garder un esprit gai, pour le dessein que j'ai d'achever notre ouvrage.

ISIDORE.

Je conserverai pour cela toute la gaieté qu'il faut.

SCÈNE XIV.

DON PÈDRE, ISIDORE.

ISIDORE.

Qu'en dites-vous? Ce gentilhomme me paroît le plus civil du monde; et l'on doit demeurer d'accord que les François ont quelque chose en eux de poli, de galant, que n'ont point les autres nations.

DON PÈDRE.

Oui; mais ils ont cela de mauvais, qu'ils s'émancipent un peu trop, et s'attachent, en étourdis, à conter des fleurettes à tout ce qu'ils rencontrent. [1]

VARIANTE. (1) *A toutes celles qu'ils rencontrent.*

SCÈNE XV.

ISIDORE.

C'est qu'ils savent qu'on plaît aux dames par ces choses.

DON PÈDRE.

Oui; mais, s'ils plaisent aux dames, ils déplaisent fort aux messieurs; et l'on n'est point bien aise de voir, sur sa moustache [1], cajoler hardiment sa femme ou sa maîtresse.

ISIDORE.

Ce qu'ils en font, n'est que par jeu.

SCÈNE XV.

ZAIDE, DON PÈDRE, ISIDORE.

ZAÏDE.

Ah! seigneur cavalier, sauvez-moi, s'il vous plaît, des mains d'un mari furieux dont je suis poursuivie. Sa jalousie est incroyable, et passe, dans ses mouvemens, tout ce qu'on peut imaginer. Il va jusqu'à vouloir que je sois toujours voilée; et, pour m'avoir trouvée le visage un peu découvert [2], il a mis l'épée à la main, et m'a réduite à me jeter chez vous, pour vous demander votre appui contre son injustice. Mais je le vois paroître. De grace, seigneur cavalier, sauvez-moi de sa fureur.

DON PÈDRE, *à Zaïde, lui montrant Isidore.*

Entrez là-dedans avec elle, et n'appréhendez rien.

VARIANTES. (1) *Sous sa moustache.* — (2) *Et pour m'avoir trouvé le visage un peu découvert.*

SCÈNE XVI.

ADRASTE, DON PÈDRE.

DON PÈDRE.

Hé quoi! seigneur, c'est vous? Tant de jalousie pour un François! Je pensois qu'il n'y eût que nous qui en fussions capables.

ADRASTE.

Les François excellent toujours dans toutes les choses qu'ils font; et, quand nous nous mêlons d'être jaloux, nous le sommes vingt fois plus qu'un Sicilien. L'infâme croit avoir trouvé chez vous un assuré refuge; mais vous êtes trop raisonnable pour blâmer mon ressentiment. Laissez-moi, je vous prie, la traiter comme elle mérite.

DON PÈDRE.

Ah! de grace, arrêtez. L'offense est trop petite pour un courroux si grand.

ADRASTE.

La grandeur d'une telle offense n'est pas dans l'importance des choses que l'on fait. Elle est à transgresser les ordres qu'on nous donne; et, sur de pareilles matières, ce qui n'est qu'une bagatelle, devient fort criminel lorsqu'il est défendu.

DON PÈDRE.

De la façon qu'elle a parlé, tout ce qu'elle en a fait, a été sans dessein; et je vous prie enfin de vous remettre bien ensemble.

ADRASTE.

Hé quoi! vous prenez son parti, vous qui êtes si délicat sur ces sortes de choses?

SCÈNE XVIII.

DON PÈDRE.

Oui, je prends son parti ; et, si vous voulez m'obliger, vous oublierez votre colère, et vous vous réconcilierez tous deux. C'est une grace que je vous demande ; et je la recevrai comme un essai de l'amitié que je veux qui soit entre nous.

ADRASTE.

Il ne m'est pas permis, à ces conditions, de vous rien refuser. Je ferai ce que vous voudrez.

SCÈNE XVII.

ZAIDE, DON PÈDRE, ADRASTE, *dans un coin du théâtre.*

DON PÈDRE, *à Zaïde*.

Holà ! venez. Vous n'avez qu'à me suivre, et j'ai fait votre paix. Vous ne pouviez jamais mieux tomber que chez moi.

ZAÏDE.

Je vous suis obligée plus qu'on ne sauroit croire : mais je m'en vais prendre mon voile ; je n'ai garde, sans lui, de paroître à ses yeux.

SCÈNE XVIII.

DON PÈDRE, ADRASTE.

DON PÈDRE.

La voici qui s'en va venir ; et son ame, je vous assure, a paru toute réjouie lorsque je lui ai dit que j'avois raccommodé tout.

SCÈNE XIX.

ISIDORE, *sous le voile de Zaïde*, ADRASTE, DON PÈDRE.

DON PÈDRE, *à Adraste*.

Puisque vous m'avez bien voulu abandonner votre ressentiment, trouvez bon qu'en ce lieu je vous fasse toucher dans la main l'un de l'autre; et que tous deux je vous conjure de vivre, pour l'amour de moi, dans une parfaite union.

ADRASTE.

Oui, je vous le promets [1] que, pour l'amour de vous, je m'en vais, avec elle, vivre le mieux du monde.

DON PÈDRE.

Vous m'obligez sensiblement, et j'en garderai la mémoire.

ADRASTE.

Je vous donne ma parole, seigneur don Pèdre, qu'à votre considération, je m'en vais la traiter du mieux qu'il me sera possible.

DON PÈDRE.

C'est trop de grace que vous me faites. (*seul.*) Il est bon de pacifier et d'adoucir toujours les choses. Holà! Isidore, venez.

SCÈNE XX.

ZAIDE, DON PÈDRE.

DON PÈDRE.

Comment! que veut dire cela?

VARIANTE. (1) *Oui, je vous promets.*

SCÈNE XXI.

ZAÏDE, *sans voile*.

Ce que cela veut dire? Qu'un jaloux est un monstre haï de tout le monde, et qu'il n'y a personne qui ne soit ravi de lui nuire, n'y eût-il point d'autre intérêt; que toutes les serrures et les verroux du monde ne retiennent point les personnes, et que c'est le cœur qu'il faut arrêter par la douceur et par la complaisance; qu'Isidore est entre les mains du cavalier qu'elle aime, et que vous êtes pris pour dupe.

DON PÈDRE.

Don Pèdre souffrira cette injure mortelle! Non, non: j'ai trop de cœur, et je vais demander l'appui de la justice pour pousser le perfide à bout. C'est ici le logis d'un sénateur. Holà!

SCÈNE XXI.

UN SÉNATEUR, DON PÈDRE.

LE SÉNATEUR.

Serviteur, seigneur don Pèdre. Que vous venez à propos!

DON PÈDRE.

Je viens me plaindre à vous d'un affront qu'on m'a fait.

LE SÉNATEUR.

J'ai fait une mascarade la plus belle du monde.

DON PÈDRE.

Un traître de François m'a joué une pièce.

LE SÉNATEUR.

Vous n'avez, dans votre vie, jamais rien vu de si beau.

DON PÈDRE.

Il m'a enlevé une fille que j'avois affranchie.

LE SÉNATEUR.

Ce sont gens vêtus en Maures, qui dansent admirablement.

DON PÈDRE.

Vous voyez si c'est une injure qui se doive souffrir.

LE SÉNATEUR.

Les habits merveilleux (1) et qui sont faits exprès.

DON PÈDRE.

Je vous demande l'appui de la justice (2) contre cette action.

LE SÉNATEUR.

Je veux que vous voyiez cela. On la va répéter pour en donner le divertissement au peuple.

DON PÈDRE.

Comment! de quoi parlez-vous là?

LE SÉNATEUR.

Je parle de ma mascarade.

DON PÈDRE.

Je vous parle de mon affaire.

LE SÉNATEUR.

Je ne veux point, aujourd'hui, d'autres affaires que de plaisir. Allons, messieurs, venez. Voyons si cela ira bien.

DON PÈDRE.

La peste soit du fou, avec sa mascarade!

LE SÉNATEUR.

Diantre soit le fâcheux, avec son affaire!

VARIANTES. (1) *Des habits merveilleux.* — (2) *Je demande l'appui de la justice.*

SCÈNE XXII.

UN SÉNATEUR, TROUPE DE DANSEURS.

ENTRÉE DE BALLET.

FIN DU SICILIEN.

NOMS

DES PERSONNES QUI ONT RÉCITÉ, DANSÉ ET CHANTÉ DANS LE SICILIEN, COMÉDIE-BALLET.

DON PÈDRE, le sieur *Molière*.

ADRASTE, le sieur *de la Grange*.

ISIDORE, mademoiselle *de Brie*.

ZAIDE, mademoiselle *Molière*.

HALI, le sieur *de la Thorillière*.

UN SÉNATEUR, le sieur *du Croisy*.

MUSICIENS CHANTANS, les sieurs *Blondel, Gaye, Noblet*.

ESCLAVE TURC CHANTANT, le sieur *Gaye*.

ESCLAVES TURCS DANSANS, les sieurs *le Prêtre, Chicanneau, Mayeu, Pesan*.

MAURES DE QUALITÉ, le ROI, monsieur *le Grand*, les marquis *de Villeroi* et *de Rassan*.

MAURESQUES DE QUALITÉ, MADAME, mademoiselle *de la Vallière*, madame *de Rochefort*, mademoiselle *de Brancas*.

MAURES NUDS, messieurs *Cocquet, de Soùville*, les sieurs *Beauchamp, Noblet, Chicanneau, la Pierre, Favier*, et *Des-Airs-Galand*.

MAURES A CAPOT, les sieurs *la Mare, du Feu, Arnald, Vagnard, Bonard*.

LE TARTUFFE,

OU

L'IMPOSTEUR,

COMÉDIE EN CINQ ACTES.

1667.

PRÉFACE.

Voici une comédie dont on a fait beaucoup de bruit, qui a été long-temps persécutée; et les gens qu'elle joue ont bien fait voir qu'ils étoient plus puissans en France que tous ceux que j'ai joués jusque ici. Les marquis, les précieuses, les cocus et les médecins, ont souffert doucement qu'on les ait représentés, et ils ont fait semblant de se divertir, avec tout le monde, des peintures que l'on a faites d'eux; mais les hypocrites n'ont point entendu raillerie; ils se sont effarouchés d'abord, et ont trouvé étrange que j'eusse la hardiesse de jouer leurs grimaces, et de vouloir décrier un métier dont tant d'honnêtes gens se mêlent. C'est un crime qu'ils ne sauroient me pardonner; et ils se sont tous armés contre ma comédie avec une fureur épouvantable. Ils n'ont eu garde de l'attaquer par le côté qui les a blessés: ils sont trop politiques pour cela, et savent trop bien vivre pour découvrir le fond de leur ame. Suivant leur louable coutume, ils ont couvert leurs intérêts de la cause de Dieu; et *le Tartuffe*, dans leur bouche, est une pièce qui offense la piété. Elle est, d'un bout à l'autre, pleine d'abominations, et l'on n'y trouve rien qui ne mérite le feu. Toutes les syllabes en sont impies; les gestes même y sont criminels; et le moindre coup d'œil, le moindre branlement de tête, le moindre pas à droit [1] ou à gauche, y cache [2] des mystères qu'ils trouvent moyen d'expliquer à mon désavantage.

J'ai eu beau la soumettre aux lumières de mes amis, et à la censure de tout le monde: les corrections que j'y ai pu faire [3]; le jugement du roi et de la reine, qui l'ont vue; l'approbation des grands princes et de messieurs les ministres, qui l'ont honorée publiquement de leur présence; le témoignage des gens de bien qui l'ont trouvée profitable, tout cela n'a de rien servi. Ils n'en veulent point démordre; et, tous les jours encore, ils font crier en public des zélés indiscrets [4], qui me disent des injures pieusement, et me damnent par charité.

Je me soucierois fort peu de tout ce qu'ils peuvent dire, n'étoit l'artifice qu'ils ont de me faire des ennemis que je respecte, et de jeter dans leur parti de véritables gens de bien, dont ils préviennent la bonne foi, et qui, par la chaleur qu'ils ont pour les intérêts du ciel, sont faciles à recevoir les impressions qu'on veut leur

---

VARIANTES. (1) *A droite.* — (2) *Y cachent.* — (3) *Que j'ai pu faire.* (4) *De zélés indiscrets.*

donner. Voilà ce qui m'oblige à me défendre. C'est aux vrais dévots que je veux partout me justifier sur la conduite de ma comédie; et je les conjure, de tout mon cœur, de ne point condamner les choses avant que de les voir, de se défaire de toute prévention, et de ne point servir la passion de ceux dont les grimaces les déshonorent.

Si l'on prend la peine d'examiner de bonne foi ma comédie, on verra, sans doute, que mes intentions y sont partout innocentes, et qu'elle ne tend nullement à jouer les choses que l'on doit révérer; que je l'ai traitée avec toutes les précautions que me demandoit[1] la délicatesse de la matière; et que j'ai mis tout l'art et tous les soins qu'il m'a été possible, pour bien distinguer le personnage de l'hypocrite d'avec celui du vrai dévot. J'ai employé pour cela deux actes entiers à préparer la venue de mon scélérat. Il ne tient pas un seul moment l'auditeur en balance; on le connoît d'abord aux marques que je lui donne; et, d'un bout à l'autre, il ne dit pas un mot, il ne fait pas une action, qui ne peigne aux spectateurs le caractère d'un méchant homme, et ne fasse éclater celui du véritable homme de bien que je lui oppose.

Je sais bien que, pour réponse, ces messieurs

VARIANTE. (1) *Que demandoit.*

tâchent d'insinuer que ce n'est point au théâtre à parler de ces matières; mais je leur demande, avec leur permission, sur quoi ils fondent cette belle maxime. C'est une proposition qu'ils ne font que supposer, et qu'ils ne prouvent en aucune façon; et, sans doute, il ne seroit pas difficile de leur faire voir que la comédie, chez les anciens, a pris son origine de la religion, et faisoit partie de leurs mystères; que les Espagnols, nos voisins, ne célèbrent guère de fête où la comédie ne soit mêlée; et que, même parmi nous, elle doit sa naissance aux soins d'une confrérie à qui appartient encore aujourd'hui l'Hôtel de Bourgogne; que c'est un lieu qui fut donné pour y représenter les plus importans mystères de notre foi; qu'on en voit encore des comédies imprimées en lettres gothiques, sous le nom d'un docteur de Sorbonne; et, sans aller chercher si loin, que l'on a joué, de notre temps, des pièces saintes de M. de Corneille, qui ont été l'admiration de toute la France.

Si l'emploi de la comédie est de corriger les vices des hommes, je ne vois pas par quelle raison il y en aura de privilégiés. Celui-ci est, dans l'état, d'une conséquence bien plus dangereuse que tous les autres; et nous avons vu que le théâtre a une grande vertu pour la correction. Les plus beaux traits d'une sérieuse morale sont moins puissans, le plus souvent, que ceux de la satire; et rien ne reprend mieux la plupart des hommes, que la peinture de leurs défauts. C'est une grande atteinte aux vices, que de les exposer à la risée de tout le monde. On souffre aisément des répréhensions; mais on ne souffre point la raillerie. On veut bien être méchant; mais on ne veut point être ridicule.

On me reproche d'avoir mis des termes de piété dans la bouche de mon imposteur. Hé! pouvois-je m'en empêcher, pour bien représenter le caractère d'un hypocrite? Il suffit, ce me semble, que je fasse connoître les motifs criminels qui lui font dire les choses, et que j'en aie retranché les termes consacrés, dont on auroit eu peine à lui entendre faire un mauvais usage. — Mais il débite au quatrième acte une morale pernicieuse. — Mais cette morale est-elle quelque chose, dont tout le monde n'eût les oreilles rebattues? Dit-elle rien de nouveau dans ma comédie? Et peut-on craindre que des choses si généralement détestées fassent quelque impression dans les esprits; que je les rende dangereuses, en les faisant monter sur le théâtre; qu'elles reçoivent quelque autorité de la bouche d'un scélérat? Il n'y a nulle apparence à cela; et l'on doit approuver la comédie du *Tartuffe*, ou condamner généralement toutes les comédies.

C'est à quoi l'on s'attache furieusement depuis un temps; et jamais on ne s'étoit si fort déchaîné contre le théâtre. Je ne puis pas nier qu'il n'y ait eu des pères de l'église qui ont condamné la comédie ; mais on ne peut pas me nier aussi qu'il n'y en ait eu quelques-uns qui l'ont traitée un peu plus doucement. Ainsi l'autorité, dont on prétend appuyer la censure, est détruite par ce partage; et toute la conséquence qu'on peut tirer de cette diversité d'opinions en des esprits éclairés des mêmes lumières, c'est qu'ils ont pris la comédie différemment, et que les uns l'ont considérée dans sa pureté, lorsque les autres l'ont regardée dans sa corruption, et confondue avec tous ces vilains spectacles qu'on a eu raison de nommer des spectacles de turpitude.

Et en effet, puisqu'on doit discourir des choses, et non pas des mots, et que la plupart des contrariétés viennent de ne se pas entendre, et d'envelopper dans un même mot des choses opposées, il ne faut qu'ôter le voile de l'équivoque, et regarder ce qu'est la comédie en soi, pour voir si elle est condamnable. On connoîtra, sans doute, que, n'étant autre chose qu'un poëme ingénieux, qui, par des leçons agréables, reprend les défauts des hommes, on ne sauroit la censurer sans injustice ; et, si nous voulons ouïr là-dessus le témoignage de l'antiquité, elle nous dira que ses plus célèbres philosophes ont donné des louanges à la comédie, eux qui faisoient profession d'une sagesse si austère, et qui crioient sans cesse après les vices de leur siècle. Elle nous fera voir qu'Aristote a consacré des veilles au théâtre, et s'est donné le soin de réduire en préceptes l'art de faire des comédies. Elle nous apprendra que de ses plus grands hommes, et des premiers en dignité, ont fait gloire d'en composer eux-mêmes; qu'il y en a eu d'autres qui n'ont pas dédaigné de réciter en public celles qu'ils avoient composées; que la Grèce a fait pour cet art éclater son estime, par les prix glorieux et par les superbes théâtres dont elle a voulu l'honorer; et que, dans Rome enfin, ce même art a reçu aussi des honneurs extraordinaires : je ne dis pas dans Rome débauchée, et sous la licence des empereurs, mais dans Rome disciplinée, sous la sagesse des consuls, et dans le temps de la vigueur de la vertu romaine.

J'avoue qu'il y a eu des temps où la comédie s'est corrompue. Et qu'est-ce que dans le monde on ne corrompt point tous les jours? Il n'y a chose si innocente, où les hommes ne puissent porter du crime; point d'art si salutaire, dont ils ne soient capables de renverser les intentions; rien de si bon en soi, qu'ils ne puissent tourner à de mauvais usages. La médecine est un art profitable, et chacun la révère comme une des plus excellentes choses que nous ayons; et cependant il y a eu des temps où elle s'est rendue odieuse, et souvent on en a fait un art d'empoisonner les hommes. La philosophie est un présent du ciel; elle nous a été donnée pour porter nos esprits à la connoissance d'un Dieu, par la contemplation des merveilles de la nature; et pourtant on n'ignore pas que souvent on l'a détournée de son emploi, et qu'on l'a occupée publiquement à soutenir l'impiété. Les choses même les plus saintes ne sont point à couvert de la corruption des hommes; et nous voyons des scélérats qui, tous les jours, abusent de la piété, et la font servir méchamment aux crimes les plus grands. Mais on ne laisse pas pour cela de faire les distinctions qu'il est besoin de faire. On n'enveloppe point dans une fausse conséquence la bonté des choses que l'on corrompt, avec la malice des corrupteurs. On sépare toujours le mauvais usage d'avec l'intention de l'art; et, comme on ne s'avise point de défendre la médecine, pour avoir été bannie de Rome, ni la philosophie, pour avoir été condamnée publiquement dans Athènes, on ne doit point aussi vouloir interdire la comédie, pour avoir été censurée en de certains temps. Cette censure a eu ses raisons, qui ne subsistent point ici. Elle s'est renfermée dans ce qu'elle a pu voir; et nous ne devons point la tirer des bornes qu'elle s'est données, l'étendre plus loin qu'il ne faut, et lui faire embrasser l'innocent avec le coupable. La comédie qu'elle a eu dessein d'attaquer, n'est point du tout la comédie que nous voulons défendre. Il se faut bien garder de confondre celle-là avec celle-ci. Ce sont deux personnes de qui les mœurs sont tout-à-fait opposées. Elles n'ont aucun rapport l'une avec l'autre que la ressemblance du nom; et ce seroit une injustice épouvantable, que de vouloir condamner Olympe, qui est femme de bien, parce qu'il y a une Olympe qui a été une débauchée. De semblables arrêts, sans doute, feroient un grand désordre dans le monde. Il n'y auroit rien par-là qui ne fût condamné; et, puisque l'on ne garde point cette rigueur à tant de choses dont on abuse tous les jours, on doit bien faire la même grace à la comédie, et approuver les pièces de théâtre où l'on verra régner l'instruction et l'honnêteté.

Je sais qu'il y a des esprits dont la délicatesse ne peut souffrir aucune comédie, qui disent que les plus honnêtes sont les plus dangereuses; que les passions que l'on y dépeint sont d'autant plus touchantes, qu'elles sont pleines de vertu, et que les ames sont attendries par ces sortes de représentations. Je ne vois pas quel grand crime c'est que de s'attendrir à la vue d'une passion honnête; et c'est un haut étage de vertu que cette pleine insensibilité où ils veulent faire monter notre ame. Je doute qu'une si grande perfection soit dans les forces de la nature humaine; et je ne sais s'il n'est pas mieux de travailler à rectifier et adoucir les passions des hommes, que de vouloir les retrancher entièrement. J'avoue qu'il y a des lieux qu'il vaut mieux fréquenter que le théâtre; et, si l'on veut blâmer toutes les choses qui ne regardent pas directement Dieu et notre salut, il est certain que la comédie en doit être, et je ne trouve point mauvais qu'elle soit condamnée avec le reste; mais, supposé, comme il est vrai, que les exercices de la piété souffrent des intervalles, et que les hommes aient besoin de divertissement, je soutiens qu'on ne leur en peut trouver un qui soit plus innocent que la comédie. Je me suis étendu trop loin. Finissons par un mot d'un grand prince sur la comédie du *Tartuffe*.

Huit jours après qu'elle eut été défendue, on représenta, devant la cour, une pièce intitulée *Scaramouche hermite*; et le roi, en sortant, dit au grand prince que je veux dire : *Je voudrois bien savoir pourquoi les gens qui se scandalisent si fort de la comédie de Molière, ne disent mot de celle de Scaramouche;* à quoi le prince répondit : *La raison de cela, c'est que la comédie de Scaramouche joue le ciel et la religion, dont ces messieurs-là ne se soucient point; mais celle de Molière les joue eux-mêmes; c'est ce qu'ils ne peuvent souffrir.*

PREMIER PLACET

PRÉSENTÉ AU ROI,

Sur la comédie du TARTUFFE, *qui n'avoit pas encore été représentée en public.*

SIRE,

Le devoir de la comédie étant de corriger les hommes en les divertissant, j'ai cru que, dans l'emploi où je me trouve, je n'avois rien de mieux à faire que d'attaquer, par des peintures ridicules, les vices de mon siècle; et, comme l'hypocrisie, sans doute, en est un des plus en usage, des plus incommodes et des plus dangereux, j'avois eu, SIRE, la pensée que je ne rendrois pas un petit service à tous les honnêtes gens de votre royaume, si je faisois une comédie qui décriât les hypocrites, et mît en vue, comme il faut, toutes les grimaces étudiées de ces gens de bien à outrance, toutes les friponneries couvertes de ces faux monnoyeurs en dévotion, qui veulent attraper les hommes avec un zèle contrefait et une charité sophistique (1).

Je l'ai faite, SIRE, cette comédie, avec tout le soin, comme je crois, et toutes les circonspections que pouvoit demander la délicatesse de la matière; et, pour mieux conserver l'estime et le respect qu'on doit aux vrais dévots, j'en ai distingué, le plus que j'ai pu, le caractère que j'avois à toucher; je n'ai point laissé d'équivoque; j'ai ôté ce qui pouvoit confondre le bien avec le mal, et ne me suis servi, dans cette peinture, que des couleurs expresses et des traits

VARIANTE. (1) *Sophistiquée.*

essentiels qui font reconnoître d'abord un véritable et franc hypocrite.

Cependant toutes mes précautions ont été inutiles. On a profité, Sire, de la délicatesse de votre ame sur les matières de religion, et l'on a su vous prendre par l'endroit seul que vous êtes prenable, je veux dire par le respect des choses saintes. Les tartuffes, sous main, ont eu l'adresse de trouver grace auprès de Votre Majesté; et les originaux, enfin, ont fait supprimer la copie, quelque innocente qu'elle fût, et quelque ressemblante qu'on la trouvât.

Bien que ce m'ait été un coup sensible que la suppression de cet ouvrage, mon malheur pourtant étoit adouci par la manière dont Votre Majesté s'étoit expliquée sur ce sujet; et j'ai cru, Sire, qu'elle m'ôtoit tout lieu de me plaindre, ayant eu la bonté de déclarer qu'elle ne trouvoit rien à dire dans cette comédie qu'elle me défendoit de produire en public.

Mais, malgré cette glorieuse déclaration du plus grand roi du monde et du plus éclairé, malgré l'approbation encore de M. le légat, et de la plus grande partie de nos prélats, qui tous, dans les lectures particulières que je leur ai faites de mon ouvrage, se sont trouvés d'accord avec les sentimens de Votre Majesté; malgré tout cela, dis-je, on voit un livre composé par le curé de..... qui donne hautement un démenti à tous ces augustes témoignages. Votre Majesté a beau dire; et M. le légat, et messieurs les prélats ont beau donner leur jugement; ma comédie, sans l'avoir vue, est diabolique, et diabolique mon cerveau; je suis un démon vêtu de chair et habillé en homme, un libertin, un impie digne d'un supplice exemplaire. Ce n'est pas assez que le feu expie en public mon offense, j'en serois quitte à trop bon marché; le zèle charitable de ce galant homme de bien n'a garde de demeurer là; il ne veut point que j'aie de miséricorde auprès de Dieu, il veut absolument que je sois damné, c'est une affaire résolue.

Ce livre, Sire, a été présenté à Votre Majesté; et, sans doute, elle juge bien elle-même combien il m'est fâcheux de me voir exposé tous les jours aux insultes de ces messieurs; quel tort me feront dans le monde de telles calomnies, s'il faut qu'elles soient tolérées; et quel intérêt j'ai enfin à me purger de son imposture, et à faire voir au public que ma comédie n'est rien moins que ce qu'on veut qu'elle soit. Je ne dirai point, Sire, ce que j'aurois à demander pour ma réputation, et pour justifier à tout le monde l'innocence de mon ouvrage; les rois éclairés comme vous, n'ont pas besoin qu'on leur marque ce qu'on souhaite; ils voient, comme Dieu, ce qu'il nous faut, et savent, mieux que nous, ce qu'ils nous doivent accorder. Il me suffit de mettre mes intérêts entre les mains de Votre Majesté, et j'attends d'elle, avec respect, tout ce qu'il lui plaira d'ordonner là-dessus.

SECOND PLACET

Présenté au Roi, dans son camp devant la ville de Lille en Flandre, par les sieurs la Thorillière et la Grange, comédiens de Sa Majesté, et compagnons du sieur Molière, sur la défense qui fut faite le 6 août 1667 de représenter LE TARTUFFE *jusques à nouvel ordre de Sa Majesté.*

SIRE,

C'est une chose bien téméraire à moi que de venir importuner un grand monarque au milieu de ses glorieuses conquêtes; mais, dans l'état où je me vois, où trouver, SIRE, une protection, qu'au lieu où je la viens chercher? et qui puis-je solliciter contre l'autorité de la puissance qui m'accable, que la source de la puissance et de l'autorité, que le juste dispensateur des ordres absolus, que le souverain juge et le maître de toutes choses?

Ma comédie, SIRE, n'a pu jouir ici des bontés de Votre Majesté. En vain je l'ai produite sous le titre de *l'Imposteur*, et déguisé le personnage sous l'ajustement d'un homme du monde. J'ai eu beau lui donner un petit chapeau, de grands cheveux, un grand collet, une épée, et des dentelles sur tout l'habit; mettre en plusieurs endroits des adoucissemens, et retrancher avec soin tout ce que j'ai jugé capable de fournir l'ombre d'un prétexte aux célèbres originaux du portrait que je voulois faire; tout cela n'a de rien servi. La cabale s'est réveillée aux simples conjectures qu'ils ont pu

avoir de la chose. Ils ont trouvé moyen de surprendre
des esprits qui, dans toute autre matière, font une haute
profession de ne se point laisser surprendre. Ma comédie
n'a pas plus tôt paru, qu'elle s'est vue foudroyée par le coup
d'un pouvoir qui doit imposer du respect; et tout ce que
j'ai pu faire en cette rencontre, pour me sauver moi-même
de l'éclat de cette tempête, c'est de dire que Votre Majesté
avoit eu la bonté de m'en permettre la représentation, et
que je n'avois pas cru qu'il fût besoin de demander cette
permission à d'autres, puisqu'il n'y avoit qu'elle seule qui
me l'eût défendue.

Je ne doute point, SIRE, que les gens que je peins dans
ma comédie, ne remuent bien des ressorts auprès de Votre
Majesté, et ne jettent dans leur parti, comme ils ont déja
fait, de véritables gens de bien, qui sont d'autant plus
prompts à se laisser tromper, qu'ils jugent d'autrui par eux-
mêmes. Ils ont l'art de donner de belles couleurs à toutes
leurs intentions. Quelque mine qu'ils fassent, ce n'est point
du tout l'intérêt de Dieu qui les peut émouvoir; ils l'ont
assez montré dans les comédies qu'ils ont souffert qu'on ait
jouées tant de fois en public sans en dire le moindre mot.
Celles-là n'attaquoient que la piété et la religion, dont ils se
soucient fort peu; mais celle-ci les attaque et les joue eux-
mêmes, et c'est ce qu'ils ne peuvent souffrir. Ils ne sauroient me pardonner de dévoiler leurs impostures aux yeux
de tout le monde; et, sans doute, on ne manquera pas de
dire à Votre Majesté, que chacun s'est scandalisé de ma comédie. Mais la vérité pure, SIRE, c'est que tout Paris ne
s'est scandalisé que de la défense qu'on en a faite; que les
plus scrupuleux en ont trouvé la représentation profitable,
et qu'on s'est étonné que des personnes d'une probité si
connue aient eu une si grande déférence pour des gens qui
devroient être l'horreur de tout le monde, et sont si opposés
à la véritable piété dont elles font profession.

J'attends, avec respect, l'arrêt que Votre Majesté daignera
prononcer sur cette matière; mais il est très-assuré, SIRE,
qu'il ne faut plus que je songe à faire des comédies, si les

tartuffes ont l'avantage; qu'ils prendront droit par-là de me persécuter plus que jamais, et voudront trouver à redire aux choses les plus innocentes qui pourront sortir de ma plume.

Daignent vos bontés, SIRE, me donner une protection contre leur rage envenimée; et puissé-je, au retour d'une campagne si glorieuse, délasser Votre Majesté des fatigues de ses conquêtes, lui donner d'innocens plaisirs après de si nobles travaux, et faire rire le monarque qui fait trembler toute l'Europe!

TROISIÈME PLACET

PRÉSENTÉ AU ROI LE 5 FÉVRIER 1669.

SIRE,

Un fort honnête médecin, dont j'ai l'honneur d'être le malade, me promet, et veut s'obliger, pardevant notaires, de me faire vivre encore trente années, si je puis lui obtenir une grace de Votre Majesté. Je lui ai dit, sur sa promesse, que je ne lui demandois pas tant, et que je serois satisfait de lui, pourvu qu'il s'obligeât de ne me point tuer. Cette grace, SIRE, est un canonicat de votre chapelle royale de Vincennes, vacant par la mort de.....

Oserois-je demander encore cette grace à Votre Majesté, le propre jour de la grande résurrection de Tartuffe, ressuscité par vos bontés? Je suis, par cette première faveur, réconcilié avec les dévots; et je le serois, par cette seconde, avec les médecins. C'est pour moi, sans doute, trop de graces à la fois; mais peut-être n'en est-ce pas trop pour Votre Majesté; et j'attends, avec un peu d'espérance respectueuse, la réponse de mon placet.

ACTEURS.

MADAME PERNELLE, mère d'Orgon.
ORGON, mari d'Elmire.
ELMIRE, femme d'Orgon.
DAMIS, fils d'Orgon.
MARIANE, fille d'Orgon et amante de Valère.
VALÈRE, amant de Mariane.
CLÉANTE, beau-frère d'Orgon.
TARTUFFE, faux dévot.
DORINE, suivante de Mariane.
MONSIEUR LOYAL, sergent.
UN EXEMPT.
FLIPOTE, servante de madame Pernelle.

La scène est à Paris, dans la maison d'Orgon.

L'IMPOSTEUR,

COMÉDIE.

ACTE PREMIER.

SCÈNE PREMIÈRE.

MADAME PERNELLE, ELMIRE, MARIANE,
CLÉANTE, DAMIS, DORINE, FLIPOTE.

MADAME PERNELLE.
Allons, Flipote, allons; que d'eux je me délivre.
ELMIRE.
Vous marchez d'un tel pas, qu'on a peine à vous suivre.
MADAME PERNELLE.
Laissez, ma bru, laissez; ne venez pas plus loin :
Ce sont toutes façons dont je n'ai pas besoin.
ELMIRE.
De ce que l'on vous doit envers vous on s'acquitte.
Mais, ma mère, d'où vient que vous sortez si vîte ?
MADAME PERNELLE.
C'est que je ne puis voir tout ce ménage-ci,
Et que de me complaire on ne prend nul souci.
Oui, je sors de chez vous fort mal édifiée :
Dans toutes mes leçons j'y suis contrariée ;

On n'y respecte rien, chacun y parle haut,
Et c'est tout justement la cour du roi Pétaud.

DORINE.

Si...

MADAME PERNELLE.

Vous êtes, mamie, une fille suivante,
Un peu trop forte en gueule, et fort impertinente ;
Vous vous mêlez sur tout de dire votre avis.

DAMIS.

Mais...

MADAME PERNELLE.

Vous êtes un sot, en trois lettres, mon fils ;
C'est moi qui vous le dis, qui suis votre grand' mère ;
Et j'ai prédit cent fois à mon fils, votre père,
Que vous preniez tout l'air d'un méchant garnement,
Et ne lui donneriez jamais que du tourment.

MARIANE.

Je crois...

MADAME PERNELLE.

Mon dieu ! sa sœur, vous faites la discrète,
Et vous n'y touchez pas, tant vous semblez doucette !
Mais il n'est, comme on dit, pire eau que l'eau qui dort ;
Et vous menez, sous chape [1], un train que je hais fort.

ELMIRE.

Mais, ma mère...

MADAME PERNELLE.

Ma bru, qu'il ne vous en déplaise,
Votre conduite, en tout, est tout-à-fait mauvaise ;
Vous devriez leur mettre un bon exemple aux yeux ;
Et leur défunte mère en usoit beaucoup mieux.

VARIANTE. (1) *Et vous menez sous cape.*

Vous êtes dépensière; et cet état me blesse,
Que vous alliez vêtue ainsi qu'une princesse.
Quiconque à son mari veut plaire seulement,
Ma bru, n'a pas besoin de tant d'ajustement.

CLÉANTE.

Mais, madame, après tout...

MADAME PERNELLE.

Pour vous, monsieur son frère,
Je vous estime fort, vous aime, et vous révère;
Mais enfin, si j'étois de mon fils son époux,
Je vous prierois bien fort de n'entrer point chez nous.
Sans cesse vous prêchez des maximes de vivre
Qui par d'honnêtes gens ne se doivent point suivre.
Je vous parle un peu franc; mais c'est là mon humeur,
Et je ne mâche point ce que j'ai sur le cœur.

DAMIS.

Votre monsieur Tartuffe est bien heureux, sans doute...

MADAME PERNELLE.

C'est un homme de bien, qu'il faut que l'on écoute;
Et je ne puis souffrir, sans me mettre en courroux,
De le voir querellé (1) par un fou comme vous.

DAMIS.

Quoi! je souffrirai, moi, qu'un cagot de critique
Vienne usurper céans un pouvoir tyrannique;
Et que nous ne puissions à rien nous divertir,
Si ce beau monsieur-là n'y daigne consentir?

DORINE.

S'il le faut écouter et croire à ses maximes,
On ne peut faire rien qu'on ne fasse des crimes;
Car il contrôle tout, ce critique zélé.

VARIANTE. (1) *De le voir quereller.*

MADAME PERNELLE.

Et tout ce qu'il contrôle est fort bien contrôlé.
C'est au chemin du ciel qu'il prétend vous conduire :
Et mon fils à l'aimer vous devroit tous induire.

DAMIS.

Non, voyez-vous, ma mère, il n'est père, ni rien,
Qui me puisse obliger à lui vouloir du bien :
Je trahirois mon cœur de parler d'autre sorte.
Sur ses façons de faire à tous coups je m'emporte :
J'en prévois une suite, et qu'avec ce pied-plat,
Il faudra que j'en vienne à quelque grand éclat.

DORINE.

Certes, c'est une chose aussi qui scandalise,
De voir qu'un inconnu céans s'impatronise ;
Qu'un gueux, qui, quand il vint, n'avoit pas de souliers,
Et dont l'habit entier valoit bien six deniers,
En vienne jusque-là, que de se méconnoître,
De contrarier tout, et de faire le maître.

MADAME PERNELLE.

Hé ! merci de ma vie ! il en iroit bien mieux
Si tout se gouvernoit par ses ordres pieux.

DORINE.

Il passe pour un saint dans votre fantaisie :
Tout son fait, croyez-moi, n'est rien qu'hypocrisie.

MADAME PERNELLE.

Voyez la langue !

DORINE.

A lui, non plus qu'à son Laurent,
Je ne me fierois, moi, que sur un bon garant.

MADAME PERNELLE.

J'ignore ce qu'au fond le serviteur peut être ;
Mais pour homme de bien je garantis le maître.

Vous ne lui voulez mal et ne le rebutez
Qu'à cause qu'il vous dit à tous vos vérités.
C'est contre le péché que son cœur se courrouce,
Et l'intérêt du ciel est tout ce qui le pousse.

DORINE.

Oui; mais pourquoi, surtout depuis un certain temps,
Ne sauroit-il souffrir qu'aucun hante céans?
En quoi blesse le ciel une visite honnête,
Pour en faire un vacarme à nous rompre la tête?
Veut-on que là-dessus je m'explique entre nous?...

(*montrant Elmire.*)

Je crois que de madame il est, ma foi, jaloux.

MADAME PERNELLE.

Taisez-vous, et songez aux choses que vous dites.
Ce n'est pas lui tout seul qui blâme ces visites :
Tout ce tracas qui suit les gens que vous hantez,
Ces carrosses sans cesse à la porte plantés,
Et de tant de laquais le bruyant assemblage,
Font un éclat fâcheux dans tout le voisinage.
Je veux croire qu'au fond il ne se passe rien :
Mais enfin, on en parle; et cela n'est pas bien.

CLÉANTE.

Hé! voulez-vous, madame, empêcher qu'on ne cause?
Ce seroit dans la vie une fâcheuse chose,
Si, pour les sots discours où l'on peut être mis,
Il falloit renoncer à ses meilleurs amis.
Et, quand même on pourroit se résoudre à le faire,
Croiriez-vous obliger tout le monde à se taire?
Contre la médisance il n'est point de rempart.
A tous les sots caquets n'ayons donc nul égard;
Efforçons-nous de vivre avec toute innocence,
Et laissons aux causeurs une pleine licence.

DORINE.

Daphné, notre voisine, et son petit époux,
Ne seroient-ils point ceux qui parlent mal de nous?
Ceux de qui la conduite offre le plus à rire,
Sont toujours sur autrui les premiers à médire :
Ils ne manquent jamais de saisir promptement
L'apparente lueur du moindre attachement,
D'en semer la nouvelle avec beaucoup de joie,
Et d'y donner le tour qu'ils veulent qu'on y croie :
Des actions d'autrui, teintes de leurs couleurs,
Ils pensent dans le monde autoriser les leurs,
Et, sous le faux espoir de quelque ressemblance,
Aux intrigues qu'ils ont donner de l'innocence,
Ou faire ailleurs tomber quelques traits partagés
De ce blâme public dont ils sont trop chargés.

MADAME PERNELLE.

Tous ces raisonnemens ne font rien à l'affaire.
On sait qu'Orante mène une vie exemplaire ;
Tous ses soins vont au ciel : et j'ai su par des gens
Qu'elle condamne fort le train qui vient céans.

DORINE.

L'exemple est admirable, et cette dame est bonne !
Il est vrai qu'elle vit en austère personne ;
Mais l'âge dans son ame a mis ce zèle ardent,
Et l'on sait qu'elle est prude à son corps défendant.
Tant qu'elle a pu des cœurs attirer les hommages,
Elle a fort bien joui de tous ses avantages :
Mais, voyant de ses yeux tous les brillans baisser,
Au monde, qui la quitte, elle veut renoncer,
Et du voile pompeux d'une haute sagesse
De ses attraits usés déguiser la foiblesse.
Ce sont là les retours des coquettes du temps :
Il leur est dur de voir déserter les galans.
Dans un tel abandon, leur sombre inquiétude

ACTE I, SCÈNE I.

Ne voit d'autre recours que le métier de prude;
Et la sévérité de ces femmes de bien
Censure toute chose, et ne pardonne à rien;
Hautement d'un chacun elles blâment la vie,
Non point par charité, mais par un trait d'envie
Qui ne sauroit souffrir qu'une autre ait les plaisirs
Dont le penchant de l'âge a sevré leurs desirs.

MADAME PERNELLE, *à Elmire.*

Voilà les contes bleus qu'il vous faut pour vous plaire,
Ma bru. L'on est chez vous contrainte de se taire :
Car madame, à jaser, tient le dé tout le jour.
Mais enfin je prétends discourir à mon tour :
Je vous dis que mon fils n'a rien fait de plus sage
Qu'en recueillant chez soi ce dévot personnage;
Que le ciel au besoin l'a céans envoyé
Pour redresser à tous votre esprit fourvoyé;
Que, pour votre salut, vous le devez entendre,
Et qu'il ne reprend rien qui ne soit à reprendre.
Ces visites, ces bals, ces conversations,
Sont du malin esprit toutes inventions.
Là, jamais on n'entend de pieuses paroles;
Ce sont propos oisifs, chansons et fariboles :
Bien souvent le prochain en a sa bonne part,
Et l'on y sait médire et du tiers et du quart.
Enfin les gens sensés ont leurs têtes troublées
De la confusion de telles assemblées :
Mille caquets divers s'y font en moins de rien;
Et, comme l'autre jour un docteur dit fort bien,
C'est véritablement la tour de Babylone,
Car chacun y babille, et tout du long de l'aune :
Et pour conter l'histoire où ce point l'engagea...
   (*montrant Cléante.*)
Voilà-t-il pas monsieur qui ricane déjà !
Allez chercher vos fous qui vous donnent à rire,

(*à Elmire.*)
Et sans... Adieu, ma bru; je ne veux plus rien dire.
Sachez que pour céans j'en rabats la moitié [1],
Et qu'il fera beau temps quand j'y mettrai le pied.
(*donnant un soufflet à Flipote.*)
Allons, vous, vous rêvez, et bayez aux corneilles.
Jour de dieu! je saurai vous frotter les oreilles.
Marchons, gaupe, marchons.

SCÈNE II.

CLÉANTE, DORINE.

CLÉANTE.

Je n'y veux point aller,
De peur qu'elle ne vînt encor me quereller;
Que cette bonne femme...

DORINE.

Ah! certes, c'est dommage
Qu'elle ne vous ouït tenir un tel langage:
Elle vous diroit bien qu'elle vous trouve bon,
Et qu'elle n'est point d'âge à lui donner ce nom.

CLÉANTE.

Comme elle s'est pour rien contre nous échauffée!
Et que de son Tartuffe elle paroît coiffée!

DORINE.

Oh! vraiment, tout cela n'est rien au prix du fils:
Et, si vous l'aviez vu, vous diriez, c'est bien pis!
Nos troubles l'avoient mis sur le pied d'homme sage,
Et, pour servir son prince, il montra du courage:
Mais il est devenu comme un homme hébêté,

VARIANTE. (1) *J'en rabats de moitié.*

Depuis que de Tartuffe on le voit entêté;
Il l'appelle son frère, et l'aime dans son ame
Cent fois plus qu'il ne fait mère, fils, fille, et femme.
C'est de tous ses secrets l'unique confident,
Et de ses actions le directeur prudent;
Il le choie, il l'embrasse; et pour une maîtresse
On ne sauroit, je pense, avoir plus de tendresse :
A table, au plus haut bout il veut qu'il soit assis;
Avec joie il l'y voit manger autant que six;
Les bons morceaux de tout, il fait qu'on les lui cède[1];
Et, s'il vient à rotter, il lui dit : Dieu vous aide!
Enfin il en est fou; c'est son tout, son héros;
Il l'admire à tous coups, le cite à tous propos;
Ses moindres actions lui semblent des miracles,
Et tous les mots qu'il dit sont pour lui des oracles.
Lui, qui connoît sa dupe, et qui veut en jouir,
Par cent dehors fardés a l'art de l'éblouir;
Son cagotisme en tire, à toute heure, des sommes,
Et prend droit de gloser sur tous tant que nous sommes.
Il n'est pas jusqu'au fat qui lui sert de garçon
Qui ne se mêle aussi de nous faire leçon;
Il vient nous sermoner avec des yeux farouches,
Et jeter nos rubans, notre rouge et nos mouches.
Le traître, l'autre jour, nous rompit de ses mains
Un mouchoir qu'il trouva dans une Fleur des Saints,
Disant que nous mêlions, par un crime effroyable,
Avec la sainteté les parures du diable.

VARIANTE. (1) *Il faut qu'on les lui cède.*

SCÈNE III.

ELMIRE, MARIANE, DAMIS, CLÉANTE, DORINE.

ELMIRE, *à Cléante.*

Vous êtes bien heureux de n'être point venu
Au discours qu'à la porte elle nous a tenu.
Mais j'ai vu mon mari ; comme il ne m'a point vue,
Je veux aller là-haut attendre sa venue.

CLÉANTE.

Moi, je l'attends ici pour moins d'amusement ;
Et je vais lui donner le bonjour seulement.

SCÈNE IV.

CLÉANTE, DAMIS, DORINE.

DAMIS.

De l'hymen de ma sœur touchez-lui quelque chose.
J'ai soupçon que Tartuffe à son effet s'oppose,
Qu'il oblige mon père à des détours si grands ;
Et vous n'ignorez pas quel intérêt j'y prends.
Si même ardeur enflamme et ma sœur et Valère,
La sœur de cet ami, vous le savez, m'est chère ;
Et s'il falloit...

DORINE.

Il entre.

SCÈNE V.

ORGON, CLÉANTE, DORINE.

ORGON.

Ah! mon frère, bonjour.

CLÉANTE.

Je sortois, et j'ai joie à vous voir de retour.
La campagne à présent n'est pas beaucoup fleurie.

ORGON.

(*à Cléante.*)

Dorine... Mon beau-frère, attendez, je vous prie.
Vous voulez bien souffrir, pour m'ôter de souci,
Que je m'informe un peu des nouvelles d'ici.

(*à Dorine.*)

Tout s'est-il, ces deux jours, passé de bonne sorte?
Qu'est-ce qu'on fait céans? Comme est-ce qu'on s'y porte?

DORINE.

Madame eut avant-hier la fièvre jusqu'au soir,
Avec un mal de tête étrange à concevoir.

ORGON.

Et Tartuffe?

DORINE.

Tartuffe? Il se porte à merveille,
Gros et gras, le teint frais, et la bouche vermeille.

ORGON.

Le pauvre homme!

DORINE.

Le soir, elle eut un grand dégoût,
Et ne put, au souper, toucher à rien du tout,
Tant sa douleur de tête étoit encor cruelle!

ORGON.

Et Tartuffe?

DORINE.

Il soupa, lui tout seul, devant elle;
Et fort dévotement il mangea deux perdrix,
Avec une moitié de gigot en hachis.

ORGON.

Le pauvre homme!

DORINE.

La nuit se passa tout entière
Sans qu'elle pût fermer un moment la paupière;
Des chaleurs l'empêchoient de pouvoir sommeiller,
Et jusqu'au jour, près d'elle, il nous fallut veiller.

ORGON.

Et Tartuffe?

DORINE.

Pressé d'un sommeil agréable,
Il passa dans sa chambre au sortir de la table;
Et dans son lit bien chaud il se mit tout soudain,
Où, sans trouble, il dormit jusques au lendemain.

ORGON.

Le pauvre homme!

DORINE.

A la fin, par nos raisons gagnée,
Elle se résolut à souffrir la saignée;
Et le soulagement suivit tout aussitôt.

ORGON.

Et Tartuffe?

DORINE.

Il reprit courage comme il faut;
Et, contre tous les maux fortifiant son ame,
Pour réparer le sang qu'avoit perdu madame,

But, à son déjeûner, quatre grands coups de vin.
ORGON.
Le pauvre homme!
DORINE.
Tous deux se portent bien enfin;
Et je vais à madame annoncer, par avance,
La part que vous prenez à sa convalescence.

SCÈNE VI.

ORGON, CLÉANTE.

CLÉANTE.
A votre nez, mon frère, elle se rit de vous:
Et, sans avoir dessein de vous mettre en courroux,
Je vous dirai tout franc que c'est avec justice.
A-t-on jamais parlé d'un semblable caprice?
Et se peut-il qu'un homme ait un charme aujourd'hui
A vous faire oublier toutes choses pour lui;
Qu'après avoir chez vous réparé sa misère,
Vous en veniez au point?...
ORGON.
Alte-là, mon beau-frère;
Vous ne connoissez pas celui dont vous parlez.
CLÉANTE.
Je ne le connois pas, puisque vous le voulez;
Mais enfin, pour savoir quel homme ce peut être...
ORGON.
Mon frère, vous seriez charmé de le connoître,
Et vos ravissemens ne prendroient point de fin.
C'est un homme... qui... ah!... un homme... un homme, enfin.
Qui suit bien ses leçons goûte une paix profonde,
Et comme du fumier regarde tout le monde.

Oui, je deviens tout autre avec son entretien;
Il m'enseigne à n'avoir affection pour rien,
De toutes amitiés il détache mon ame;
Et je verrois mourir frère, enfans, mère, et femme,
Que je m'en soucierois autant que de cela.

CLÉANTE.

Les sentimens humains, mon frère, que voilà!

ORGON.

Ah! si vous aviez vu comme j'en fis rencontre,
Vous auriez pris pour lui l'amitié que je montre.
Chaque jour à l'église il venoit, d'un air doux,
Tout vis-à-vis de moi se mettre à deux genoux.
Il attiroit les yeux de l'assemblée entière
Par l'ardeur dont au ciel il poussoit sa prière;
Il faisoit des soupirs, de grands élancemens,
Et baisoit humblement la terre à tous momens :
Et, lorsque je sortois, il me devançoit vîte
Pour m'aller, à la porte, offrir de l'eau bénite.
Instruit par son garçon, qui dans tout l'imitoit,
Et de son indigence, et de ce qu'il étoit,
Je lui faisois des dons : mais, avec modestie,
Il me vouloit toujours en rendre une partie.
« C'est trop, me disoit-il, c'est trop de la moitié;
« Je ne mérite pas de vous faire pitié. »
Et, quand je refusois de le vouloir reprendre,
Aux pauvres, à mes yeux, il alloit le répandre.
Enfin le ciel chez moi me le fit retirer,
Et depuis ce temps-là tout semble y prospérer.
Je vois qu'il reprend tout, et qu'à ma femme même
Il prend, pour mon honneur, un intérêt extrême;
Il m'avertit des gens qui lui font les yeux doux,
Et plus que moi six fois il s'en montre jaloux.
Mais vous ne croiriez point jusqu'où monte son zèle :
Il s'impute à péché la moindre bagatelle;

Un rien presque suffit pour le scandaliser;
Jusque-là qu'il se vint, l'autre jour, accuser
D'avoir pris une puce en faisant sa prière,
Et de l'avoir tuée avec trop de colère.

CLÉANTE.

Parbleu! vous êtes fou, mon frère, que je croi.
Avec de tels discours vous moquez-vous de moi?
Et que prétendez-vous que tout ce badinage... (1)

ORGON.

Mon frère, ce discours sent le libertinage:
Vous en êtes un peu dans votre âme entiché;
Et, comme je vous l'ai plus de dix fois prêché,
Vous vous attirerez quelque méchante affaire.

CLÉANTE.

Voilà de vos pareils le discours ordinaire:
Ils veulent que chacun soit aveugle comme eux.
C'est être libertin que d'avoir de bons yeux;
Et qui n'adore pas de vaines simagrées,
N'a ni respect ni foi pour les choses sacrées.
Allez, tous vos discours ne me font point de peur;
Je sais comme je parle, et le ciel voit mon cœur.
De tous vos façonniers on n'est point les esclaves.
Il est de faux dévots ainsi que de faux braves:
Et, comme on ne voit pas qu'où l'honneur les conduit
Les vrais braves soient ceux qui font beaucoup de bruit,
Les bons et vrais dévots, qu'on doit suivre à la trace,
Ne sont pas ceux aussi qui font tant de grimace.
Hé quoi! vous ne ferez nulle distinction
Entre l'hypocrisie et la dévotion?
Vous les voulez traiter d'un semblable langage,
Et rendre même honneur au masque qu'au visage;

VARIANTE. (1) *Et que prétendez-vous? Que tout ce badinage...*

Égaler l'artifice à la sincérité,
Confondre l'apparence avec la vérité,
Estimer le fantôme autant que la personne,
Et la fausse monnoie à l'égal de la bonne?
Les hommes la plupart sont étrangement faits;
Dans la juste nature on ne les voit jamais :
La raison a pour eux des bornes trop petites;
En chaque caractère ils passent ses limites,
Et la plus noble chose, ils la gâtent souvent
Pour la vouloir outrer et pousser trop avant.
Que cela vous soit dit en passant, mon beau-frère.

ORGON.

Oui, vous êtes sans doute un docteur qu'on révère;
Tout le savoir du monde est chez vous retiré;
Vous êtes le seul sage et le seul éclairé,
Un oracle, un Caton dans le siècle où nous sommes;
Et près de vous ce sont des sots que tous les hommes.

CLÉANTE.

Je ne suis point, mon frère, un docteur révéré;
Et le savoir chez moi n'est pas tout retiré.
Mais, en un mot, je sais, pour toute ma science,
Du faux avec le vrai faire la différence.
Et comme je ne vois nul genre de héros
Qui soient plus à priser (1) que les parfaits dévots,
Aucune chose au monde et plus noble et plus belle
Que la sainte ferveur d'un véritable zèle;
Aussi ne vois-je rien qui soit plus odieux
Que le dehors plâtré d'un zèle spécieux,
Que ces francs charlatans, que ces dévots de place,
De qui la sacrilége et trompeuse grimace
Abuse impunément, et se joue, à leur gré,
De ce qu'ont les mortels de plus saint et sacré;

VARIANTE. (1) *Qui soit plus à priser.*

Ces gens qui, par une ame à l'intérêt soumise,
Font de dévotion métier et marchandise,
Et veulent acheter crédit et dignités
A prix de faux clins d'yeux et d'élans affectés;
Ces gens, dis-je, qu'on voit, d'une ardeur non commune,
Par le chemin du ciel courir à leur fortune;
Qui, brûlans et prians, demandent chaque jour,
Et prêchent la retraite au milieu de la cour;
Qui savent ajuster leur zèle avec leurs vices,
Sont prompts, vindicatifs, sans foi, pleins d'artifices,
Et, pour perdre quelqu'un, couvrent insolemment
De l'intérêt du ciel leur fier ressentiment;
D'autant plus dangereux dans leur âpre colère,
Qu'ils prennent contre nous des armes qu'on révère,
Et que leur passion, dont on leur sait bon gré,
Veut nous assassiner avec un fer sacré :
De ce faux caractère on en voit trop paroître.
Mais les dévots de cœur sont aisés à connoître.
Notre siècle, mon frère, en expose à nos yeux
Qui peuvent nous servir d'exemples glorieux.
Regardez Ariston, regardez Périandre,
Oronte, Alcidamas, Polydore, Clitandre;
Ce titre par aucun ne leur est débattu;
Ce ne sont point du tout fanfarons de vertu;
On ne voit point en eux ce faste insupportable,
Et leur dévotion est humaine, est traitable [1] :
Ils ne censurent point toutes nos actions,
Ils trouvent trop d'orgueil dans ces corrections;
Et, laissant la fierté des paroles aux autres,
C'est par leurs actions qu'ils reprennent les nôtres.
L'apparence du mal a chez eux peu d'appui,
Et leur ame est portée à juger bien d'autrui.

VARIANTE. (1) *Est humaine et traitable.*

Point de cabale en eux, point d'intrigues à suivre ;
On les voit, pour tous soins, se mêler de bien vivre.
Jamais contre un pécheur ils n'ont d'acharnement,
Ils attachent leur haine au péché seulement,
Et ne veulent point prendre, avec un zèle extrême,
Les intérêts du ciel plus qu'il ne veut lui-même.
Voilà mes gens, voilà comme il en faut user,
Voilà l'exemple enfin qu'il se faut proposer.
Votre homme, à dire vrai, n'est pas de ce modèle ;
C'est de fort bonne foi que vous vantez son zèle ;
Mais par un faux éclat je vous crois ébloui.

ORGON.

Monsieur mon cher beau-frère, avez-vous tout dit ?

CLÉANTE.

Oui.

ORGON, *s'en allant.*

Je suis votre valet.

CLÉANTE.

De grace, un mot, mon frère.
Laissons là ce discours. Vous savez que Valère,
Pour être votre gendre, a parole de vous.

ORGON.

Oui.

CLÉANTE.

Vous aviez pris jour pour un lien si doux.

ORGON.

Il est vrai.

CLÉANTE.

Pourquoi donc en différer la fête ?

ORGON.

Je ne sais.

ACTE I, SCÈNE VI.

CLÉANTE.

Auriez-vous autre pensée en tête?

ORGON.

Peut-être.

CLÉANTE.

Vous voulez manquer à votre foi?

ORGON.

Je ne dis pas cela.

CLÉANTE.

Nul obstacle, je croi,
Ne vous peut empêcher d'accomplir vos promesses.

ORGON.

Selon.

CLÉANTE.

Pour dire un mot faut-il tant de finesses?
Valère, sur ce point, me fait vous visiter.

ORGON.

Le ciel en soit loué!

CLÉANTE.

Mais que lui reporter?

ORGON.

Tout ce qu'il vous plaira.

CLÉANTE.

Mais il est nécessaire
De savoir vos desseins. Quels sont-ils donc?

ORGON.

De faire
Ce que le ciel voudra.

CLÉANTE.

Mais parlons tout de bon.
Valère a votre foi; la tiendrez-vous, ou non?

ORGON.

Adieu.

CLÉANTE, *seul*.

Pour son amour je crains une disgrace,
Et je dois l'avertir de tout ce qui se passe.

FIN DU PREMIER ACTE.

ACTE II.

SCÈNE PREMIÈRE.

ORGON, MARIANE.

ORGON.

Mariane.

MARIANE.

Mon père.

ORGON.

Approchez, j'ai de quoi
Vous parler en secret.

MARIANE, *à Orgon qui regarde dans un cabinet.*

Que cherchez-vous ?

ORGON.

Je voi
Si quelqu'un n'est point là qui pourroit nous entendre ;
Car ce petit endroit est propre pour surprendre.
Or sus, nous voilà bien. J'ai, Mariane, en vous
Reconnu de tout temps un esprit assez doux,
Et de tout temps aussi vous m'avez été chère.

MARIANE.

Je suis fort redevable à cet amour de père.

ORGON.

C'est fort bien dit, ma fille ; et, pour le mériter,
Vous devez n'avoir soin que de me contenter.

MARIANE.

C'est où je mets aussi ma gloire la plus haute.

ORGON.

Fort bien. Que dites-vous de Tartuffe notre hôte?

MARIANE.

Qui? moi?

ORGON.

Vous. Voyez bien comme vous répondrez.

MARIANE.

Hélas! j'en dirai, moi, tout ce que vous voudrez.

SCÈNE II.

ORGON, MARIANE, DORINE, *entrant doucement, et se tenant derrière Orgon, sans être vue.*

ORGON.

C'est parler sagement. Dites-moi donc, ma fille,
Qu'en toute sa personne un haut mérite brille,
Qu'il touche votre cœur, et qu'il vous seroit doux
De le voir, par mon choix, devenir votre époux.
Hé?

MARIANE.

Hé?

ORGON.

Qu'est-ce?

MARIANE.

Plaît-il?

ORGON.

Quoi?

MARIANE.

Me suis-je méprise?

ACTE II, SCÈNE II.

ORGON.

Comment ?

MARIANE.

Qui voulez-vous, mon père, que je dise
Qui me touche le cœur, et qu'il me seroit doux
De voir, par votre choix, devenir mon époux ?

ORGON.

Tartuffe.

MARIANE.

Il n'en est rien, mon père, je vous jure.
Pourquoi me faire dire une telle imposture ?

ORGON.

Mais je veux que cela soit une vérité ;
Et c'est assez pour vous que je l'aie arrêté.

MARIANE.

Quoi ! vous voulez, mon père ?...

ORGON.

Oui, je prétends, ma fille,
Unir, par votre hymen, Tartuffe à ma famille.
Il sera votre époux, j'ai résolu cela ;

(*apercevant Dorine.*)

Et comme sur vos vœux je... Que faites-vous là ?
La curiosité qui vous presse est bien forte,
Mamie, à nous venir écouter de la sorte.

DORINE.

Vraiment, je ne sais pas si c'est un bruit qui part
De quelque conjecture, ou d'un coup de hasard ;
Mais de ce mariage on m'a dit la nouvelle,
Et j'ai traité cela de pure bagatelle.

ORGON.

Quoi donc ! la chose est-elle incroyable ?

DORINE.

A tel point
Que vous-même, monsieur, je ne vous en crois point.

ORGON.

Je sais bien le moyen de vous le faire croire.

DORINE.

Oui ! oui ! vous nous contez une plaisante histoire !

ORGON.

Je conte justement ce qu'on verra dans peu.

DORINE.

Chansons !

ORGON.

Ce que je dis, ma fille, n'est point jeu.

DORINE.

Allez, ne croyez point à monsieur votre père ;
Il raille.

ORGON.

Je vous dis...

DORINE.

Non, vous avez beau faire,
On ne vous croira point.

ORGON.

A la fin mon courroux...

DORINE.

Hé bien ! on vous croit donc ; et c'est tant pis pour vous.
Quoi ! se peut-il, monsieur, qu'avec l'air d'homme sage,
Et cette large barbe au milieu du visage,
Vous soyez assez fou pour vouloir ?...

ORGON.

Écoutez :
Vous avez pris céans certaines privautés
Qui ne me plaisent point ; je vous le dis, mamie.

ACTE II, SCÈNE II.

DORINE.

Parlons sans nous fâcher, monsieur, je vous supplie.
Vous moquez-vous des gens d'avoir fait ce complot?
Votre fille n'est point l'affaire d'un bigot :
Il a d'autres emplois auxquels il faut qu'il pense.
Et puis, que vous apporte une telle alliance?
A quel sujet aller, avec tout votre bien,
Choisir un gendre gueux?...

ORGON.

Taisez-vous. S'il n'a rien,
Sachez que c'est par-là qu'il faut qu'on le révère.
Sa misère est sans doute une honnête misère;
Au-dessus des grandeurs elle doit l'élever,
Puisque enfin de son bien il s'est laissé priver
Par son trop peu de soin des choses temporelles,
Et sa puissante attache aux choses éternelles.
Mais mon secours pourra lui donner les moyens
De sortir d'embarras, et rentrer dans ses biens :
Ce sont fiefs qu'à bon titre au pays on renomme;
Et, tel que l'on le voit, il est bien gentilhomme.

DORINE.

Oui, c'est lui qui le dit; et cette vanité,
Monsieur, ne sied pas bien avec la piété.
Qui d'une sainte vie embrasse l'innocence
Ne doit point tant prôner son nom et sa naissance;
Et l'humble procédé de la dévotion
Souffre mal les éclats de cette ambition.
A quoi bon cet orgueil?... Mais ce discours vous blesse :
Parlons de sa personne, et laissons sa noblesse.
Ferez-vous possesseur, sans quelque peu d'ennui,
D'une fille comme elle un homme comme lui?
Et ne devez-vous pas songer aux bienséances,
Et de cette union prévoir les conséquences?

Sachez que d'une fille on risque la vertu,
Lorsque dans son hymen son goût est combattu;
Que le dessein d'y vivre en honnête personne
Dépend des qualités du mari qu'on lui donne;
Et que ceux dont partout on montre au doigt le front
Font leurs femmes souvent ce qu'on voit qu'elles sont.
Il est bien difficile enfin d'être fidèle
A de certains maris faits d'un certain modèle;
Et qui donne à sa fille un homme qu'elle hait,
Est responsable au ciel des fautes qu'elle fait.
Songez à quels périls votre dessein vous livre.

ORGON.

Je vous dis qu'il me faut apprendre d'elle à vivre!

DORINE.

Vous n'en feriez que mieux de suivre mes leçons.

ORGON.

Ne nous amusons point, ma fille, à ces chansons;
Je sais ce qu'il vous faut, et je suis votre père.
J'avois donné pour vous ma parole à Valère :
Mais, outre qu'à jouer on dit qu'il est enclin,
Je le soupçonne encor d'être un peu libertin;
Je ne remarque point qu'il hante les églises.

DORINE.

Voulez-vous qu'il y coure à vos heures précises,
Comme ceux qui n'y vont que pour être aperçus?

ORGON.

Je ne demande pas votre avis là-dessus.
Enfin avec le ciel l'autre est le mieux du monde,
Et c'est une richesse à nulle autre seconde.
Cet hymen de tous biens comblera vos desirs,
Il sera tout confit (1) en douceurs et plaisirs.

VARIANTE. (1) *Et sera tout confit.*

ACTE II, SCÈNE II.

Ensemble vous vivrez, dans vos ardeurs fidèles,
Comme deux vrais enfans, comme deux tourterelles :
A nul fâcheux débat jamais vous n'en viendrez ;
Et vous ferez de lui tout ce que vous voudrez.

DORINE.

Elle ? Elle n'en fera qu'un sot, je vous assure.

ORGON.

Ouais ! quels discours !

DORINE.

Je dis qu'il en a l'encolure,
Et que son ascendant, monsieur, l'emportera
Sur toute la vertu que votre fille aura.

ORGON.

Cessez de m'interrompre, et songez à vous taire,
Sans mettre votre nez où vous n'avez que faire.

DORINE.

Je n'en parle, monsieur, que pour votre intérêt.

ORGON.

C'est prendre trop de soin ; taisez-vous, s'il vous plaît.

DORINE.

Si l'on ne vous aimoit...

ORGON.

Je ne veux pas qu'on m'aime.

DORINE.

Et je veux vous aimer, monsieur, malgré vous-même.

ORGON.

Ah !

DORINE.

Votre honneur m'est cher, et je ne puis souffrir
Qu'aux brocards d'un chacun vous alliez vous offrir.

ORGON.

Vous ne vous tairez point!

DORINE.

C'est une conscience
Que de vous laisser faire une telle alliance.

ORGON.

Te tairas-tu, serpent, dont les traits effrontés?...

DORINE.

Ah! vous êtes dévot, et vous vous emportez!

ORGON.

Oui, ma bile s'échauffe à toutes ces fadaises,
Et tout résolument je veux que tu te taises.

DORINE.

Soit. Mais, ne disant mot, je n'en pense pas moins.

ORGON.

Pense, si tu le veux; mais applique tes soins

(*à sa fille.*)

A ne m'en point parler, ou... Suffit... Comme sage,
J'ai pesé mûrement toutes choses.

DORINE, *à part.*

J'enrage
De ne pouvoir parler.

ORGON.

Sans être damoiseau,
Tartuffe est fait de sorte...

DORINE, *à part.*

Oui, c'est un beau museau

ORGON.

Que, quand tu n'aurois même aucune sympathie
Pour tous les autres dons...

DORINE, *à part.*

La voilà bien lotie!

ACTE II, SCÈNE II.

(*Orgon se tourne du côté de Dorine, et, les bras croisés, l'écoute, et la regarde en face.*)

Si j'étois en sa place, un homme assurément
Ne m'épouseroit pas de force impunément ;
Et je lui ferois voir, bientôt après la fête,
Qu'une femme a toujours une vengeance prête.

ORGON, *à Dorine.*

Donc de ce que je dis on ne fera nul cas ?

DORINE.

De quoi vous plaignez-vous ? Je ne vous parle pas.

ORGON.

Qu'est-ce que tu fais donc ?

DORINE.

Je me parle à moi-même.

ORGON, *à part.*

Fort bien. Pour châtier son insolence extrême,
Il faut que je lui donne un revers de ma main.

(*Il se met en posture de donner un soufflet à Dorine ; et, à chaque mot qu'il dit à sa fille, il se tourne pour regarder Dorine, qui se tient droite sans parler.*)

Ma fille, vous devez approuver mon dessein...
Croire que le mari... que j'ai su vous élire...

(*à Dorine.*)

Que ne te parles-tu ?

DORINE.

Je n'ai rien à me dire.

ORGON.

Encore un petit mot.

DORINE.

Il ne me plaît pas, moi.

ORGON.

Certes, je t'y guettois.

DORINE.

Quelque sotte, ma foi!...

ORGON.

Enfin, ma fille, il faut payer d'obéissance,
Et montrer pour mon choix entière déférence.

DORINE, *en s'enfuyant.*

Je me moquerois fort de prendre un tel époux.

ORGON, *après avoir manqué de donner un soufflet à Dorine.*

Vous avez là, ma fille, une peste avec vous,
Avec qui, sans péché, je ne saurois plus vivre.
Je me sens hors d'état maintenant de poursuivre;
Ses discours insolens m'ont mis l'esprit en feu,
Et je vais prendre l'air pour me rasseoir un peu.

SCÈNE III.

MARIANE, DORINE.

DORINE.

Avez-vous donc perdu, dites-moi, la parole?
Et faut-il qu'en ceci je fasse votre rôle?
Souffrir qu'on vous propose un projet insensé,
Sans que du moindre mot vous l'ayez repoussé!

MARIANE.

Contre un père absolu que veux-tu que je fasse?

DORINE.

Ce qu'il faut pour parer une telle menace.

MARIANE.

Quoi?

ACTE II, SCÈNE III.

DORINE.

Lui dire qu'un cœur n'aime point par autrui;
Que vous vous mariez pour vous, non pas pour lui,
Qu'étant celle pour qui se fait toute l'affaire,
C'est à vous, non à lui, que le mari doit plaire;
Et que si son Tartuffe est pour lui si charmant,
Il le peut épouser sans nul empêchement.

MARIANE.

Un père, je l'avoue, a sur nous tant d'empire,
Que je n'ai jamais eu la force de rien dire.

DORINE.

Mais raisonnons. Valère a fait pour vous des pas :
L'aimez-vous, je vous prie, ou ne l'aimez-vous pas ?

MARIANE.

Ah! qu'envers mon amour ton injustice est grande,
Dorine! Me dois-tu faire cette demande?
T'ai-je pas là-dessus ouvert cent fois mon cœur?
Et sais-tu pas pour lui jusqu'où va mon ardeur?

DORINE.

Que sais-je si le cœur a parlé par la bouche,
Et si c'est tout de bon que cet amant vous touche?

MARIANE.

Tu me fais un grand tort, Dorine, d'en douter;
Et mes vrais sentimens ont su trop éclater.

DORINE.

Enfin, vous l'aimez donc?

MARIANE.

Oui, d'une ardeur extrême.

DORINE.

Et selon l'apparence il vous aime de même?

MARIANE.

Je le crois.

DORINE.

Et tous deux brûlez également
De vous voir mariés ensemble?

MARIANE.

Assurément.

DORINE.

Sur cette autre union quelle est donc votre attente?

MARIANE.

De me donner la mort, si l'on me violente.

DORINE.

Fort bien. C'est un recours où je ne songeois pas.
Vous n'avez qu'à mourir pour sortir d'embarras.
Le remède sans doute est merveilleux. J'enrage
Lorsque j'entends tenir ces sortes de langage.

MARIANE.

Mon dieu! de quelle humeur, Dorine, tu te rends!
Tu ne compatis point aux déplaisirs des gens.

DORINE.

Je ne compatis point à qui dit des sornettes,
Et dans l'occasion mollit comme vous faites.

MARIANE.

Mais que veux-tu? si j'ai de la timidité.

DORINE.

Mais l'amour dans un cœur veut de la fermeté.

MARIANE.

Mais n'en gardé-je pas pour les feux de Valère?
Et n'est-ce pas à lui de m'obtenir d'un père?

DORINE.

Mais quoi! si votre père est un bourru fieffé,
Qui s'est de son Tartuffe entièrement coiffé,
Et manque à l'union qu'il avoit arrêtée,

La faute à votre amant doit-elle être imputée?

MARIANE.

Mais, par un haut refus et d'éclatans mépris,
Ferai-je, dans mon choix, voir un cœur trop épris?
Sortirai-je pour lui, quelque éclat dont il brille,
De la pudeur du sexe, et du devoir de fille?
Et veux-tu que mes feux par le monde étalés?...

DORINE.

Non, non, je ne veux rien. Je vois que vous voulez
Être à monsieur Tartuffe; et j'aurois, quand j'y pense,
Tort de vous détourner d'une telle alliance.
Quelle raison aurois-je à combattre vos vœux?
Le parti de soi-même est fort avantageux.
Monsieur Tartuffe! oh! oh! n'est-ce rien qu'on propose?
Certes, monsieur Tartuffe, à bien prendre la chose,
N'est pas un homme, non, qui se mouche du pied;
Et ce n'est pas peu d'heur que d'être sa moitié.
Tout le monde déja de gloire le couronne;
Il est noble chez lui, bien fait de sa personne;
Il a l'oreille rouge et le teint bien fleuri :
Vous vivrez trop contente avec un tel mari.

MARIANE.

Mon dieu!...

DORINE.

Quelle allégresse aurez-vous dans votre ame,
Quand d'un époux si beau vous vous verrez la femme!

MARIANE.

Ah! cesse, je te prie, un semblable discours;
Et contre cet hymen ouvre-moi du secours.
C'en est fait, je me rends, et suis prête à tout faire.

DORINE.

Non, il faut qu'une fille obéisse à son père,

Voulût-il lui donner un singe pour époux.
Votre sort est fort beau : de quoi vous plaignez-vous?
Vous irez par le coche en sa petite ville,
Qu'en oncles et cousins vous trouverez fertile,
Et vous vous plairez fort à les entretenir.
D'abord chez le beau monde on vous fera venir.
Vous irez visiter, pour votre bien-venue,
Madame la baillive et madame l'élue,
Qui d'un siége pliant vous feront honorer.
Là, dans le carnaval, vous pourrez espérer
Le bal et la grand' bande, à savoir, deux musettes,
Et parfois Fagotin et les marionnettes ;
Si pourtant votre époux...

MARIANE.

Ah! tu me fais mourir.
De tes conseils plutôt songe à me secourir.

DORINE.

Je suis votre servante.

MARIANE.

Hé! Dorine, de grace...

DORINE.

Il faut, pour vous punir, que cette affaire passe.

MARIANE.

Ma pauvre fille !

DORINE.

Non.

MARIANE.

Si mes vœux déclarés...

DORINE.

Point. Tartuffe est votre homme, et vous en tâterez.

MARIANE.

Tu sais qu'à toi toujours je me suis confiée :
Fais-moi...

ACTE II, SCÈNE IV.

DORINE.
Non, vous serez, ma foi, tartuffiée.

MARIANE.
Hé bien! puisque mon sort ne sauroit t'émouvoir,
Laisse-moi désormais toute à mon désespoir :
C'est de lui que mon cœur empruntera de l'aide ;
Et je sais de mes maux l'infaillible remède.

(*Mariane veut s'en aller.*)

DORINE.
Hé! là, là, revenez. Je quitte mon courroux.
Il faut, nonobstant tout, avoir pitié de vous.

MARIANE.
Vois-tu, si l'on m'expose à ce cruel martyre,
Je te le dis, Dorine, il faudra que j'expire.

DORINE.
Ne vous tourmentez point. On peut adroitement
Empêcher... Mais voici Valère, votre amant.

SCÈNE IV.

VALÈRE, MARIANE, DORINE.

VALÈRE.
On vient de débiter, madame, une nouvelle
Que je ne savois pas, et qui sans doute est belle.

MARIANE.
Quoi ?

VALÈRE.
Que vous épousez Tartuffe.

MARIANE.
                    Il est certain
Que mon père s'est mis en tête ce dessein.

VALÈRE.

Votre père, madame...

MARIANE.

A changé de visée :
La chose vient par lui de m'être proposée.

VALÈRE.

Quoi ! sérieusement ?

MARIANE.

Oui, sérieusement.
Il s'est pour cet hymen déclaré hautement.

VALÈRE.

Et quel est le dessein où votre ame s'arrête,
Madame ?

MARIANE.

Je ne sais.

VALÈRE.

La réponse est honnête.
Vous ne savez ?

MARIANE.

Non.

VALÈRE.

Non ?

MARIANE.

Que me conseillez-vous ?

VALÈRE.

Je vous conseille, moi, de prendre cet époux.

MARIANE.

Vous me le conseillez ?

VALÈRE.

Oui.

MARIANE.

Tout de bon ?

ACTE II, SCÈNE IV.

VALÈRE.

                                         Sans doute.
Le choix est glorieux, et vaut bien qu'on l'écoute.

MARIANE.

Hé bien ! c'est un conseil, monsieur, que je reçois.

VALÈRE.

Vous n'aurez pas grand' peine à le suivre, je crois

MARIANE.

Pas plus qu'à le donner en a souffert votre ame.

VALÈRE.

Moi, je vous l'ai donné pour vous plaire, madame.

MARIANE.

Et moi, je le suivrai pour vous faire plaisir.

DORINE, *se retirant dans le fond du théâtre.*

Voyons ce qui pourra de ceci réussir.

VALÈRE.

C'est donc ainsi qu'on aime ? Et c'étoit tromperie
Quand vous...

MARIANE.

            Ne parlons point de cela, je vous prie.
Vous m'avez dit tout franc que je dois accepter
Celui que pour époux on me veut présenter :
Et je déclare, moi, que je prétends le faire,
Puisque vous m'en donnez le conseil salutaire.

VALÈRE.

Ne vous excusez point sur mes intentions.
Vous aviez pris déja vos résolutions ;
Et vous vous saisissez d'un prétexte frivole
Pour vous autoriser à manquer de parole.

MARIANE.

Il est vrai, c'est bien dit.

VALÈRE.

Sans doute; et votre cœur
N'a jamais eu pour moi de véritable ardeur.

MARIANE.

Hélas! permis à vous d'avoir cette pensée.

VALÈRE.

Oui, oui, permis à moi : mais mon ame offensée
Vous préviendra peut-être en un pareil dessein;
Et je sais où porter et mes vœux et ma main.

MARIANE.

Ah! je n'en doute point; et les ardeurs qu'excite
Le mérite...

VALÈRE.

Mon dieu! laissons là le mérite;
J'en ai fort peu, sans doute, et vous en faites foi.
Mais j'espère aux bontés qu'une autre aura pour moi;
Et j'en sais de qui l'ame, à ma retraite ouverte,
Consentira sans honte à réparer ma perte.

MARIANE.

La perte n'est pas grande; et de ce changement
Vous vous consolerez assez facilement.

VALÈRE.

J'y ferai mon possible; et vous le pouvez croire.
Un cœur qui nous oublie engage notre gloire;
Il faut à l'oublier mettre aussi tous nos soins :
Si l'on n'en vient à bout, on le doit feindre au moins;
Et cette lâcheté jamais ne se pardonne,
De montrer de l'amour pour qui nous abandonne.

MARIANE.

Ce sentiment, sans doute, est noble et relevé.

VALÈRE.

Fort bien; et d'un chacun il doit être approuvé.

ACTE II, SCÈNE IV.

Hé quoi! vous voudriez qu'à jamais dans mon ame
Je gardasse pour vous les ardeurs de ma flamme,
Et vous visse, à mes yeux, passer en d'autres bras,
Sans mettre ailleurs un cœur dont vous ne voulez pas?

MARIANE.

Au contraire; pour moi, c'est ce que je souhaite;
Et je voudrois déja que la chose fût faite.

VALÈRE.

Vous le voudriez?

MARIANE.

Oui.

VALÈRE.

C'est assez m'insulter,
Madame; et, de ce pas, je vais vous contenter.

(*Il fait un pas pour s'en aller.*)

MARIANE.

Fort bien.

VALÈRE, *revenant.*

Souvenez-vous au moins que c'est vous-même
Qui contraignez mon cœur à cet effort extrême.

MARIANE.

Oui.

VALÈRE, *revenant encore.*

Et que le dessein que mon ame conçoit
N'est rien qu'à votre exemple.

MARIANE.

A mon exemple, soit.

VALÈRE, *en sortant.*

Suffit: vous allez être à point nommé servie.

MARIANE.

Tant mieux.

VALÈRE, *revenant encore.*

Vous me voyez, c'est pour toute ma vie.

MARIANE.

A la bonne heure.

VALÈRE, *se retournant lorsqu'il est prêt à sortir.*

Hé?

MARIANE.

Quoi?

VALÈRE.

Ne m'appelez-vous pas?

MARIANE.

Moi! Vous rêvez.

VALÈRE.

Hé bien! je poursuis donc mes pas.
Adieu, madame.

(*Il s'en va lentement.*)

MARIANE.

Adieu, monsieur.

DORINE, *à Mariane.*

Pour moi, je pense
Que vous perdez l'esprit par cette extravagance;
Et je vous ai laissés tout du long quereller,
Pour voir où tout cela pourroit enfin aller.
Holà! seigneur Valère.

(*Elle arrête Valère par le bras.*)

VALÈRE, *feignant de résister.*

Hé! que veux-tu, Dorine?

DORINE.

Venez ici.

ACTE II, SCÈNE IV.

VALÈRE.

Non, non, le dépit me domine.
Ne me détourne point de ce qu'elle a voulu.

DORINE.

Arrêtez.

VALÈRE.

Non, vois-tu, c'est un point résolu.

DORINE.

Ah!

MARIANE, *à part.*

Il souffre à me voir, ma présence le chasse;
Et je ferai bien mieux de lui quitter la place.

DORINE, *quittant Valère, et courant après Mariane.*

A l'autre! Où courez-vous?

MARIANE.

Laisse.

DORINE.

Il faut revenir.

MARIANE.

Non, non, Dorine; en vain tu veux me retenir.

VALÈRE, *à part.*

Je vois bien que ma vue est pour elle un supplice;
Et, sans doute, il vaut mieux que je l'en affranchisse.

DORINE, *quittant Mariane, et courant après Valère.*

Encor! Diantre soit fait de vous, si je le veux. [1]
Cessez ce badinage; et venez çà tous deux.

(*Elle prend Valère et Mariane par la main, et les ramène.*)

VARIANTE. (1) *Diantre soit fait de vous! Si... Je le veux.*

VALÈRE, *à Dorine.*

Mais quel est ton dessein ?

MARIANE, *à Dorine.*

Qu'est-ce que tu veux fai[re]

DORINE.

Vous bien remettre ensemble, et vous tirer d'affaire.
(*à Valère.*)
Êtes-vous fou d'avoir un pareil démêlé ?

VALÈRE.

N'as-tu pas entendu comme elle m'a parlé ?

DORINE, *à Mariane.*

Êtes-vous folle, vous, de vous être emportée ?

MARIANE.

N'as-tu pas vu la chose, et comme il m'a traitée ?

DORINE.

(*à Valère.*)
Sottise des deux parts. Elle n'a d'autre soin
Que de se conserver à vous, j'en suis témoin.
(*à Mariane.*)
Il n'aime que vous seule, et n'a point d'autre envie
Que d'être votre époux, j'en réponds sur ma vie.

MARIANE, *à Valère.*

Pourquoi donc me donner un semblable conseil ?

VALÈRE, *à Mariane.*

Pourquoi m'en demander sur un sujet pareil ?

DORINE.

Vous êtes fous tous deux. Çà, la main l'un et l'autre
(*à Valère.*)
Allons, vous.

ACTE II, SCÈNE IV.

VALÈRE, *en donnant sa main à Dorine.*

A quoi bon ma main?

DORINE, *à Mariane.*

Ah çà! la vôtre.

MARIANE, *en donnant aussi sa main.*

De quoi sert tout cela?

DORINE.

Mon dieu! vîte, avancez.
Vous vous aimez tous deux plus que vous ne pensez.

(*Valère et Mariane se tiennent quelque temps par la main sans se regarder.*)

VALÈRE, *se tournant vers Mariane.*

Mais ne faites donc point les choses avec peine;
Et regardez un peu les gens sans nulle haine.

(*Mariane se tourne du côté de Valère en lui souriant.*)

DORINE.

A vous dire le vrai, les amans sont bien fous!

VALÈRE, *à Mariane.*

Oh çà! n'ai-je pas lieu de me plaindre de vous?
Et, pour n'en point mentir, n'êtes-vous pas méchante
De vous plaire à me dire une chose affligeante?

MARIANE.

Mais vous, n'êtes-vous pas l'homme le plus ingrat?...

DORINE.

Pour une autre saison laissons tout ce débat,
Et songeons à parer ce fâcheux mariage.

MARIANE.

Dis-nous donc quels ressorts il faut mettre en usage.

DORINE.

Nous en ferons agir de toutes les façons.

(à Mariane.) (à Valère.)

Votre père se moque; et ce sont des chansons.

(à Mariane.)

Mais, pour vous, il vaut mieux qu'à son extravagance
D'un doux consentement vous prêtiez l'apparence,
Afin qu'en cas d'alarme il vous soit plus aisé
De tirer en longueur cet hymen proposé.
En attrapant du temps, à tout on remédie.
Tantôt vous payerez de quelque maladie,
Qui viendra tout-à-coup, et voudra des délais;
Tantôt vous payerez de présages mauvais;
Vous aurez fait d'un mort la rencontre fâcheuse,
Cassé quelque miroir, ou songé d'eau bourbeuse:
Enfin, le bon de tout, c'est qu'à d'autres qu'à lui
On ne vous peut lier, que vous ne disiez oui.
Mais, pour mieux réussir, il est bon, ce me semble
Qu'on ne vous trouve point tous deux parlant ensemble

(à Valère.)

Sortez; et, sans tarder, employez vos amis
Pour vous faire tenir ce qu'on vous a promis.
Nous allons réveiller les efforts de son frère,
Et dans notre parti jeter la belle-mère.
Adieu.

VALÈRE, à Mariane.

Quelques efforts que nous préparions tous,
Ma plus grande espérance, à vrai dire, est en vous.

MARIANE, à Valère.

Je ne vous réponds pas des volontés d'un père;
Mais je ne serai point à d'autre qu'à Valère.

ACTE II, SCÈNE IV.

VALÈRE.

Que vous me comblez d'aise! Et quoi que puisse oser...

DORINE.

Ah! jamais les amans ne sont las de jaser.
Sortez, vous dis-je.

VALÈRE, *revenant sur ses pas.*

Enfin...

DORINE.

Quel caquet est le vôtre!
Tirez de cette part; et vous, tirez de l'autre.

(*Dorine les pousse chacun par l'épaule, et les oblige de se séparer.*)

FIN DU SECOND ACTE.

ACTE III.

SCÈNE PREMIÈRE.

DAMIS, DORINE.

DAMIS.

Que la foudre, sur l'heure, achève mes destins,
Qu'on me traite partout du plus grand des faquins,
S'il est aucun respect, ni pouvoir qui m'arrête,
Et si je ne fais pas quelque coup de ma tête!

DORINE.

De grace, modérez un tel emportement :
Votre père n'a fait qu'en parler simplement.
On n'exécute pas tout ce qui se propose ;
Et le chemin est long du projet à la chose.

DAMIS.

Il faut que de ce fat j'arrête les complots,
Et qu'à l'oreille un peu je lui dise deux mots.

DORINE.

Ah! tout doux! envers lui, comme envers votre père,
Laissez agir les soins de votre belle-mère.
Sur l'esprit de Tartuffe elle a quelque crédit ;
Il se rend complaisant à tout ce qu'elle dit,
Et pourroit bien avoir douceur de cœur pour elle.
Plût à Dieu qu'il fût vrai! la chose seroit belle.
Enfin, votre intérêt l'oblige à le mander :

ACTE III, SCÈNE II.

Sur l'hymen qui vous trouble elle veut le sonder,
Savoir ses sentimens, et lui faire connoître
Quels fâcheux démêlés il pourra faire naître
S'il faut qu'à ce dessein il prête quelque espoir.
Son valet dit qu'il prie; et je n'ai pu le voir :
Mais ce valet m'a dit qu'il s'en alloit descendre.
Sortez donc, je vous prie, et me laissez l'attendre.

DAMIS.

Je puis être présent à tout cet entretien.

DORINE.

Point. Il faut qu'ils soient seuls.

DAMIS.

       Je ne lui dirai rien.

DORINE.

Vous vous moquez : on sait vos transports ordinaires;
Et c'est le vrai moyen de gâter les affaires.
Sortez.

DAMIS.

  Non; je veux voir, sans me mettre en courroux.

DORINE.

Que vous êtes fâcheux! Il vient. Retirez-vous.

(*Damis va se cacher dans un cabinet qui est au fond du théâtre.*)

SCÈNE II.

TARTUFFE, DORINE.

TARTUFFE, *parlant haut à son valet, qui est dans la maison, dès qu'il aperçoit Dorine.*

Laurent, serrez ma haire avec ma discipline,
Et priez que toujours le ciel vous illumine.

Si l'on vient pour me voir, je vais aux prisonniers
Des aumônes que j'ai partager les deniers.

DORINE, *à part.*

Que d'affectation et de forfanterie !

TARTUFFE.

Que voulez-vous ?

DORINE.

Vous dire...

TARTUFFE, *tirant un mouchoir de sa poche.*

Ah ! mon dieu ! je vous prie,
Avant que de parler, prenez-moi ce mouchoir.

DORINE.

Comment !

TARTUFFE.

Couvrez ce sein que je ne saurois voir.
Par de pareils objets les ames sont blessées,
Et cela fait venir de coupables pensées.

DORINE.

Vous êtes donc bien tendre à la tentation ;
Et la chair sur vos sens fait grande impression !
Certes, je ne sais pas quelle chaleur vous monte :
Mais à convoiter, moi, je ne suis point si prompte ;
Et je vous verrois nu, du haut jusques en bas,
Que toute votre peau ne me tenteroit pas.

TARTUFFE.

Mettez dans vos discours un peu de modestie,
Ou je vais sur le champ vous quitter la partie.

DORINE.

Non, non, c'est moi qui vais vous laisser en repos,
Et je n'ai seulement qu'à vous dire deux mots.
Madame va venir dans cette salle basse,
Et d'un mot d'entretien vous demande la grace.

TARTUFFE.

Hélas! très-volontiers.

DORINE, *à part.*

Comme il se radoucit!
Ma foi, je suis toujours pour ce que j'en ai dit.

TARTUFFE.

Viendra-t-elle bientôt?

DORINE.

Je l'entends, ce me semble.
Oui, c'est elle en personne, et je vous laisse ensemble.

SCÈNE III.

ELMIRE, TARTUFFE.

TARTUFFE.

Que le ciel à jamais, par sa toute bonté,
Et de l'ame et du corps vous donne la santé,
Et bénisse vos jours autant que le desire
Le plus humble de ceux que son amour inspire!

ELMIRE.

Je suis fort obligée à ce souhait pieux.
Mais prenons une chaise, afin d'être un peu mieux.

TARTUFFE, *assis.*

Comment de votre mal vous sentez-vous remise?

ELMIRE, *assise.*

Fort bien; et cette fièvre a bientôt quitté prise.

TARTUFFE.

Mes prières n'ont pas le mérite qu'il faut
Pour avoir attiré cette grace d'en haut;
Mais je n'ai fait au ciel nulle dévote instance

Qui n'ait eu pour objet votre convalescence.

ELMIRE.

Votre zèle pour moi s'est trop inquiété.

TARTUFFE.

On ne peut trop chérir votre chère santé ;
Et, pour la rétablir j'aurois donné la mienne.

ELMIRE.

C'est pousser bien avant la charité chrétienne ;
Et je vous dois beaucoup pour toutes ces bontés.

TARTUFFE.

Je fais bien moins pour vous que vous ne méritez.

ELMIRE.

J'ai voulu vous parler en secret d'une affaire,
Et suis bien aise, ici, qu'aucun ne nous éclaire.

TARTUFFE.

J'en suis ravi de même ; et, sans doute, il m'est doux,
Madame, de me voir seul à seul avec vous.
C'est une occasion qu'au ciel j'ai demandée,
Sans que, jusqu'à cette heure, il me l'ait accordée.

ELMIRE.

Pour moi, ce que je veux, c'est un mot d'entretien,
Où tout votre cœur s'ouvre, et ne me cache rien.

(*Damis, sans se montrer, entr'ouvre la porte du cabinet dans lequel il s'étoit retiré, pour entendre la conversation.*)

TARTUFFE.

Et je ne veux aussi, pour grâce singulière,
Que montrer à vos yeux mon ame tout entière,
Et vous faire serment que les bruits que j'ai faits
Des visites qu'ici reçoivent vos attraits
Ne sont pas envers vous l'effet d'aucune haine,

ACTE III, SCÈNE III.

Mais plutôt d'un transport de zèle qui m'entraîne,
Et d'un pur mouvement...

ELMIRE.

Je le prends bien aussi,
Et crois que mon salut vous donne ce souci.

TARTUFFE, *prenant la main d'Elmire, et lui serrant les doigts.*

Oui, madame, sans doute; et ma ferveur est telle...

ELMIRE.

Ouf! vous me serrez trop.

TARTUFFE.

C'est par excès de zèle.
De vous faire aucun mal je n'eus jamais dessein,
Et j'aurois bien plutôt...

(*Il met la main sur les genoux d'Elmire.*)

ELMIRE.

Que fait là votre main?

TARTUFFE.

Je tâte votre habit : l'étoffe en est moëlleuse.

ELMIRE.

Ah! de grace, laissez, je suis fort chatouilleuse.

(*Elmire recule son fauteuil, et Tartuffe se rapproche d'elle.*)

TARTUFFE, *maniant le fichu d'Elmire.*

Mon dieu! que de ce point l'ouvrage est merveilleux!
On travaille aujourd'hui d'un air miraculeux :
Jamais, en toute chose, on n'a vu si bien faire.

ELMIRE.

Il est vrai. Mais parlons un peu de notre affaire.
On tient que mon mari veut dégager sa foi,

Et vous donner sa fille. Est-il vrai? dites-moi.

TARTUFFE.

Il m'en a dit deux mots : mais, madame, à vrai dire,
Ce n'est pas le bonheur après quoi je soupire;
Et je vois autre part les merveilleux attraits
De la félicité qui fait tous mes souhaits.

ELMIRE.

C'est que vous n'aimez rien des choses de la terre.

TARTUFFE.

Mon sein n'enferme pas un cœur qui soit de pierre.

ELMIRE.

Pour moi, je crois qu'au ciel tendent tous vos soupirs,
Et que rien ici-bas n'arrête vos desirs.

TARTUFFE.

L'amour qui nous attache aux beautés éternelles
N'étouffe pas en nous l'amour des temporelles :
Nos sens facilement peuvent être charmés
Des ouvrages parfaits que le ciel a formés.
Ses attraits réfléchis brillent dans vos pareilles :
Mais il étale en vous ses plus rares merveilles;
Il a sur votre face épanché des beautés
Dont les yeux sont surpris, et les cœurs transportés;
Et je n'ai pû vous voir, parfaite créature,
Sans admirer en vous l'auteur de la nature,
Et d'une ardente amour [1] sentir mon cœur atteint,
Au plus beau des portraits où lui-même il s'est peint.
D'abord j'appréhendai que cette ardeur secrète
Ne fût du noir esprit une surprise adroite;
Et même à fuir vos yeux mon cœur se résolut,
Vous croyant un obstacle à faire mon salut.

VARIANTE. (1) *Et d'un ardent amour.*

ACTE III, SCÈNE III.

Mais enfin je connus, ô beauté tout aimable,
Que cette passion peut n'être point coupable,
Que je puis l'ajuster avecque la pudeur;
Et c'est ce qui m'y fait abandonner mon cœur.
Ce m'est, je le confesse, une audace bien grande
Que d'oser de ce cœur vous adresser l'offrande;
Mais j'attends en mes vœux tout de votre bonté,
Et rien des vains efforts de mon infirmité.
En vous est mon espoir, mon bien, ma quiétude;
De vous dépend ma peine ou ma béatitude;
Et je vais être enfin, par votre seul arrêt,
Heureux, si vous voulez; malheureux, s'il vous plaît.

ELMIRE.

La déclaration est tout-à-fait galante;
Mais elle est, à vrai dire, un peu bien surprenante.
Vous deviez, ce me semble, armer mieux votre sein,
Et raisonner un peu sur un pareil dessein.
Un dévot comme vous, et que partout on nomme...

TARTUFFE.

Ah! pour être dévot, je n'en suis pas moins homme:
Et, lorsqu'on vient à voir vos célestes appas,
Un cœur se laisse prendre, et ne raisonne pas.
Je sais qu'un tel discours de moi paroît étrange :
Mais, madame, après tout, je ne suis pas un ange;
Et, si vous condamnez l'aveu que je vous fais,
Vous devez vous en prendre à vos charmans attraits.
Dès que j'en vis briller la splendeur plus qu'humaine,
De mon intérieur vous fûtes souveraine;
De vos regards divins l'ineffable douceur
Força la résistance où s'obstinoit mon cœur;
Elle surmonta tout, jeûnes, prières, larmes,
Et tourna tous mes vœux du côté de vos charmes.
Mes yeux et mes soupirs vous l'ont dit mille fois;
Et, pour mieux m'expliquer, j'emploie ici la voix.

Que si vous contemplez, d'une ame un peu bénigne,
Les tribulations de votre esclave indigne ;
S'il faut que vos bontés veuillent me consoler,
Et jusqu'à mon néant daignent se ravaler,
J'aurai toujours pour vous, ô suave merveille,
Une dévotion à nulle autre pareille.
Votre honneur avec moi ne court point de hasard,
Et n'a nulle disgrace à craindre de ma part.
Tous ces galans de cour, dont les femmes sont folles,
Sont bruyans dans leurs faits et vains dans leurs paroles ;
De leurs progrès sans cesse on les voit se targuer ;
Ils n'ont point de faveurs qu'ils n'aillent divulguer ;
Et leur langue indiscrète, en qui l'on se confie,
Déshonore l'autel où leur cœur sacrifie.
Mais les gens comme nous brûlent d'un feu discret,
Avec qui, pour toujours, on est sûr du secret.
Le soin que nous prenons de notre renommée
Répond de toute chose à la personne aimée ;
Et c'est en nous qu'on trouve, acceptant notre cœur,
De l'amour sans scandale, et du plaisir sans peur.

ELMIRE.

Je vous écoute dire ; et votre rhétorique
En termes assez forts à mon ame s'explique.
N'appréhendez-vous point que je ne sois d'humeur
A dire à mon mari cette galante ardeur,
Et que le prompt avis d'un amour de la sorte
Ne pût bien altérer l'amitié qu'il vous porte ?

TARTUFFE.

Je sais que vous avez trop de bénignité,
Et que vous ferez grace à ma témérité ;
Que vous m'excuserez, sur l'humaine foiblesse,
Des violens transports d'un amour qui vous blesse,
Et considérerez, en regardant votre air,
Que l'on n'est pas aveugle, et qu'un homme est de chair.

ELMIRE.

D'autres prendroient cela d'autre façon peut-être;
Mais ma discrétion se veut faire paroître.
Je ne redirai point l'affaire à mon époux;
Mais je veux, en revanche, une chose de vous :
C'est de presser tout franc, et sans nulle chicane,
L'union de Valère avecque Mariane,
De renoncer vous-même à l'injuste pouvoir
Qui veut du bien d'un autre enrichir votre espoir;
Et...

SCÈNE IV.

ELMIRE, DAMIS, TARTUFFE.

DAMIS, *sortant du cabinet où il s'étoit retiré.*

Non, madame, non; ceci doit se répandre.
J'étois en cet endroit, d'où j'ai pu tout entendre;
Et la bonté du ciel m'y semble avoir conduit
Pour confondre l'orgueil d'un traître qui me nuit,
Pour m'ouvrir une voie à prendre la vengeance
De son hypocrisie et de son insolence,
A détromper mon père, et lui mettre en plein jour
L'ame d'un scélérat qui vous parle d'amour.

ELMIRE.

Non, Damis; il suffit qu'il se rende plus sage,
Et tâche à mériter la grace où je m'engage.
Puisque je l'ai promis, ne m'en dédites pas.
Ce n'est point mon humeur de faire des éclats;
Une femme se rit de sottises pareilles,
Et jamais d'un mari n'en trouble les oreilles.

DAMIS.

Vous avez vos raisons pour en user ainsi;
Et pour faire autrement j'ai les miennes aussi.

Le vouloir épargner est une raillerie;
Et l'insolent orgueil de sa cagoterie
N'a triomphé que trop de mon juste courroux,
Et que trop excité de désordre chez nous. (1)
Le fourbe trop long-temps a gouverné mon père,
Et desservi mes feux avec ceux de Valère.
Il faut que du perfide il soit désabusé;
Et le ciel pour cela m'offre un moyen aisé.
De cette occasion je lui suis redevable,
Et, pour la négliger, elle est trop favorable :
Ce seroit mériter qu'il me la vînt ravir
Que de l'avoir en main et ne m'en pas servir.

ELMIRE.

Damis...

DAMIS.

Non, s'il vous plaît, il faut que je me croie.
Mon ame est maintenant au comble de sa joie;
Et vos discours en vain prétendent m'obliger
A quitter le plaisir de me pouvoir venger.
Sans aller plus avant, je vais vider l'affaire;
Et voici justement de quoi me satisfaire.

SCÈNE V.

ORGON, ELMIRE, DAMIS, TARTUFFE.

DAMIS.

Nous allons régaler, mon père, votre abord
D'un incident tout frais qui vous surprendra fort.
Vous êtes bien payé de toutes vos caresses,
Et monsieur d'un beau prix reconnoît vos tendresses.
Son grand zèle pour vous vient de se déclarer :

VARIANTE. (1) *De désordres chez nous.*

ACTE III, SCÈNE VI.

Il ne va pas à moins qu'à vous déshonorer;
Et je l'ai surpris là qui faisoit à madame
L'injurieux aveu d'une coupable flamme.
Elle est d'une humeur douce, et son cœur trop discret
Vouloit à toute force en garder le secret;
Mais je ne puis flatter une telle impudence,
Et crois que vous la taire est vous faire une offense.

ELMIRE.

Oui, je tiens que jamais de tous ces vains propos
On ne doit d'un mari traverser le repos;
Que ce n'est point de là que l'honneur peut dépendre;
Et qu'il suffit pour nous de savoir nous défendre.
Ce sont mes sentimens; et vous n'auriez rien dit,
Damis, si j'avois eu sur vous quelque crédit.

SCÈNE VI.

ORGON, DAMIS, TARTUFFE.

ORGON.

Ce que je viens d'entendre, ô ciel! est-il croyable!

TARTUFFE.

Oui, mon frère, je suis un méchant, un coupable,
Un malheureux pécheur, tout plein d'iniquité,
Le plus grand scélérat qui jamais ait été.
Chaque instant de ma vie est chargé de souillures;
Elle n'est qu'un amas de crimes et d'ordures;
Et je vois que le ciel, pour ma punition,
Me veut mortifier en cette occasion.
De quelque grand forfait qu'on me puisse reprendre,
Je n'ai garde d'avoir l'orgueil de m'en défendre.
Croyez ce qu'on vous dit, armez votre courroux,
Et comme un criminel chassez-moi de chez vous;
Je ne saurois avoir tant de honte en partage,

Que je n'en aie encor mérité davantage.

ORGON, *à son fils.*

Ah! traître, oses-tu bien, par cette fausseté,
Vouloir de sa vertu ternir la pureté?

DAMIS.

Quoi! la feinte douceur de cette ame hypocrite
Vous fera démentir...

ORGON.

Tais-toi, peste maudite.

TARTUFFE.

Ah! laissez-le parler; vous l'accusez à tort,
Et vous ferez bien mieux de croire à son rapport.
Pourquoi sur un tel fait m'être si favorable?
Savez-vous, après tout, de quoi je suis capable?
Vous fiez-vous, mon frère, à mon extérieur?
Et, pour tout ce qu'on voit, me croyez-vous meilleur?
Non, non: vous vous laissez tromper à l'apparence;
Et je ne suis rien moins, hélas! que ce qu'on pense.
Tout le monde me prend pour un homme de bien;
Mais la vérité pure est que je ne vaux rien.

(*s'adressant à Damis.*)

Oui, mon cher fils, parlez; traitez-moi de perfide,
D'infâme, de perdu, de voleur, d'homicide;
Accablez-moi de noms encor plus détestés:
Je n'y contredis point, je les ai mérités;
Et j'en veux à genoux souffrir l'ignominie,
Comme une honte due aux crimes de ma vie.

ORGON.

(*à Tartuffe.*)　　(*à son fils.*)

Mon frère, c'en est trop. Ton cœur ne se rend point,
Traître!

DAMIS.

Quoi! ses discours vous séduiront au point...

ACTE III, SCÈNE VI.

ORGON.

(*relevant Tartuffe.*)

Tais-toi, pendard. Mon frère, hé! levez-vous, de grace!
(*à son fils.*)
Infâme!

DAMIS.

Il peut...

ORGON.

Tais-toi.

DAMIS.

J'enrage. Quoi! je passe...

ORGON.

Si tu dis un seul mot, je te romprai les bras.

TARTUFFE.

Mon frère, au nom de Dieu, ne vous emportez pas!
J'aimerois mieux souffrir la peine la plus dure,
Qu'il eût reçu pour moi la moindre égratignure.

ORGON, *à son fils.*

Ingrat!

TARTUFFE.

Laissez-le en paix. S'il faut, à deux genoux,
Vous demander sa grace...

ORGON, *se jetant aussi à genoux, et embrassant Tartuffe.*

Hélas! vous moquez-vous?
(*à son fils.*)
Coquin! vois sa bonté!

DAMIS.

Donc...

ORGON.

Paix.

DAMIS.

Quoi! je...

ORGON.

Paix, dis-je :
Je sais bien quel motif à l'attaquer t'oblige.
Vous le haïssez tous; et je vois aujourd'hui
Femme, enfans, et valets, déchaînés contre lui.
On met impudemment toute chose en usage
Pour ôter de chez moi ce dévot personnage :
Mais plus on fait d'efforts afin de l'en bannir,
Plus j'en veux employer à l'y mieux retenir;
Et je vais me hâter de lui donner ma fille,
Pour confondre l'orgueil de toute ma famille.

DAMIS.

A recevoir sa main on pense l'obliger?

ORGON.

Oui, traître, et dès ce soir, pour vous faire enrager.
Ah! je vous brave tous, et vous ferai connoître
Qu'il faut qu'on m'obéisse, et que je suis le maître.
Allons, qu'on se rétracte; et qu'à l'instant, fripon,
On se jette à ses pieds pour demander pardon.

DAMIS.

Qui? moi! de ce coquin, qui, par ses impostures...

ORGON.

Ah! tu résistes, gueux, et lui dis des injures!
(à Tartuffe.)
Un bâton! un bâton! Ne me retenez pas.
(à son fils.)
Sus; que de ma maison on sorte de ce pas,
Et que d'y revenir on n'ait jamais l'audace.

DAMIS.

Oui, je sortirai; mais...

ACTE III, SCÈNE VII.

ORGON.

Vîte, quittons la place.
Je te prive, pendard, de ma succession,
Et te donne, de plus, ma malédiction.

SCÈNE VII.

ORGON, TARTUFFE.

ORGON.

Offenser de la sorte une sainte personne!

TARTUFFE.

O ciel! pardonne-lui la douleur qu'il me donne![1]
(*à Orgon.*)
Si vous pouviez savoir avec quel déplaisir
Je vois qu'envers mon frère on tâche à me noircir...

ORGON.

Hélas!

TARTUFFE.

Le seul penser de cette ingratitude
Fait souffrir à mon ame un supplice si rude...
L'horreur que j'en conçois... J'ai le cœur si serré
Que je ne puis parler, et crois que j'en mourrai.

ORGON, *courant tout en larmes à la porte par où il a chassé son fils.*

Coquin! je me repens que ma main t'ait fait grace,
Et ne t'ait pas d'abord assommé sur la place.
(*à Tartuffe.*)
Remettez-vous, mon frère, et ne vous fâchez pas.

TARTUFFE.

Rompons, rompons le cours de ces fâcheux débats.

VARIANTE. (1) *O ciel! pardonne-lui comme je lui pardonne!*

Je regarde céans quels grands troubles j'apporte,
Et crois qu'il est besoin, mon frère, que j'en sorte.

ORGON.

Comment ! vous moquez-vous ?

TARTUFFE.

On m'y hait, et je voi
Qu'on cherche à vous donner des soupçons de ma foi.

ORGON.

Qu'importe ? Voyez-vous que mon cœur les écoute ?

TARTUFFE.

On ne manquera pas de poursuivre, sans doute ;
Et ces mêmes rapports qu'ici vous rejetez
Peut-être une autre fois seront-ils écoutés.

ORGON.

Non, mon frère, jamais.

TARTUFFE.

Ah ! mon frère, une femme
Aisément d'un mari peut bien surprendre l'ame.

ORGON.

Non, non.

TARTUFFE.

Laissez-moi vîte, en m'éloignant d'ici,
Leur ôter tout sujet de m'attaquer ainsi.

ORGON.

Non, vous demeurerez ; il y va de ma vie.

TARTUFFE.

Hé bien ! il faudra donc que je me mortifie.
Pourtant, si vous vouliez...

ORGON.

Ah !

TARTUFFE.

                    Soit : n'en parlons plus.
Mais je sais comme il faut en user là-dessus.
L'honneur est délicat, et l'amitié m'engage
A prévenir les bruits et les sujets d'ombrage.
Je fuirai votre épouse, et vous ne me verrez...

ORGON.

Non, en dépit de tous vous la fréquenterez.
Faire enrager le monde est ma plus grande joie ;
Et je veux qu'à toute heure avec elle on vous voie.
Ce n'est pas tout encor : pour les mieux braver tous,
Je ne veux point avoir d'autre héritier que vous ;
Et je vais, de ce pas, en fort bonne manière,
Vous faire de mon bien donation entière.
Un bon et franc ami, que pour gendre je prends,
M'est bien plus cher que fils, que femme, et que parens.
N'accepterez-vous pas ce que je vous propose ?

TARTUFFE.

La volonté du ciel soit faite en toute chose !

ORGON.

Le pauvre homme ! Allons vîte en dresser un écrit :
Et que puisse l'envie en crever de dépit !

FIN DU TROISIÈME ACTE.

ACTE IV.

SCÈNE PREMIÈRE.

CLÉANTE, TARTUFFE.

CLÉANTE.

Oui, tout le monde en parle, et vous m'en pouvez croire.
L'éclat que fait ce bruit n'est point à votre gloire;
Et je vous ai trouvé, monsieur, fort à propos
Pour vous en dire net ma pensée en deux mots.
Je n'examine point à fond ce qu'on expose;
Je passe là-dessus, et prends au pis la chose.
Supposons que Damis n'en ait pas bien usé,
Et que ce soit à tort qu'on vous ait accusé;
N'est-il pas d'un chrétien de pardonner l'offense,
Et d'éteindre en son cœur tout desir de vengeance?
Et devez-vous souffrir, pour votre démêlé,
Que du logis d'un père un fils soit exilé?
Je vous le dis encore, et parle avec franchise,
Il n'est petit ni grand qui ne s'en scandalise;
Et, si vous m'en croyez, vous pacifierez tout,
Et ne pousserez point les affaires à bout.
Sacrifiez à Dieu toute votre colère,
Et remettez le fils en grace avec le père.

TARTUFFE.

Hélas! je le voudrois, quant à moi, de bon cœur;
Je ne garde pour lui, monsieur, aucune aigreur;
Je lui pardonne tout; de rien je ne le blâme,

ACTE IV, SCÈNE I.

Et voudrois le servir du meilleur de mon ame :
Mais l'intérêt du ciel n'y sauroit consentir ;
Et, s'il rentre céans, c'est à moi d'en sortir.
Après son action, qui n'eut jamais d'égale,
Le commerce entre nous porteroit du scandale :
Dieu sait ce que d'abord tout le monde en croiroit !
A pure politique on me l'imputeroit :
Et l'on diroit partout que, me sentant coupable,
Je feins pour qui m'accuse un zèle charitable ;
Que mon cœur l'appréhende, et veut le ménager
Pour le pouvoir, sous main, au silence engager.

CLÉANTE.

Vous nous payez ici d'excuses colorées,
Et toutes vos raisons, monsieur, sont trop tirées.
Des intérêts du ciel pourquoi vous chargez-vous ?
Pour punir le coupable a-t-il besoin de nous ?
Laissez-lui, laissez-lui le soin de ses vengeances :
Ne songez qu'au pardon qu'il prescrit des offenses ;
Et ne regardez point aux jugemens humains,
Quand vous suivez du ciel les ordres souverains.
Quoi ! le foible intérêt de ce qu'on pourra croire
D'une bonne action empêchera la gloire !
Non, non ; faisons toujours ce que le ciel prescrit,
Et d'aucun autre soin ne nous brouillons l'esprit.

TARTUFFE.

Je vous ai déja dit que mon cœur lui pardonne ;
Et c'est faire, monsieur, ce que le ciel ordonne :
Mais, après le scandale et l'affront d'aujourd'hui,
Le ciel n'ordonne pas que je vive avec lui.

CLÉANTE.

Et vous ordonne-t-il, monsieur, d'ouvrir l'oreille
A ce qu'un pur caprice à son père conseille,
Et d'accepter le don qui vous est fait d'un bien

Où le droit vous oblige à ne prétendre rien?

TARTUFFE.

Ceux qui me connoîtront n'auront pas la pensée
Que ce soit un effet d'une ame intéressée.
Tous les biens de ce monde ont pour moi peu d'appas;
De leur éclat trompeur je ne m'éblouis pas :
Et si je me résous à recevoir du père
Cette donation qu'il a voulu me faire,
Ce n'est, à dire vrai, que parce que je crains
Que tout ce bien ne tombe en de méchantes mains;
Qu'il ne trouve des gens qui, l'ayant en partage,
En fassent dans le monde un criminel usage,
Et ne s'en servent pas, ainsi que j'ai dessein,
Pour la gloire du ciel et le bien du prochain.

CLÉANTE.

Hé! monsieur, n'ayez point ces délicates craintes,
Qui d'un juste héritier peuvent causer les plaintes.
Souffrez, sans vous vouloir embarrasser de rien,
Qu'il soit, à ses périls, possesseur de son bien;
Et songez qu'il vaut mieux encor qu'il en mésuse,
Que si de l'en frustrer il faut qu'on vous accuse.
J'admire seulement que, sans confusion,
Vous en ayez souffert la proposition.
Car enfin le vrai zèle a-t-il quelque maxime
Qui montre à dépouiller l'héritier légitime?
Et, s'il faut que le ciel dans votre cœur ait mis
Un invincible obstacle à vivre avec Damis,
Ne vaudroit-il pas mieux qu'en personne discrète
Vous fissiez de céans une honnête retraite,
Que de souffrir ainsi, contre toute raison,
Qu'on en chasse pour vous le fils de la maison?
Croyez-moi, c'est donner de votre prud'hommie,
Monsieur...

ACTE IV, SCÈNE III.

TARTUFFE.

Il est, monsieur, trois heures et demie :
Certain devoir pieux me demande là-haut,
Et vous m'excuserez de vous quitter si tôt.

CLÉANTE, *seul.*

Ah !

SCÈNE II.

ELMIRE, MARIANE, CLÉANTE, DORINE.

DORINE, *à Cléante.*

De grace avec nous employez-vous pour elle,
Monsieur : son ame souffre une douleur mortelle ;
Et l'accord que son père a conclu pour ce soir
La fait à tous momens entrer en désespoir.
Il va venir. Joignons nos efforts, je vous prie,
Et tâchons d'ébranler, de force ou d'industrie,
Ce malheureux dessein qui nous a tous troublés.

SCÈNE III.

ORGON, ELMIRE, MARIANE, CLÉANTE, DORINE.

ORGON.

Ah ! je me réjouis de vous voir assemblés.
(*à Mariane.*)
Je porte en ce contrat de quoi vous faire rire,
Et vous savez déja ce que cela veut dire.

MARIANE, *aux genoux d'Orgon.*

Mon père, au nom du ciel qui connoît ma douleur,
Et par tout ce qui peut émouvoir votre cœur,

Relâchez-vous un peu des droits de la naissance,
Et dispensez mes vœux de cette obéissance.
Ne me réduisez point, par cette dure loi,
Jusqu'à me plaindre au ciel de ce que je vous doi ;
Et cette vie, hélas ! que vous m'avez donnée,
Ne me la rendez pas, mon père, infortunée.
Si, contre un doux espoir que j'avois pu former,
Vous me défendez d'être à ce que j'ose aimer,
Au moins, par vos bontés qu'à vos genoux j'implore,
Sauvez-moi du tourment d'être à ce que j'abhorre ;
Et ne me portez point à quelque désespoir,
En vous servant sur moi de tout votre pouvoir.

ORGON, *se sentant attendrir.*

Allons, ferme ! mon cœur, point de foiblesse humaine !

MARIANE.

Vos tendresses pour lui ne me font point de peine ;
Faites-les éclater, donnez-lui votre bien ;
Et, si ce n'est assez, joignez-y tout le mien ;
J'y consens de bon cœur, et je vous l'abandonne :
Mais, au moins, n'allez pas jusques à ma personne ;
Et souffrez qu'un couvent, dans les austérités,
Use les tristes jours que le ciel m'a comptés.

ORGON.

Ah ! voilà justement de mes religieuses,
Lorsqu'un père combat leurs flammes amoureuses !
Debout. Plus votre cœur répugne à l'accepter,
Plus ce sera pour vous matière à mériter.
Mortifiez vos sens avec ce mariage,
Et ne me rompez pas la tête davantage.

DORINE.

Mais quoi !...

ORGON.

Taisez-vous, vous. Parlez à votre écot.

Je vous défends, tout net, d'oser dire un seul mot.
CLÉANTE.
Si par quelque conseil vous souffrez qu'on réponde...
ORGON.
Mon frère, vos conseils sont les meilleurs du monde;
Ils sont bien raisonnés, et j'en fais un grand cas :
Mais vous trouverez bon que je n'en use pas.
ELMIRE, *à Orgon*.
A voir ce que je vois, je ne sais plus que dire ;
Et votre aveuglement fait que je vous admire.
C'est être bien coiffé, bien prévenu de lui,
Que de nous démentir sur le fait d'aujourd'hui !
ORGON.
Je suis votre valet, et crois les apparences.
Pour mon fripon de fils je sais vos complaisances ;
Et vous avez eu peur de le désavouer
Du trait qu'à ce pauvre homme il a voulu jouer.
Vous étiez trop tranquille, enfin, pour être crue ;
Et vous auriez paru d'autre manière émue.
ELMIRE.
Est-ce qu'au simple aveu d'un amoureux transport
Il faut que notre honneur se gendarme si fort ?
Et ne peut-on répondre à tout ce qui le touche,
Que le feu dans les yeux, et l'injure à la bouche ?
Pour moi, de tels propos je me ris simplement ;
Et l'éclat, là-dessus, ne me plaît nullement.
J'aime qu'avec douceur nous nous montrions sages ;
Et ne suis point du tout pour ces prudes sauvages
Dont l'honneur est armé de griffes et de dents,
Et veut, au moindre mot, dévisager les gens.
Me préserve le ciel d'une telle sagesse !
Je veux une vertu qui ne soit point diablesse,
Et crois que d'un refus la discrète froideur

N'en est pas moins puissante à rebuter un cœur.

ORGON.

Enfin, je sais l'affaire, et ne prends point le change.

ELMIRE.

J'admire, encore un coup, cette foiblesse étrange :
Mais que me répondroit votre incrédulité
Si je vous faisois voir qu'on vous dit vérité ?

ORGON.

Voir !

ELMIRE.

Oui.

ORGON.

Chansons.

ELMIRE.

Mais quoi ! si je trouvois manière
De vous le faire voir avec pleine lumière ?...

ORGON.

Contes en l'air.

ELMIRE.

Quel homme ! Au moins, répondez-moi.
Je ne vous parle pas de nous ajouter foi ;
Mais supposons ici que, d'un lieu qu'on peut prendre,
On vous fît clairement tout voir et tout entendre,
Que diriez-vous alors de votre homme de bien ?

ORGON.

En ce cas, je dirois que... Je ne dirois rien,
Car cela ne se peut.

ELMIRE.

L'erreur trop long-temps dure,
Et c'est trop condamner ma bouche d'imposture.
Il faut que, par plaisir, et sans aller plus loin,
De tout ce qu'on vous dit je vous fasse témoin.

ACTE IV, SCÈNE IV.

ORGON.

Soit. Je vous prends au mot. Nous verrons votre adresse,
Et comment vous pourrez remplir cette promesse.

ELMIRE, *à Dorine.*

Faites-le moi venir.

DORINE, *à Elmire.*

Son esprit est rusé,
Et peut-être à surprendre il sera malaisé.

ELMIRE, *à Dorine.*

Non ; on est aisément dupé par ce qu'on aime,
Et l'amour-propre engage à se tromper soi-même.

(*à Cléante et à Mariane.*)

Faites-le moi descendre. Et vous, retirez-vous.

SCÈNE IV.

ELMIRE, ORGON.

ELMIRE.

Approchons cette table, et vous mettez dessous.

ORGON.

Comment !

ELMIRE.

Vous bien cacher est un point nécessaire.

ORGON.

Pourquoi sous cette table ?

ELMIRE.

Ah ! mon dieu ! laissez faire ;
J'ai mon dessein en tête, et vous en jugerez.
Mettez-vous là, vous dis-je ; et, quand vous y serez,
Gardez qu'on ne vous voie et qu'on ne vous entende.

ORGON.

Je confesse qu'ici ma complaisance est grande :
Mais de votre entreprise il vous faut voir sortir.

ELMIRE.

Vous n'aurez, que je crois, rien à me repartir.
(*à Orgon qui est sous la table.*)
Au moins, je vais toucher une étrange matière,
Ne vous scandalisez en aucune manière.
Quoi que je puisse dire, il doit m'être permis ;
Et c'est pour vous convaincre, ainsi que j'ai promis.
Je vais par des douceurs, puisque j'y suis réduite,
Faire poser le masque à cette ame hypocrite,
Flatter de son amour les desirs effrontés,
Et donner un champ libre à ses témérités.
Comme c'est pour vous seul, et pour mieux le confondre,
Que mon ame à ses vœux va feindre de répondre,
J'aurai lieu de cesser dès que vous vous rendrez,
Et les choses n'iront que jusqu'où vous voudrez.
C'est à vous d'arrêter son ardeur insensée,
Quand vous croirez l'affaire assez avant poussée,
D'épargner votre femme, et de ne m'exposer
Qu'à ce qu'il vous faudra pour vous désabuser.
Ce sont vos intérêts, vous en serez le maître,
Et... L'on vient. Tenez-vous, et gardez de paroître.

SCÈNE V.

TARTUFFE, ELMIRE, ORGON, *sous la table.*

TARTUFFE.

On m'a dit qu'en ce lieu vous me vouliez parler.

ELMIRE.

Oui. L'on a des secrets à vous y révéler.

ACTE IV, SCÈNE V.

Mais tirez cette porte avant qu'on vous les dise,
Et regardez partout, de crainte de surprise.

(*Tartuffe va fermer la porte, et revient.*)

Une affaire pareille à celle de tantôt
N'est pas assurément ici ce qu'il nous faut :
Jamais il ne s'est vu de surprise de même.
Damis m'a fait pour vous une frayeur extrême ;
Et vous avez bien vu que j'ai fait mes efforts
Pour rompre son dessein et calmer ses transports.
Mon trouble, il est bien vrai, m'a si fort possédée,
Que de le démentir je n'ai point eu l'idée ;
Mais par là, grâce au ciel, tout a bien mieux été
Et les choses en sont dans plus de sûreté. [1]
L'estime où l'on vous tient a dissipé l'orage,
Et mon mari de vous ne peut prendre d'ombrage.
Pour mieux braver l'éclat des mauvais jugemens,
Il veut que nous soyons ensemble à tous momens ;
Et c'est par où je puis, sans peur d'être blâmée,
Me trouver ici seule avec vous enfermée,
Et ce qui m'autorise à vous ouvrir un cœur
Un peu trop prompt peut-être à souffrir votre ardeur.

TARTUFFE.

Ce langage à comprendre est assez difficile,
Madame ; et vous parliez tantôt d'un autre style.

ELMIRE.

Ah ! si d'un tel refus vous êtes en courroux,
Que le cœur d'une femme est mal connu de vous !
Et que vous savez peu ce qu'il veut faire entendre
Lorsque si foiblement on le voit se défendre !
Toujours notre pudeur combat, dans ces momens,
Ce qu'on peut nous donner de tendres sentimens.
Quelque raison qu'on trouve à l'amour qui nous dompte,

VARIANTE. (1) *En plus de sûreté.*

On trouve à l'avouer toujours un peu de honte.
On s'en défend d'abord ; mais de l'air qu'on s'y prend
On fait connoître assez que notre cœur se rend ;
Qu'à nos vœux, par honneur, notre bouche s'oppose,
Et que de tels refus promettent toute chose.
C'est vous faire, sans doute, un assez libre aveu,
Et sur notre pudeur me ménager bien peu.
Mais, puisque la parole enfin en est lâchée,
A retenir Damis me serois-je attachée,
Aurois-je, je vous prie, avec tant de douceur
Écouté tout au long l'offre de votre cœur,
Aurois-je pris la chose ainsi qu'on m'a vu faire,
Si l'offre de ce cœur n'eût eu de quoi me plaire ?
Et lorsque j'ai voulu moi-même vous forcer
A refuser l'hymen qu'on venoit d'annoncer,
Qu'est-ce que cette instance a dû vous faire entendre,
Que l'intérêt qu'en vous on s'avise de prendre,
Et l'ennui qu'on auroit que ce nœud qu'on résout
Vînt partager du moins un cœur que l'on veut tout ?

TARTUFFE.

C'est sans doute, madame, une douceur extrême
Que d'entendre ces mots d'une bouche qu'on aime ;
Leur miel dans tous mes sens fait couler à longs traits
Une suavité qu'on ne goûta jamais.
Le bonheur de vous plaire est ma suprême étude,
Et mon cœur de vos vœux fait sa béatitude ;
Mais ce cœur vous demande ici la liberté
D'oser douter un peu de sa félicité.
Je puis croire ces mots un artifice honnête
Pour m'obliger à rompre un hymen qui s'apprête ;
Et, s'il faut librement m'expliquer avec vous,
Je ne me fierai point à des propos si doux,
Qu'un peu de vos faveurs, après quoi je soupire,
Ne vienne m'assurer tout ce qu'ils m'ont pu dire,

Et planter dans mon ame une constante foi
Des charmantes bontés que vous avez pour moi.

ELMIRE, *après avoir toussé pour avertir son mari.*

Quoi! vous voulez aller avec cette vîtesse,
Et d'un cœur tout d'abord épuiser la tendresse?
On se tue à vous faire un aveu des plus doux;
Cependant ce n'est pas encore assez pour vous?
Et l'on ne peut aller jusqu'à vous satisfaire,
Qu'aux dernières faveurs on ne pousse l'affaire?

TARTUFFE.

Moins on mérite un bien, moins on l'ose espérer.
Nos vœux sur des discours ont peine à s'assurer.
On soupçonne aisément un sort tout plein de gloire,
Et l'on veut en jouir avant que de le croire.
Pour moi, qui crois si peu mériter vos bontés,
Je doute du bonheur de mes témérités;
Et je ne croirai rien, que vous n'ayez, madame,
Par des réalités, su convaincre ma flamme.

ELMIRE.

Mon dieu! que votre amour en vrai tyran agit!
Et qu'en un trouble étrange il me jette l'esprit!
Que sur les cœurs il prend un furieux empire!
Et qu'avec violence il veut ce qu'il desire!
Quoi! de votre poursuite on ne peut se parer,
Et vous ne donnez pas le temps de respirer?
Sied-il bien de tenir une rigueur si grande,
De vouloir sans quartier les choses qu'on demande,
Et d'abuser ainsi, par vos efforts pressans,
Du foible que pour vous vous voyez qu'ont les gens?

TARTUFFE.

Mais si d'un œil benin vous voyez mes hommages,
Pourquoi m'en refuser d'assurés témoignages?

ELMIRE.

Mais comment consentir à ce que vous voulez,
Sans offenser le ciel, dont toujours vous parlez?

TARTUFFE.

Si ce n'est que le ciel qu'à mes vœux on oppose,
Lever un tel obstacle est à moi peu de chose;
Et cela ne doit pas retenir votre cœur.

ELMIRE.

Mais des arrêts du ciel on nous fait tant de peur!

TARTUFFE.

Je puis vous dissiper ces craintes ridicules,
Madame; et je sais l'art de lever les scrupules.
Le ciel défend, de vrai, certains contentemens;
Mais on trouve avec lui des accommodemens.
Selon divers besoins, il est une science
D'étendre les liens de notre conscience,
Et de rectifier le mal de l'action
Avec la pureté de notre intention.
De ces secrets, madame, on saura vous instruire;
Vous n'avez seulement qu'à vous laisser conduire.
Contentez mon desir, et n'ayez point d'effroi;
Je vous réponds de tout, et prends le mal sur moi.

(*Elmire tousse plus fort.*)

Vous toussez fort, madame.

ELMIRE.

Oui, je suis au supplice.

TARTUFFE.

Vous plaît-il un morceau de ce jus de réglisse?

ELMIRE.

C'est un rhume obstiné, sans doute; et je vois bien
Que tous les jus du monde ici ne feront rien.

ACTE IV, SCÈNE V.

TARTUFFE.

Cela, certe, est fâcheux.

ELMIRE.

Oui, plus qu'on ne peut dire.

TARTUFFE.

Enfin, votre scrupule est facile à détruire.
Vous êtes assurée ici d'un plein secret,
Et le mal n'est jamais que dans l'éclat qu'on fait.
Le scandale du monde est ce qui fait l'offense,
Et ce n'est pas pécher, que pécher en silence.

ELMIRE, *après avoir encore toussé, et frappé sur la table.*

Enfin je vois qu'il faut se résoudre à céder;
Qu'il faut que je consente à vous tout accorder;
Et qu'à moins de cela je ne dois point prétendre
Qu'on puisse être content, et qu'on veuille se rendre.
Sans doute il est fâcheux d'en venir jusque-là,
Et c'est bien malgré moi que je franchis cela;
Mais, puisque l'on s'obstine à m'y vouloir réduire,
Puisqu'on ne veut point croire à tout ce qu'on peut dire,
Et qu'on veut des témoins qui soient plus convaincans,
Il faut bien s'y résoudre, et contenter les gens.
Si ce contentement porte en soi quelque offense,
Tant pis pour qui me force à cette violence;
La faute assurément n'en doit pas être à moi.

TARTUFFE.

Oui, madame, on s'en charge; et la chose de soi...

ELMIRE.

Ouvrez un peu la porte, et voyez, je vous prie,
Si mon mari n'est point dans cette galerie.

TARTUFFE.

Qu'est-il besoin pour lui du soin que vous prenez?

C'est un homme, entre nous, à mener par le nez.
De tous nos entretiens il est pour faire gloire,
Et je l'ai mis au point de voir tout sans rien croire.

ELMIRE.

Il n'importe. Sortez, je vous prie, un moment;
Et partout là-dehors voyez exactement.

SCÈNE VI.

ORGON, ELMIRE.

ORGON, *sortant de dessous la table.*

Voilà, je vous l'avoue, un abominable homme!
Je n'en puis revenir, et tout ceci m'assomme.

ELMIRE.

Quoi! vous sortez sitôt! Vous vous moquez des gens.
Rentrez sous le tapis, il n'est pas encor temps;
Attendez jusqu'au bout pour voir les choses sûres,
Et ne vous fiez point aux simples conjectures.

ORGON.

Non, rien de plus méchant n'est sorti de l'enfer.

ELMIRE.

Mon dieu! l'on ne doit point croire trop de léger.
Laissez-vous bien convaincre avant que de vous rendre;
Et ne vous hâtez point, de peur de vous méprendre.
(*Elmire fait mettre Orgon derrière elle.*)

SCÈNE VII.

TARTUFFE, ELMIRE, ORGON.

TARTUFFE, *sans voir Orgon.*

Tout conspire, madame, à mon contentement.

ACTE IV, SCÈNE VII.

J'ai visité de l'œil tout cet appartement;
Personne ne s'y trouve; et mon ame ravie...

(*Dans le temps que Tartuffe s'avance, les bras ouverts, pour embrasser Elmire, elle se retire, et Tartuffe aperçoit Orgon.*)

ORGON, *arrêtant Tartuffe.*

Tout doux! vous suivez trop votre amoureuse envie,
Et vous ne devez pas vous tant passionner.
Ah! ah! l'homme de bien, vous m'en voulez donner! [1]
Comme aux tentations s'abandonne votre ame!
Vous épousiez ma fille, et convoitiez ma femme!
J'ai douté fort long-temps que ce fût tout de bon,
Et je croyois toujours qu'on changeroit de ton :
Mais c'est assez avant pousser le témoignage;
Je m'y tiens, et n'en veux, pour moi, pas davantage.

ELMIRE, *à Tartuffe.*

C'est contre mon humeur que j'ai fait tout ceci;
Mais on m'a mise au point de vous traiter ainsi.

TARTUFFE, *à Orgon.*

Quoi! vous croyez?...

ORGON.

Allons, point de bruit, je vous prie.
Dénichons de céans, et sans cérémonie.

TARTUFFE.

Mon dessein...

ORGON.

Ces discours ne sont plus de saison :
Il faut, tout sur le champ, sortir de la maison.

TARTUFFE.

C'est à vous d'en sortir, vous qui parlez en maître :

VARIANTE. (1) *Vous m'en vouliez donner.*

La maison m'appartient, je le ferai connoître,
Et vous montrerai bien qu'en vain on a recours,
Pour me chercher querelle, à ces lâches détours;
Qu'on n'est pas où l'on pense en me faisant injure;
Que j'ai de quoi confondre et punir l'imposture,
Venger le ciel qu'on blesse, et faire repentir
Ceux qui parlent ici de me faire sortir.

SCÈNE VIII.

ELMIRE, ORGON.

ELMIRE.

Quel est donc ce langage? et qu'est-ce qu'il veut dire?

ORGON.

Ma foi, je suis confus, et n'ai pas lieu de rire.

ELMIRE.

Comment?

ORGON.

Je vois ma faute, aux choses qu'il me dit;
Et la donation m'embarrasse l'esprit.

ELMIRE.

La donation!

ORGON.

Oui. C'est une affaire faite.
Mais j'ai quelque autre chose encor qui m'inquiète.

ELMIRE.

Et quoi?

ORGON.

Vous saurez tout. Mais voyons au plus tôt
Si certaine cassette est encore là-haut.

FIN DU QUATRIÈME ACTE.

ACTE V.

SCÈNE PREMIÈRE.

ORGON, CLÉANTE.

CLÉANTE.

Où voulez-vous courir ?

ORGON.

Las ! que sais-je ?

CLÉANTE.

Il me semble
Que l'on doit commencer par consulter ensemble
Les choses qu'on peut faire en cet évènement.

ORGON.

Cette cassette-là me trouble entièrement.
Plus que le reste encore, elle me désespère.

CLÉANTE.

Cette cassette est donc un important mystère ?

ORGON.

C'est un dépôt qu'Argas, cet ami que je plains,
Lui-même en grand secret m'a mis entre les mains.
Pour cela, dans sa fuite, il me voulut élire ;
Et ce sont des papiers, à ce qu'il m'a pu dire,
Où sa vie et ses biens se trouvent attachés.

CLÉANTE.

Pourquoi donc les avoir en d'autres mains lâchés ?

ORGON.

Ce fut par un motif de cas de conscience.
J'allai droit à mon traître en faire confidence;
Et son raisonnement me vint persuader
De lui donner plutôt la cassette à garder,
Afin que pour nier, en cas de quelque enquête,
J'eusse d'un faux-fuyant la faveur toute prête,
Par où ma conscience eût pleine sûreté
A faire des sermens contre la vérité.

CLÉANTE.

Vous voilà mal, au moins si j'en crois l'apparence;
Et la donation, et cette confidence,
Sont, à vous en parler selon mon sentiment,
Des démarches par vous faites légèrement.
On peut vous mener loin avec de pareils gages :
Et, cet homme sur vous ayant ces avantages,
Le pousser est encor grande imprudence à vous;
Et vous deviez chercher quelque biais plus doux.

ORGON.

Quoi! sur un beau semblant de ferveur si touchante
Cacher un cœur si double, une ame si méchante!
Et moi, qui l'ai reçu gueusant et n'ayant rien...
C'en est fait, je renonce à tous les gens de bien;
J'en aurai désormais une horreur effroyable,
Et m'en vais devenir pour eux pire qu'un diable.

CLÉANTE.

Hé bien! ne voilà pas de vos emportemens!
Vous ne gardez en rien les doux tempéramens.
Dans la droite raison jamais n'entre la vôtre;
Et toujours d'un excès vous vous jetez dans l'autre.
Vous voyez votre erreur, et vous avez connu
Que par un zèle feint vous étiez prévenu;
Mais, pour vous corriger, quelle raison demande

Que vous alliez passer dans une erreur plus grande,
Et qu'avecque le cœur d'un perfide vaurien
Vous confondiez les cœurs de tous les gens de bien?
Quoi! parce qu'un fripon vous dupe avec audace
Sous le pompeux éclat d'une austère grimace,
Vous voulez que partout on soit fait comme lui,
Et qu'aucun vrai dévot ne se trouve aujourd'hui?
Laissez aux libertins ces sottes conséquences:
Démêlez la vertu d'avec ses apparences,
Ne hasardez jamais votre estime trop tôt,
Et soyez pour cela dans le milieu qu'il faut.
Gardez-vous, s'il se peut, d'honorer l'imposture:
Mais au vrai zèle aussi n'allez pas faire injure;
Et, s'il vous faut tomber dans une extrémité,
Péchez plutôt encor de cet autre côté.

SCÈNE II.

ORGON, CLÉANTE, DAMIS.

DAMIS.

Quoi! mon père, est-il vrai qu'un coquin vous menace;
Qu'il n'est point de bienfait qu'en son ame il n'efface;
Et que son lâche orgueil, trop digne de courroux,
Se fait de vos bontés des armes contre vous?

ORGON.

Oui, mon fils; et j'en sens des douleurs nonpareilles.

DAMIS.

Laissez-moi, je lui veux couper les deux oreilles.
Contre son insolence on ne doit point gauchir:
C'est à moi, tout d'un coup, de vous en affranchir;
Et, pour sortir d'affaire, il faut que je l'assomme.

CLÉANTE.

Voilà tout justement parler en vrai jeune homme.

Modérez, s'il vous plaît, ces transports éclatans.
Nous vivons sous un règne et sommes dans un temps,
Où par la violence on fait mal ses affaires.

SCÈNE III.

MADAME PERNELLE, ORGON, ELMIRE, CLÉANTE, MARIANE, DAMIS, DORINE.

MADAME PERNELLE.

Qu'est-ce ? J'apprends ici de terribles mystères !

ORGON.

Ce sont des nouveautés dont mes yeux sont témoins,
Et vous voyez le prix dont sont payés mes soins.
Je recueille avec zèle un homme en sa misère,
Je le loge, et le tiens comme mon propre frère;
De bienfaits chaque jour il est par moi chargé;
Je lui donne ma fille et tout le bien que j'ai :
Et, dans le même temps, le perfide, l'infâme,
Tente le noir dessein de suborner ma femme;
Et, non content encor de ces lâches essais,
Il m'ose menacer de mes propres bienfaits,
Et veut, à ma ruine, user des avantages
Dont le viennent d'armer mes bontés trop peu sages,
Me chasser de mes biens où je l'ai transféré,
Et me réduire au point d'où je l'ai retiré !

DORINE.

Le pauvre homme !

MADAME PERNELLE.

          Mon fils, je ne puis du tout croire
Qu'il ait voulu commettre une action si noire.

ORGON.

Comment ?

MADAME PERNELLE.
Les gens de bien sont enviés toujours.
ORGON.
Que voulez-vous donc dire avec votre discours,
Ma mère ?
MADAME PERNELLE.
Que chez vous on vit d'étrange sorte,
Et qu'on ne sait que trop la haine qu'on lui porte.
ORGON.
Qu'a cette haine à faire avec ce qu'on vous dit ?
MADAME PERNELLE.
Je vous l'ai dit cent fois quand vous étiez petit :
La vertu dans le monde est toujours poursuivie ;
Les envieux mourront, mais non jamais l'envie.
ORGON.
Mais que fait ce discours aux choses d'aujourd'hui ?
MADAME PERNELLE.
On vous aura forgé cent sots contes de lui.
ORGON.
Je vous ai dit déja que j'ai vu tout moi-même.
MADAME PERNELLE.
Des esprits médisans la malice est extrême.
ORGON.
Vous me feriez damner, ma mère. Je vous di
Que j'ai vu de mes yeux un crime si hardi.
MADAME PERNELLE.
Les langues ont toujours du venin à répandre ;
Et rien n'est ici-bas qui s'en puisse défendre.
ORGON.
C'est tenir un propos de sens bien dépourvu.
Je l'ai vu, dis-je, vu, de mes propres yeux vu,

Ce qu'on appelle vu. Faut-il vous le rebattre
Aux oreilles cent fois, et crier comme quatre?

MADAME PERNELLE.

Mon dieu! le plus souvent l'apparence déçoit :
Il ne faut pas toujours juger sur ce qu'on voit.

ORGON.

J'enrage!

MADAME PERNELLE.

Aux faux soupçons la nature est sujette,
Et c'est souvent à mal que le bien s'interprète.

ORGON.

Je dois interpréter à charitable soin
Le desir d'embrasser ma femme!

MADAME PERNELLE.

Il est besoin,
Pour accuser les gens, d'avoir de justes causes;
Et vous deviez attendre à vous voir sûr des choses.

ORGON.

Hé! diantre! le moyen de m'en assurer mieux?
Je devois donc, ma mère, attendre qu'à mes yeux
Il eût... Vous me feriez dire quelque sottise.

MADAME PERNELLE.

Enfin d'un trop pur zèle on voit son ame éprise;
Et je ne puis du tout me mettre dans l'esprit
Qu'il ait voulu tenter les choses que l'on dit.

ORGON.

Allez, je ne sais pas, si vous n'étiez ma mère,
Ce que je vous dirois, tant je suis en colère.

DORINE, *à Orgon.*

Juste retour, monsieur, des choses d'ici-bas :
Vous ne vouliez point croire, et l'on ne vous croit pas.

ACTE V, SCÈNE III.

CLÉANTE.

Nous perdons des momens en bagatelles pures,
Qu'il faudroit employer à prendre des mesures.
Aux menaces du fourbe on doit ne dormir point.

DAMIS.

Quoi ! son effronterie iroit jusqu'à ce point ?

ELMIRE.

Pour moi, je ne crois pas cette instance possible,
Et son ingratitude est ici trop visible.

CLÉANTE, à Orgon.

Ne vous y fiez pas ; il aura des ressorts
Pour donner contre vous raison à ses efforts ;
Et, sur moins que cela, le poids d'une cabale
Embarrasse les gens dans un fâcheux dédale.
Je vous le dis encore : armé de ce qu'il a,
Vous ne deviez jamais le pousser jusque-là.

ORGON.

Il est vrai ; mais qu'y faire ? A l'orgueil de ce traître,
De mes ressentimens je n'ai pas été maître.

CLÉANTE.

Je voudrois, de bon cœur, qu'on pût entre vous deux
De quelque ombre de paix raccommoder les nœuds.

ELMIRE.

Si j'avois su qu'en main il a de telles armes,
Je n'aurois pas donné matière à tant d'alarmes ;
Et mes...

ORGON, à Dorine, voyant entrer M. Loyal.

Que veut cet homme ? Allez tôt le savoir.
Je suis bien en état que l'on me vienne voir !

SCÈNE IV.

ORGON, MADAME PERNELLE, ELMIRE, MARIANE, CLÉANTE, DAMIS, DORINE, M. LOYAL.

MONSIEUR LOYAL, *à Dorine dans le fond du théâtre.*
Bonjour, ma chère sœur; faites, je vous supplie,
Que je parle à monsieur.

DORINE.
                    Il est en compagnie;
Et je doute qu'il puisse à présent voir quelqu'un.

MONSIEUR LOYAL.
Je ne suis pas pour être en ces lieux importun.
Mon abord n'aura rien, je crois, qui lui déplaise;
Et je viens pour un fait dont il sera bien aise.

DORINE.
Votre nom?

MONSIEUR LOYAL.
        Dites-lui seulement que je vien
De la part de monsieur Tartuffe, pour son bien.

DORINE, *à Orgon.*
C'est un homme qui vient, avec douce manière,
De la part de monsieur Tartuffe, pour affaire
Dont vous serez, dit-il, bien aise.

CLÉANTE, *à Orgon.*
                    Il vous faut voir
Ce que c'est que cet homme, et ce qu'il peut vouloir.

ORGON, *à Cléante.*
Pour nous raccommoder il vient ici peut-être:
Quels sentimens aurai-je à lui faire paroître?

ACTE V, SCÈNE IV.

CLÉANTE.

Votre ressentiment ne doit point éclater;
Et, s'il parle d'accord, il le faut écouter.

MONSIEUR LOYAL, *à Orgon.*

Salut, monsieur. Le ciel perde qui vous veut nuire,
Et vous soit favorable autant que je desire!

ORGON, *bas, à Cléante.*

Ce doux début s'accorde avec mon jugement,
Et présage déja quelque accommodement.

MONSIEUR LOYAL.

Toute votre maison m'a toujours été chère,
Et j'étois serviteur de monsieur votre père.

ORGON.

Monsieur, j'ai grande honte et demande pardon
D'être sans vous connoître, ou savoir votre nom.

MONSIEUR LOYAL.

Je m'appelle Loyal, natif de Normandie,
Et suis huissier à verge, en dépit de l'envie.
J'ai, depuis quarante ans, grace au ciel, le bonheur
D'en exercer la charge avec beaucoup d'honneur,
Et je vous viens, monsieur, avec votre licence,
Signifier l'exploit de certaine ordonnance...

ORGON.

Quoi! vous êtes ici...

MONSIEUR LOYAL.

    Monsieur, sans passion.
Ce n'est rien seulement qu'une sommation,
Un ordre de vider d'ici, vous et les vôtres,
Mettre vos meubles hors, et faire place à d'autres,
Sans délai ni remise, ainsi que besoin est.

ORGON.

Moi! sortir de céans?

MONSIEUR LOYAL.

Oui, monsieur, s'il vous plaît.
La maison à présent, comme savez de reste,
Au bon monsieur Tartuffe appartient sans conteste.
De vos biens désormais il est maître et seigneur,
En vertu d'un contrat duquel je suis porteur.
Il est en bonne forme, et l'on n'y peut rien dire.

DAMIS, *à M. Loyal.*

Certes, cette impudence est grande, et je l'admire.

MONSIEUR LOYAL, *à Damis.*

Monsieur, je ne dois point avoir affaire à vous ;
    (*montrant Orgon.*)
C'est à monsieur ; il est et raisonnable et doux,
Et d'un homme de bien il sait trop bien l'office
Pour se vouloir du tout opposer à justice.

ORGON.

Mais...

MONSIEUR LOYAL.

Oui, monsieur, je sais que pour un million
Vous ne voudriez pas faire rébellion,
Et que vous souffrirez, en honnête personne,
Que j'exécute ici les ordres qu'on me donne.

DAMIS.

Vous pourriez bien ici sur votre noir jupon,
Monsieur l'huissier à verge, attirer le bâton.

MONSIEUR LOYAL, *à Orgon.*

Faites que votre fils se taise ou se retire,
Monsieur. J'aurois regret d'être obligé d'écrire,
Et de vous voir couché dans mon procès-verbal.

DORINE, *à part.*

Ce monsieur Loyal porte un air bien déloyal.

ACTE V, SCÈNE IV.

MONSIEUR LOYAL.

Pour tous les gens de bien j'ai de grandes tendresses,
Et ne me suis voulu, monsieur, charger des pièces
Que pour vous obliger et vous faire plaisir,
Que pour ôter par là le moyen d'en choisir
Qui, n'ayant pas pour vous le zèle qui me pousse,
Auroient pu procéder d'une façon moins douce.

ORGON.

Et que peut-on de pis que d'ordonner aux gens
De sortir de chez eux?

MONSIEUR LOYAL.

On vous donne du temps;
Et jusques à demain je ferai surséance
A l'exécution, monsieur, de l'ordonnance.
Je viendrai seulement passer ici la nuit,
Avec dix de mes gens, sans scandale et sans bruit.
Pour la forme, il faudra, s'il vous plaît, qu'on m'apporte,
Avant que se coucher, les clefs de votre porte.
J'aurai soin de ne pas troubler votre repos,
Et de ne rien souffrir qui ne soit à propos.
Mais demain, du matin, il vous faut être habile
A vider de céans jusqu'au moindre ustensile;
Mes gens vous aideront, et je les ai pris forts
Pour vous faire service à tout mettre dehors.
On n'en peut pas user mieux que je fais, je pense;
Et, comme je vous traite avec grande indulgence,
Je vous conjure aussi, monsieur, d'en user bien,
Et qu'au dû de ma charge on ne me trouble en rien.

ORGON, *à part.*

Du meilleur de mon cœur je donnerois sur l'heure
Les cent plus beaux louis de ce qui me demeure,
Et pouvoir, à plaisir, sur ce mufle assener
Le plus grand coup de poing qui se puisse donner.

CLÉANTE, *bas, à Orgon.*

Laissez, ne gâtons rien.

DAMIS.

A cette audace étrange
J'ai peine à me tenir, et la main me démange.

DORINE.

Avec un si bon dos, ma foi, monsieur Loyal,
Quelques coups de bâton ne vous siéroient pas mal.

MONSIEUR LOYAL.

On pourroit bien punir ces paroles infâmes,
M'amie; et l'on décrète aussi contre les femmes.

CLÉANTE, *à M. Loyal.*

Finissons tout cela, monsieur; c'en est assez.
Donnez tôt ce papier, de grace, et nous laissez.

MONSIEUR LOYAL.

Jusqu'au revoir. Le ciel vous tienne tous en joie!

ORGON.

Puisse-t-il te confondre, et celui qui t'envoie!

SCÈNE V.

ORGON, MADAME PERNELLE, ELMIRE, CLÉANTE, MARIANE, DAMIS, DORINE.

ORGON.

Hé bien! vous le voyez, ma mère, si j'ai droit;
Et vous pouvez juger du reste par l'exploit.
Ses trahisons enfin vous sont-elles connues?

MADAME PERNELLE.

Je suis tout ébaubie, et je tombe des nues!

DORINE, *à Orgon.*

Vous vous plaignez à tort, à tort vous le blâmez,

Et ses pieux desseins par là sont confirmés.
Dans l'amour du prochain sa vertu se consomme :
Il sait que très-souvent les biens corrompent l'homme,
Et, par charité pure, il veut vous enlever
Tout ce qui vous peut faire obstacle à vous sauver.

ORGON.

Taisez-vous. C'est le mot qu'il vous faut toujours dire.

CLÉANTE, *à Orgon.*

Allons voir quel conseil on doit vous faire élire.

ELMIRE.

Allez faire éclater l'audace de l'ingrat.
Ce procédé détruit la vertu du contrat ;
Et sa déloyauté va paroître trop noire,
Pour souffrir qu'il en ait le succès qu'on veut croire.

SCÈNE VI.

VALÈRE, ORGON, MADAME PERNELLE,
ELMIRE, CLÉANTE, MARIANE, DAMIS,
DORINE.

VALÈRE.

Avec regret, monsieur, je viens vous affliger ;
Mais je m'y vois contraint par le pressant danger.
Un ami, qui m'est joint d'une amitié fort tendre,
Et qui sait l'intérêt qu'en vous j'ai lieu de prendre,
A violé pour moi, par un pas délicat,
Le secret que l'on doit aux affaires d'état,
Et me vient d'envoyer un avis dont la suite
Vous réduit au parti d'une soudaine fuite.
Le fourbe, qui long-temps a pu vous imposer,
Depuis une heure au prince a su vous accuser,
Et remettre en ses mains, dans les traits qu'il vous jette,

28.

D'un criminel d'état l'importante cassette,
Dont, au mépris, dit-il, du devoir d'un sujet,
Vous avez conservé le coupable secret.
J'ignore le détail du crime qu'on vous donne ;
Mais un ordre est donné contre votre personne ;
Et lui-même est chargé, pour mieux l'exécuter,
D'accompagner celui qui vous doit arrêter.

CLÉANTE.

Voilà ses droits armés ; et c'est par où le traître
De vos biens qu'il prétend cherche à se rendre maître.

ORGON.

L'homme est, je vous l'avoue, un méchant animal !

VALÈRE.

Le moindre amusement vous peut être fatal.
J'ai, pour vous emmener, mon carrosse à la porte,
Avec mille louis qu'ici je vous apporte.
Ne perdons point de temps : le trait est foudroyant ;
Et ce sont de ces coups que l'on pare en fuyant.
À vous mettre en lieu sûr je m'offre pour conduite,
Et veux accompagner jusqu'au bout votre fuite.

ORGON.

Las ! que ne dois-je point à vos soins obligeans !
Pour vous en rendre grace, il faut un autre temps ;
Et je demande au ciel de m'être assez propice,
Pour reconnoître un jour ce généreux service.
Adieu : prenez le soin, vous autres...

CLÉANTE.

       Allez tôt ;
Nous songerons, mon frère, à faire ce qu'il faut.

SCÈNE VII.

TARTUFFE, UN EXEMPT, MADAME PERNELLE, ORGON, ELMIRE, CLÉANTE, MARIANE, VALÈRE, DAMIS, DORINE.

TARTUFFE, *arrêtant Orgon.*

Tout beau, monsieur, tout beau, ne courez point si vîte :
Vous n'irez pas fort loin pour trouver votre gîte;
Et, de la part du prince, on vous fait prisonnier.

ORGON.

Traître! tu me gardois ce trait pour le dernier :
C'est le coup, scélérat, par où tu m'expédies;
Et voilà couronner toutes tes perfidies.

TARTUFFE.

Vos injures n'ont rien à me pouvoir aigrir;
Et je suis, pour le ciel, appris à tout souffrir.

CLÉANTE.

La modération est grande, je l'avoue.

DAMIS.

Comme du ciel l'infâme impudemment se joue!

TARTUFFE.

Tous vos emportemens ne sauroient m'émouvoir;
Et je ne songe à rien qu'à faire mon devoir.

MARIANE.

Vous avez de ceci grande gloire à prétendre;
Et cet emploi pour vous est fort honnête à prendre.

TARTUFFE.

Un emploi ne sauroit être que glorieux,
Quand il part du pouvoir qui m'envoie en ces lieux.

ORGON.

Mais t'es-tu souvenu que ma main charitable.

Ingrat, t'a retiré d'un état misérable?

TARTUFFE.

Oui, je sais quels secours j'en ai pu recevoir;
Mais l'intérêt du prince est mon premier devoir.
De ce devoir sacré la juste violence
Étouffe dans mon cœur toute reconnoissance;
Et je sacrifierois à de si puissans nœuds
Ami, femme, parens, et moi-même avec eux.

ELMIRE.

L'imposteur!

DORINE.

Comme il sait, de traîtresse manière,
Se faire un beau manteau de tout ce qu'on révère!

CLÉANTE.

Mais, s'il est si parfait que vous le déclarez,
Ce zèle qui vous pousse et dont vous vous parez,
D'où vient que, pour paroître, il s'avise d'attendre
Qu'à poursuivre sa femme il ait su vous surprendre,
Et que vous ne songez à l'aller dénoncer,
Que lorsque son honneur l'oblige à vous chasser?
Je ne vous parle point, pour devoir en distraire,
Du don de tout son bien qu'il venoit de vous faire;
Mais, le voulant traiter en coupable aujourd'hui,
Pourquoi consentiez-vous à rien prendre de lui?

TARTUFFE, *à l'exempt.*

Délivrez-moi, monsieur, de la criaillerie;
Et daignez accomplir votre ordre, je vous prie.

L'EXEMPT.

Oui, c'est trop demeurer, sans doute, à l'accomplir;
Votre bouche à propos m'invite à le remplir :
Et, pour l'exécuter, suivez-moi tout à l'heure
Dans la prison qu'on doit vous donner pour demeure.

ACTE V, SCÈNE VII.

TARTUFFE.

Qui? moi? monsieur?

L'EXEMPT.

Oui, vous.

TARTUFFE.

Pourquoi donc la prison?

L'EXEMPT.

Ce n'est pas vous à qui j'en veux rendre raison.

(*à Orgon.*)

Remettez-vous, monsieur, d'une alarme si chaude.
Nous vivons sous un prince ennemi de la fraude,
Un prince dont les yeux se font jour dans les cœurs,
Et que ne peut tromper tout l'art des imposteurs.
D'un fin discernement sa grande ame pourvue
Sur les choses toujours jette une droite vue;
Chez elle jamais rien ne surprend trop d'accès,
Et sa ferme raison ne tombe en nul excès.
Il donne aux gens de bien une gloire immortelle;
Mais sans aveuglement il fait briller ce zèle,
Et l'amour pour les vrais ne ferme point son cœur
A tout ce que les faux doivent donner d'horreur.
Celui-ci n'étoit pas pour le pouvoir surprendre,
Et de piéges plus fins on le voit se défendre.
D'abord il a percé, par ses vives clartés,
Des replis de son cœur toutes les lâchetés.
Venant vous accuser, il s'est trahi lui-même,
Et, par un juste trait de l'équité suprême,
S'est découvert au prince un fourbe renommé,
Dont sous un autre nom il étoit informé;
Et c'est un long détail d'actions toutes noires
Dont on pourroit former des volumes d'histoires.
Ce monarque, en un mot, a vers vous détesté
Sa lâche ingratitude et sa déloyauté;

A ses autres horreurs il a joint cette suite,
Et ne m'a jusqu'ici soumis à sa conduite,
Que pour voir l'impudence aller jusques au bout,
Et vous faire, par lui, faire raison de tout.
Oui, de tous vos papiers, dont il se dit le maître,
Il veut qu'entre vos mains je dépouille le traître.
D'un souverain pouvoir, il brise les liens
Du contrat qui lui fait un don de tous vos biens,
Et vous pardonne enfin cette offense secrète
Où vous a d'un ami fait tomber la retraite ;
Et c'est le prix qu'il donne au zèle qu'autrefois
On vous vit témoigner en appuyant ses droits,
Pour montrer que son cœur sait, quand moins on y pense,
D'une bonne action verser la récompense ;
Que jamais le mérite avec lui ne perd rien ;
Et que, mieux que du mal, il se souvient du bien.

DORINE.

Que le ciel soit loué !

MADAME PERNELLE.

Maintenant je respire.

ELMIRE.

Favorable succès !

MARIANE.

Qui l'auroit osé dire ?

ORGON, *à Tartuffe, que l'exempt emmène.*

Hé bien ! te voilà, traître !...

SCÈNE VIII.

MADAME PERNELLE, ORGON, ELMIRE,
MARIANE, CLÉANTE, VALÈRE, DAMIS,
DORINE.

CLÉANTE.

Ah! mon frère, arrêtez,
Et ne descendez point à des indignités.
A son mauvais destin laissez un misérable,
Et ne vous joignez point au remords qui l'accable.
Souhaitez bien plutôt que son cœur, en ce jour,
Au sein de la vertu fasse un heureux retour;
Qu'il corrige sa vie en détestant son vice,
Et puisse du grand prince adoucir la justice;
Tandis qu'à sa bonté vous irez, à genoux,
Rendre ce que demande un traitement si doux.

ORGON.

Oui, c'est bien dit. Allons à ses pieds avec joie
Nous louer des bontés que son cœur nous déploie :
Puis, acquittés un peu de ce premier devoir,
Aux justes soins d'un autre il nous faudra pourvoir,
Et par un doux hymen couronner en Valère
La flamme d'un amant généreux et sincère.

FIN DU TOME TROISIÈME.

TABLE

DES PIÈCES CONTENUES DANS LE TOME TROISIÈME.

L'Amour médecin.

Le Misanthrope.

   Lettre écrite sur la comédie du Misanthrope.

Le Médecin malgré lui.

Mélicerte.

Pastorale comique.

Le Sicilien, ou l'Amour peintre.

Le Tartuffe.

www.ingramcontent.com/pod-product-compliance
Lightning Source LLC
Chambersburg PA
CBHW070611230426
43670CB00010B/1492